화술話術로 읽는 우리 연극

: 태동에서 실험까지

화술로 읽는
우리 연극

: 태동에서 실험까지

김정수 지음

연극을 가르쳐주신
본질에 대한 통찰을 가르쳐주신
사랑하는 안민수 선생님께 바칩니다.

독어독문학으로 학사를 마친 이후 연극영화학으로 전공을 바꾸었을 때 꿈이 많았다. 작가가 되어 희곡을 쓰고 싶었고, 무대디자이너가 되어 무대를 만들고 싶었고, 연출가가 되어 내가 쓴 희곡을 연극으로 만들고도 싶었다.

꿈은 이루어졌다. 무대를 디자인했고, 희곡을 썼고, 내가 쓴 희곡을 연극으로 만들었다. 그리고 배우로 무대에 서기도 했다. 주목을 받지는 못했지만 연극이라는 가상의 세계를 만들었던 체험, 다른 사람이 되어 가상의 시공간에 존재했던 체험은 귀중한 시간이었다. 그리고 이 귀중한 체험은 연극의 본질에 대한 고민을 가져왔다.

연극의 본질은 무엇일까?

연극의 3요소는 배우, 관객, 무대라고 한다. 연극은 조명이나 음악이 없어도 구현 가능하지만 배우 없이는 구현할 수 없기 때문이다. 연기는 연극의 본질인 것이다. 연극의 본질인 연기와 인연은 있었던 듯하다. 연극학 박사논문의 주제를 고민할 무렵, 안민수 선생님은 우리나라 연기에 대해 써볼 것을 권하셨다. 연기를? 박사논문의 기본 조건은 자료가 있어야 한다는 것이다. 그런데 무형 예술인 연기에 대한 자료를 어디에서 찾는단 말인가? 그것도 최근이 아니라 영상자료가 없는 1900년부터 1970년대까지의 연기라니. 자료를 찾는다 해도 그것을 어떻게 글로 옮길 수 있을까? 논문은 연기가 아니라 글로 표현하는 것이 아닌가?

안민수 선생님은 확신하셨다. 가능하다고, 나는 연출가이므로 공연사진 한 장만 봐도 배우의 움직임이 보이고 대사가 들린다고. "너는 안 보이니?"라고 물으셨을 때, 난 "당연히 안 보이죠!"라고 말하고 싶었다. 그러나 연기에 대한 애정 때문일까? 나는 큰 소리로 "저도 보여요!"라고 했고, 그때부터 이 글은 시작되었다. 원래 큰소리를 친 이후의 길은 험난한 법이다. 논문의 과정은 결코 만만하지 않았다. 연기에 영향을 주는 희곡, 극장, 무대, 의상, 평론에 대한 탐색은 끝도 없었다. 그때 안민수 선생님의 통찰과 여석기, 오현경, 이원경, 장민호, 전무송, 정한룡, 한상철 선생님의 도움이 없었다면 이 글은 결코 완성되지 못했을 것이다.

선생님들 모두는 연기로, 특히 화술로 박사논문을 쓰겠다는 생면부지인 박사수료생을 염려해주시면서 친절함과 따뜻함으로 잊지 못할 도움을 주셨다. 이원경 선생님은 1910년대 신파극에서 1960년대까지 관여하셨던 모든 연극의 연습과정, 공연방식, 무대, 연기를 말씀해주셨다. 선생님의 생생한 기억으로 신파극의 구찌다테 연기가 가부키식인 것을 밝힐 수 있었다. 오현경 선생님은 신파극부터 1970년대까지 배우들의 연기를 구체적으로 시연해주셨다. 카페에서 선생님이 보여주신 시연으로 프롬프터가 배우들의 연기에 준 영향과, 번역극조가 영어의 리듬에 우리말을 대입한 방식의 화술이었음을 알 수 있었다. 장민호 선생님은 1950년대와 1960년대 신협의 공연방식, 관객의 반응, 배우들의 연기를 구체적으로 시연해주셨다. 이로써 신협의 화술과 사극조가 읊는 듯한 화술이었음을 알 수 있었다. 전무 송 선생님은 1960년대에서 1970년대까지 드라마센터의 공연방식과 배우들의 연기훈련, 배우가 연기를 완성해나가는 과정을 구체적으로 말씀해주셨다. 선생님의 설명으로 우리 연극에서 실험극의 시기에 전개된 연기가 배우와의 합작품이라는 것을 밝힐 수 있었다. 여석기, 한상철 선생님은 평론가로서, 정한룡 선생님은 연출가로서 우리 연극을 관객의 입장에서 말씀해주셨기에 균형이라는 관점에서 큰 도움을 주셨다. 모든 선생님들께 지면을 빌려 감사를 드린다. 선생님들의 도움이 없었다면 이 책과 우리 연극배우들의 연기는 세상에 나올 수 없었을 것이다.

이 책이 나오는데 또 잊지 못할 분들이 있다. 『북한 연극을 읽다』의 원고를 탈고한 이후, 능력과 무관하게 욕심은 끝이 없어, 『화술로 읽는 우리 연극』을 같이 출판하고 싶어졌다. 이러한 의사를 밝혔을 때 욕심을 탓하지 않고 선뜻 출판을 맡아주신 경진출판 양정섭 대표님께 진심으로 감사드린다. 글을 쓰는 동안은 이전보다 '더 나은 책'을 목표로 하겠다는 약속으로 보답하고자 한다. 또한 이제 고인이 되신 이원경, 여석기, 한상철, 장민호 선생님께 다시 감사드린다. 박사수료생에서 교수가 된 이후에나 이 책을 출판하게 되어 죄송스러울 뿐이다. 하늘에서 읽어주시고 늦은 출판을 어여삐 여겨주시길 바랄 뿐이다.

그리고 사랑하는 안민수 선생님.
이 책의 원고가 완성된 날 하늘에 가신 선생님.
언젠가 이런 날이 오면, 내가 다른 곳으로 이사 갔다고 생각하라셨던 선생님.

　나는 이 책을 드리며 이사하시는 선생님을 배웅해드린다.

수유동

교수실에서

목차

4장 화술의 양식화 __ 217

5장 각자의 몫 __ 269

1장 연극과 화술

　연극예술의 가장 본질적 요소는 배우와 관객이 아닐까? 배우와 관객이 없는 연극공연은 상상할 수 없다. 배우가 관객 앞에서 어떠한 '역할을 맡는 행위'인 연기(演技)는 연극의 본질적 특징이다. 그렇다면 우리 연극에서 연기의 변화를 살펴보는 것은 어떨까? 최근에는 매체의 발달로 공연장에 가지 않아도 공연을 볼 수 있고, 배우의 연기를 감상할 수 있다. 또한 공연예술 자료의 중요성이 인식되어 각 공공기관과 각 극단에서 공연과 관련된 자료를 상당수 보유하고 있다. 우리 연극계를 위해 다행스러운 일이다. 그런데 주목할 것은 매체가 발달하기 이전, 적어도 1970년대까지의 연극은 영상자료가 극히 드물다는 점이다. 이에 따라 1970년대까지 우리 연극의 '연기'는 연구의 사각지대에 놓여 있다. 또한 그 시대를 증언해줄 수 있는 원로 연극인은 우리의 곁을 떠남으로, 점점 이 시기의 연기를 알 수 있는 길은 좁아지고 있다.

그렇다면 어렵더라도 영상매체로 확인 불가능한 1970년대까지 우리 연극의 연기에 관한 연구는 진행되어야 한다. 물론 이 시기 연극에 대한 영상이 드문 것은 사실이지만, 그것이 연구의 불가능을 의미하지는 않는다. 희곡, 극장, 의상, 관객 등 여러 무대요소를 통해 다각도로 접근한다면 가능할 것이다. 공연 스타일의 본질은 희곡, 극장, 의상, 관객, 무대요소 등에 의해 영향 받는다.[1] 텍스트는 시대적 감성을 내재하여 스타일에 대한 추정을 가능하게 하고,[2] 공연장은 관객과 배우 간의 상호관계를 말해준다.[3] 관객의 태도와 목적은 연기와 공연의 유형에 대해서 많은 정보를 제공하는 것이다. 의상 역시 인물, 극의 성격, 분위기, 스타일에 관한 것들을 알려준다.[4] 따라서 무대요소와 관련지으며 탐색하고 분석한다면, 연기는 그 구체적 모습을 드러낼 것이다.

이에 이 글은 영상자료를 발견하기 어려운 1900년대부터 1970년대까지 우리 연기를 화술로 살펴보고자 한다. 연기를 화술로 한정하는 것은 연구의 밀도를 높이기 위해서이다. 또한 우리 신극이 실내극장에서 화술의 출현과 함께 시작했고, 1960년대까지 배우들은 화술을 연기의 중요한 표현 수단으로 삼고 의존했기 때문이다. 연기양태의 실험이 전개된 1970년대에도 화술은 새로운 연기를 위한 도전의 핵심 대상이었다. 따라서 1900년대에서 1970년대까지 화술의 모습을 면밀히 추적하는 것은 한국 연기의 변화에 관한 첫 연구로서는

---

1) John Harrop, *Acting with Style*; 박재완 옮김, 『스타일 연기』, 게릴라, 2005, 26쪽.

2) 박재완 옮김, 위의 책, 14쪽.

3) Richard and Helen Leacroft, *Theatre and Playhouse*, Methuen London and New York, 1984, p. ix.

4) Milly S. Barranger, *Theatre: A Way of Seeing*; 이재명 옮김, 『연극이해의 길』, 평민사, 2002, 139쪽.

충분하다고 믿는다.

연구대상은 해방이전까지는 신극(新劇)5)이 중심이다. 해방 이전 한국의 극계에서는 신극, 프로극, 대중극이 균등하게 발전하고 있었다. 다양한 연극 유형과 그에 따른 다양한 연기양식이 존재했지만, 극예술연구회 계열의 신극을 중심으로 논의를 전개하는 이유는 대중극과 프로극에 대한 자료의 한계와, 극예술연구회 계열의 연극인들이 해방이후 한동안 우리 연극계의 중추를 담당했기 때문이다. 이에 아쉽지만 대중극과 프로극에 대해서는 후속연구를 약속한다. 1960년대 이후부터는 공연연보를 통해 공연 횟수에서 상위 10위를 점하는 극단을 일차적으로 선별하였고,6) 이차적으로는 이들 중 화술에 변화를 시도하고 실현한 극단을 선별했다.

이 글은 화술의 양태를 입체적으로 살펴보기 위해 신문과 문학지에 발표된 희곡과 소설, 공연대본, 극장의 구조와 관극 관행, 연기에 관한 연출가와 배우의 글, 공연에 관한 비평, 신문에 게재된 공연사진 등 화술과 관련된 단서를 적극 탐색하였다. 탐색한 자료를 토대로 먼저 희곡과 무대를 연관시켜 화술의 음량과 음조를 추론하였고, 연기에 관한 비평자료를 통해 어감(語感)과 억양을 살펴보았다.7)

---

5) "구극(舊劇)과 반대되는 개념의 새로운 연극, 즉 신극(新劇)은 우리 연극사에서 신연극, 신파극, 신극으로 불려졌다. 신연극이라는 용어가 처음 등장한 것은 원각사 개설 전후인 1908년 7월 21일로 추정된다. 원각사 시대의 신연극은 대체로 창극을 지칭하는 것이었다. 1910년대 이후의 신연극은 신파극 중심의 새로운 연극을 의미하였으며, 이후 1930년대에는 극예술연구회 중심의 새로운 연극을 신연극이라고 불렀다."(유민영, 『한국근대연극사』, 단국대학교 출판부, 2000, 13~18쪽) 이 글은 '신극'의 개념에 1910년대 출현한 신파극과 1920년대의 동우회, 토월회, 1930년대 이후로는 극예술연구회 계열의 연극 활동을 모두 포함시키고자 하는데, 특히 1910년대의 연극만을 지칭할 때 신파극이라는 용어를 사용하기로 한다.

6) 극단의 공연연보는 문화관광부에서 2000년도부터 지식정보지원관리사업(한국정보문화진흥원)의 일환으로 추진해 온 '문화예술종합정보시스템'인 '예술로'에서 제공하는 자료를 참고하였다(http://www.art.go.kr).

이후 공연사진을 통해 배우의 몸짓과 화술을 관련시켜 무형예술인 화술에 다각도로 접근하고자 했다. 또한 각 시기 공연물에 대한 시청각자료가 있을 경우 적극적으로 활용했다. 다행히 1930년대 유성기에 녹음된 배우들의 화술이 1997년 서울 신나라레코드사의 3장의 CD인 〈유성기로 듣던 연극모음〉8)으로 복원되었기에 1930년대 연구에 일차자료로 활용할 수 있었다. 1970년대 역시 미국 리미미 극단 440주년 공연 시 녹음된 8미리 필름인 〈질서〉와 〈하멸태자〉의 DVD를,9) 〈초혼〉 공연의 녹음 테이프를10) 일차적으로 활용했다. 시청각 자료의 부재 시기에 대해서는 앞에 열거한 자료 이외에도 연출가, 배우, 평론가의 인터뷰와 시연(試演)으로 도움을 받았으며 기존의 구술 채록을 적극적으로 참고했다. 이외에 청각에 호소하는

---

7) 화술에 관한 용어는 사전적 의미와 연기를 위한 화술훈련에서 사용하는 의미가 다소 차이가 있고, 화술훈련에서도 화술 코치에 따라 용어사용은 조금씩 차이를 보인다. 본 연구는 생리학적 용어보다는 사전적 의미와 연극학자 제리 L. 크로포드의 일반적 정의를 채택하고자 한다.
　　1. 리듬: 침묵과 발성, 강약 등의 변화와 음의 고저, 음역, 억양, 강도, 속도, 휴지, 정서 등이 결합하여 형성되는 음성의 흐름.
　　2. 음량: 음성이 크거나 작게 울리는 정도.
　　3. 음조: 음성의 높낮이와 경우에 따라 음색이 포함되기도 하는데, 본고에서는 음성의 높낮이에 한정하기로 한다.
　　4. 억양: 음성의 고저에 있어서 올라가고 내려감을 의미함.
　　5. 음역: 배우가 편안하게 말할 때의 음성에 있어서 가장 높은 음과 가장 낮은 음 사이를 음정으로 측정한 간격.
　　이 정의 중 '2. 음량'은 사전적 의미이며, 1, 3, 4, 5는 제리 L. 크로포드의 정의를 채택한 것이다. (Jerry L. Crawford, *Acting in Person and in Style*, University of Nevada, Las Vegas, 1980, pp. 67~72 참조.)
8) 〈유성기로 듣던 연극모음: 1930년대〉, 신나라레코드사, 1997.
9) 공연 시 무대감독실과 분장실을 연결하기 위해 조명실에 설치했던 카메라에 담겨 있던 필름으로 라마마 극단 소장이다. 공연을 위해 촬영한 필름이 아니라는 한계는 있지만, 배우들의 소리와 작품의 전체적 모습을 분석하는 것에는 무리가 없다. 현재 서울예대에 VHS로 소장되어 있는 필름을 필자가 DVD로 전환하였다.
10) 안민수 소장.

소리를 글로써 표현하는 한계를 극복하기 위해 화술의 기호화를 모색했다. 기호화란 국악 작곡 전공자 천지연에게 자료를 의뢰하여 작성한 화술의 악보화를 의미한다.11) 연극학에서 배우의 화술표현에 대한 공통된 시각적 기호는 아직 통용되지 않고 있다. 영국의 화술 지도자 시슬리 베리는(Cicely Berry) 음절 위에 악센트 표시를 주로 사용하고(/),12) 연극학자 스타이언은 화살표를(↗↘↑↓) 이용해서 어미의 높낮이를 표시한다.13) 반면 미국의 화술 코치인 크리스틴 링클레이터(Kristin Linklater)와 클리포드 터너(Cliford Tuner)는 악보를 사용하여 화술의 높낮이와 박자를 알기 쉽게 제시한다.14) 또한 국어학자인 이현복은 표준말의 표시를 위해 부분적으로 음표를 사용한다.15) 이에 근거하여 이 글은 화술의 음조와 박자, 리듬을 가장 쉽게 표현할 수 있는 방법은 현재까지 음악적 기호라 보고, 이를 활용하기로 한다. 이 같은 악보화가 화술표현의 적합한 방법인지에 관한 판단은 후속 연구자의 몫으로 남겨두고자 한다. 악보는 모든 시기가 아닌 음조, 박자, 리듬을 언어로 표현하기에 한계가 있는 경우에만 적용했다. 이 글이 1900년대에서 1970년대까지 연기와 관련된 모든 문헌자료와 시청각자료를 탐색하고 분석하였지만,

---

11) 이 글의 모든 악보는 서울대학교 국악과 작곡전공 천지연이 담당했다. 작업과정은 일차적으로 본 연구자가 소장한 공연에 관한 모든 자료를 종합하여 천지연과의 논의를 거친후, 이차적으로 천지연이 자료를 종합하고 악보화하여 필자에게 전달하고 수정하는 방식이다. 작업 시기는 1차 2006.6.3~7.30, 2차 2006.8.20~9.15, 3차 2007.2.20~3.25이다.

12) Cicely Berry, *Voice and the Actor*, Harrop London, 1973, pp. 102~110 참조.

13) J. L. Styan, *The Dramatic Experience*, Cambridge University Press, 1965; 장혜전 옮김, 『연극의 경험』, 소명출판, 2002, 56~58쪽 참조.

14) Kristin Linklater, *Freeing The Natural Voice*, Drama Book Publishers New York, 1976; J. Clifford Turner, *Voice and Speech in the Theatre*, A&C Black·London, New York: Theatre Arts Books/Routledge, 2000 참조.

15) 이현복, 『한국어의 표준발음』, 교육과학사, 1998, 100~104쪽.

무형 예술에 관한 연구 자체가 갖는 객관성의 한계를 인정하지 않을 수 없다. 그러나 어려움을 감내하는 크고 작은 연구가 시도되어야만, 우리 연극 연기에 관한 연구가 더욱 활발히 진행되리라 믿으며 이 길을 걷고자 한다.

2장 화술의 출현

　우리연극에서 구극(舊劇)과 신극(新劇)을 구분하는 기준을 유치진은 '신극이라고 일컫는 것은 화술극을 가리키는 것'[1]이라고 밝힌바 있다. 유치진이 언급한 '화술'은 언어표현을 의미하기에 당시 신극 연기의 가장 큰 특징은 '언어', '대사'라 하겠다.

　신극 연기의 특징인 '언어표현'은 1902년에 세워진 우리나라 최초의 근대적 극장인 협률사와 더불어 태동한다. 기존 "우리의 전통연희가 야외의 열린 공간에서 공연됨으로 기후와 시간에 제약을 받았던" 반면, 실내극장이 출현하면서 우리의 연희는 "악천후로 공연을 연기할 필요도 없었고, 일몰로 인한 공연시간의 제약에서도 자유로울 수 있었다".[2] 실내극장은 공연 환경 자체를 변화시킨 것이다.

---

1) 유치진, 「신극사개관」, 『예술원보』 3집, 예술원, 1959, 54쪽.
2) 박노현, 「극장의 탄생」, 『한국극예술』 제19집, 2004, 15쪽.

관객 역시 단순한 구경꾼이 아닌 일정 금액을 선불로 지급하는 문화의 소비자가 되었다. 이에 따라 극장이라는 공간을 유지하고, 소비자로 부상한 관객을 적극적으로 유치하기 위해서 새로운 연기양식이 태동해야 했을 터, 고수 한 명이 창(唱)으로 연기하는 판소리 공연양식은 변화를 맞이했다. 배우들은 일인(一人) 완창의 공연방식을 벗어나 역할을 분담하는 대화창(對話唱)이라는 새로운 공연양식을 보여준 것이다. 그리고 1908년 신연극으로 등장한 〈은세계〉는 대화창에서 한 걸음 더 나아가 창(唱)과 '말'을 혼용하기 시작한다. 극장이라는 근대적 실내공간에서 이 같은 '화술'의 태동은 우리 연기사의 새로운 장을 예고하는 것이다. 뒤이은 1910년대와 1920년대의 배우들은 본격적으로 화술로 연기를 전개해나가기 때문이다.

1. 화술의 태동

판소리에서 파생된 창극은 공연방식에 변화를 모색한다. 일인 완창이었던 공연 양식에 역할을 분담하고 배우의 움직임을 도입하여 시각적 볼거리를 강화한 것이다. 1902년 공연된 창극 〈춘향가〉에 대한 다음의 기사는 그러한 일면을 잘 보여준다.

춘향이 노리에 이르러는 어사츌도 하는 거동과 남녀 맛나노는 형상 일판을 다각각 졔복색으로 차려 놀며 남원일읍이 흡샤히 온 듯 하더라 하며 망칙 괴괴한 츔도 만혼 중 무동을 세층으로 타는 거시 또한 장관이라 하더라.3)

이 기사의 '남녀'는 어사출도 장면에서 몽룡과 춘향을 맡은 배우가 있었음을 시사하고, '맛나노는 형상'은 몽룡과 춘향이 만나서 어떤 움직임을 보여주었음을 알려준다. 기사는 2인 이상의 배우가 창을 불렀는지에 대해서는 확실히 전하지는 않지만, 분명한 것은 일인 배우가 아닌 2인 이상의 배우가 출현하는 '역할의 분담'이 이루어졌다는 점이다. 이 같은 변화는 '남원일읍이 흡샤히 온 듯 하더라', '장관이라 하더라'라는 감탄의 글에서 알 수 있듯이 관객들에게 생생한 감동을 주었다. 그런데 역할분담이 시도된 5년 후 공연에 대한 다음의 기사는 주목을 요한다. 단순한 역할분담 이외에 서로 노래를 주고받는 대화창이 출현했기 때문이다. 1907년 창극 〈춘향가〉에 대한 기사를 보기로 하자.

아국에 유래하난 제반 연희등절을 일신 개량하기 위하야 영남에서 상래한 창가 여서아 연화와 계화랄 고용하야 각항타령을 연습게 하난데 (…중략…) 명창으로 칭도하는 김창환 송만갑 양임을 교사로 정하야 (…중략…) 장단절주(長短節奏)를 조정하난대 해 임원 등이 기(基) 창화지절(倉貨之節)을 참작하야 개량하난 사에 착수하얏난대 (…중략…) 위선 춘향가부터 개량하야 일주일 후에4)

이 글에 대한 백현미의 해석을 옮기면, "장단절주의 조정은 음악적 표현의 조정을 의미하며, 기창화지절은 서로 화답하여 부르는 순서를 정하는 것이다".5) 그런데 '서로 화답하여 부르는 순서를 정

---

3) 『뎨국신문』, 1902년 12월 16일자.

4) 『만세보』, 1907년 5월 21일자.

5) 백현미, 「창극의 역사적 전개과정 연구」, 이화여자대학교 박사논문, 1996, 23쪽.

한다'는 것은 대화창이 이루어졌음을 시사한다. 창극 〈춘향가〉에 대한 또 다른 기사를 보기로 하자.

일동일정이 관람자의 갈채를 공(供)하며 괴뢰(傀儡)가 환출할 시간에는 유성기로 가곡을 질주(疾走)하니 춘향전은 전래하는 특이한 행적이나 단창우가 창가로 부연(敷衍)하고 기진상(基眞像)을 미도(未睹)함이 개탄하는 바이러니 금에 기활화(基活化)를 쾌도(快睹)하니 안계(眼界)는 황홀하고 심지는 활여(豁如)하거니와[6]

이와 같이 이전에는 한명의 고수가 나와 창을 부름으로 '기진상을 미도', 문자 그대로 해석하면 '그 진짜의 모습에 이르지 못하는 것'이 안타까웠는데, 1907년 〈춘향가〉에서는 '기활화를 쾌도', 다시 말하면 '그 살아있는 모습에 상쾌하게 이르게 되었다'. 인물의 재현이 시도됨으로써 기사의 표현을 따르면 '안계는 황홀하고 심지는 활여', 즉 시각적으로 황홀하고 마음이 뚫렸던 것이다. 흥미로운 변화가 상상되는데, 이러한 상황에서 이인직의 〈은세계〉는 창극 연기를 또 한 걸음 변화시킨다. 대화창으로 진행되는 연기에 화술을 수용했기 때문이다. 먼저 〈은세계〉에서 배우들의 연기가 창(唱)으로 진행되었다는 현철의 회고를 보기로 한다.

판소리를 나누어, 광대, 기생이 불렀는데 광대, 기생은 춘향가나 심청가의 가사는 훼하지만 새로 만든 소설연극의 대사를 외어서 소리로 하자니 일에서 십까지 해내는 수가 있었겠느냐.[7]

---

6) 『만세보』, 1907년 5월 30일자.

7) 박진, 「한국연극사(제1기)」, 『예술논문집』 제13집, 예술원, 1974, 223쪽.

현철은 이 글에서 '소설연극의 대사를 외어서 소리로 하자니'라며, 배우들이 소설의 대사를 창(唱)으로 전개했다고 기록한다. 〈은세계〉의 대사가 소설연극의 대사이지만, 배우들은 소설의 대사를 대화창으로 전개한 것이다. 그런데 안종화는 다음과 같이 노래 이외의 또 다른 양태의 연기가 출현하였음을 분명히 언급한다.

"그럼 일본거를 배워가지고 나온거지."
"소리가 아니라 무슨 요물같은 시바이 옳치 시바이라고 하더군. 나도 어제 드럿소."[8]

이와 같이 안종화는 〈은세계〉에서 배우들의 연기가 소리, 다시 말하면 창(唱)이 아닌 무엇이었음을 강조한다. 안종화에 의하면 새로운 연기는 소리가 아닌 '시바이'에 가까운 양태였던 것이다. 그리고 안종화는 또 다시 다음날의 기사에서 '시바이'라는 연기는 연설에 가장 가까운 형식이었다고 회고한다.

그러나 리인직의 연극 무대만은 완전히 실패하고 그 원인은 (…중략…) 신연극의 무대가 무에 무엇인지 알아볼 자미가 업섯든 것이엇다. 설사 리씨의 연극단의 모든 성의를 다하야 연출하엿썻다 할지라도 무대의 설비가 불완전 (…중략…) 『□□아지를 쓰고 나와서 연설만 하는 게 무에 무언지 알어 먹을 수가 업는대 그것의 일홈이 시바이라듸─』하고서 코웃음을 첫섯다.[9]

---

8) 안종화, 「무대이면사 연극사로맨스(3)」, 『조선중앙일보』, 1933년 8월 15일자.
9) 안종화, 「무대이면사 연극사로맨스(4)」, 『조선중앙일보』, 1933년, 8월 16일자.

이 글은 안종화가 〈은세계〉에 대해 언급한 '시바이'를 보다 구체적으로 알려주는데, 그것은 노래가 아닌 연설에 유사한 양태라 하겠다. 안종화의 표현을 빌리면, '무에 무언지 알어 먹을 수가 업는' 연기였지만, 안종화의 '연설'이라는 표현을 고려하면 최소한 노래보다는 '화술'에 가까운 양상인 것은 분명하다. 따라서 앞에서 제시한 현철과 안종화의 글을 종합해보면, 〈은세계〉에서 배우들은 노래와 '연설'을 혼용하여 연기를 전개했다는 결론이 도출된다. 물론 '연설'이라는 새로운 연기양태에 대해 안종화가 재차 '요물 같은 시바이', '코웃음을 첫섯다'고 회고하는 것을 보면, 어떠한 완성된 양식에는 미치지 못했을 것이다. 그러나 당시의 시각으로 돌아갈 필요가 있다. 현대에는 새로운 양식과 실험이 쏟아지고 있지만, 과거로 가면 갈수록 삶과 예술의 양식이 변하기 위해서는 몇 십 년에서 몇 백 년의 시간이 소요되었다. 일례로 고대 그리스에서 테스피스라는 한 명의 배우가 무대에 등장한 이후로 제2의 배우가 무대에 등장하기까지는 60년의 시간이 필요했다. 그렇다면 1900년대 1인의 배우가 모든 극중 인물을 연기했던 이전의 공연방식에서 벗어나 각 인물을 맡아 대화창으로 전개하는 공연방식, 이후 한 걸음 더 나아가 '연설'이라는 새로운 연기양태의 출현은 혁명에 준(准)하는 변화라 할 것이다. 이는 곧 '화술의 태동'이며, 이후 '화술'로 전개되는 우리 연기의 새로운 장을 예고하기 때문이다.

2. 감정 과잉적 화술의 출발

1900년대 신연극으로 등장한 〈은세계〉가 노래와 화술을 혼용하여 연기를 전개한 반면, 1910년대 신파극은 화술만의 연기를 출현시킨다. 신파극은 김방옥의 견해와 같이 "연기자의 몸짓과 대사만을 통해 일정하게 짜여진 사건이 마치 실제 일어나는 일인 양 극장 무대에 올려진 우리나라 최초의 연극양식"[10]으로 창(唱)이 아닌 '화술'만의 연기를 출발시킨 것이다. 1900년대 우리나라에서는 명동, 충무로, 남대문 일대에 일본인 전용극장인 가부기좌, 수좌, 어성좌를 중심으로 일본 신파극이 활발하게 공연되고 있었다. 반면 우리의 전통극은 신문지상을 통해 강한 비판을 받았다. 일례로 대한매일신보는 우리의 연극을 "무뢰한 남자와 못난 여자들이 즐기는 음탕한 무용이자 음탕한 만담의 망국적 놀음"[11]으로까지 폄하하면서 새로운 연극을 제시하였다.

> 대개 일장 슯흔 연희로 영웅호걸의 허다장쾌한 사적을 구경하면 비록 우부우맹일지라도 이로써 감동이 될지며 충신렬사의 무한 처량한 표적을 구경하면 비록 비부유아라도 이로써 분발할지니[12]

이같이 대한매일신보는 「연희장을 개량할 것」이라는 제목 하에, 영웅의 업적을 극화하는 것을 개선방향으로 내어놓았다. 그렇다면 대표적 신파극단인 임성구의 혁신단, 일본 유학파인 윤백남의 문수성, 이기세의 유일단이 연극의 계몽주의적 기능을 최우선 과제로 삼은 것은 자연스러운 일이다. 연극이 생산자와 수용자에게 어떠한 의미이며, 형상화할 연기양식이 무엇인가를 깊이 숙고하기 이전에

---

10) 김방옥, 「한국연극사에 있어서의 신파극의 의미」, 『이화어문논집』 제6권, 1983, 182쪽.
11) 『대한매일신보』, 1907년 11월 29일자.
12) 「연희장을 개량할 것」, 『대한매일신보』, 1908년 7월 12일자.

'권선징악', '풍속개발', '관객에게 교훈주기'라는 주제는 이미 정해져 있었던 것이다. 배우들은 직접적으로 관객에게 극의 주제를 역설해야 했다.

2.1. 강한 억양과 기성(奇聲)의 웅변조

1910년대 창설된 신파극단은 15여 개가 된다. 연구대상을 선별하기 위해 양승국의 「1910년대 한국 신파극 레퍼터리 연구」[13]를 토대로 공연 횟수와 인기 레퍼토리를 정리해보기로 한다. 아래 표 왼쪽의 숫자는 공연 횟수이다.

[표 1]

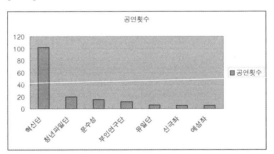

이 표에서와 같이 가장 활발한 활동을 전개한 극단은 혁신단, 그 다음 청년파일단, 문수성이다. 이들 극단을 중심으로 1910년대 공연된 신파극 인기 레퍼터리의 순서는 다음과 같다.

---

13) 양승국, 「1910년대 한국 신파극 레퍼터리 연구」, 『한국극예술』 제8집, 1998.

[표 2]

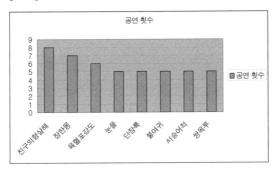

가장 많은 공연 횟수를 점한 작품은 〈친구의형살해〉, 〈장한몽〉, 〈육혈포강도〉, 〈눈물〉, 〈단장록〉, 〈불여귀〉, 〈서승어적〉, 〈쌍옥루〉의 순서이다. 신파극 레퍼터리는 국가에 대한 충성을 주제로 하는 인정 의리극(탐정극)과 순종적 여성의 삶을 주요 골자로 하는 가정비극으로 구분될 수 있다. 여기에서는 혁신단의 탐정극을 중심으로 무대요소와의 관계에서 신파극 화술을 살펴보고자 한다.

2.1.1. 영웅적 인물의 교훈적 대사

신파극의 출현은 임성구가 이끄는 혁신단의 등장에서 비롯된다. 잘 알려진 바와 같이 혁신단은 1911년 4월 〈삼인조상〉, 1911년 12월 〈불효천벌〉, 1912년 〈육혈포강도〉를 연흥사에서 올리면서 신파극단의 대명사로 자리를 굳혀갔다. 먼저 작품의 주제를 알아보기로 한다.

폭설이 내리치는 싸움터에서 부모처자의 애정을 떠나 악전고투로 적을 물리치고 조국을 위해 충성을 바치는 연극14) 〈진중설〉

이와 같이 군사극이나 탐정극의 주제는 '권선징악, 풍속개량, 민지개발, 진충갈력'이었다. 그렇다면 주제가 시사하듯 탐정극의 인물은 자연 영웅에 가까울 것이다. 다음의 기사를 보기로 한다.

경찰서 순사 림셩구가 류혈포강도 한창렬이 악행을 근심하야 갈아데 순사의 본분은 인민을 보호하라는 목적인즉 몸이 부셔지더라도 이 강도를 잡으리라 하고 결심한 동시에 무한 곤란을 밧고 그 강도를 만나 류혈포를 마젓것만은15) 〈육혈포강도〉

주인공은 역경을 뚫고 적을 물리치며, 조국에 충성을 바치거나 악한으로부터 선량한 민중을 보호하는 완벽한 영웅이다. 영웅적 인물의 대사를 이기세가 '한 치의 벌레도 5분의 혼이 있거늘'16)로 회고하는 것을 보면, 화술의 양태는 웅변에 가까운 양상으로 짐작된다. 다음 이서구의 증언도 그 같은 사실을 입증한다.

위로 대황제 폐하를 받들고 아래로 이천만 동포와 삼천리 강산을 지키려는 국가의 간성으로 운운17) (이서구)

이와 같이 신파극의 대사는 '말'또는 '대화'라기보다는 교훈을 위한 웅변적 원고에 가까운데, 이러한 대사를 전개한 배우의 화술에 대해 이기세는 "한 30분 웅변을 하거든요."18)라고 회고한다. 이서구

---

14) 변기종, 「연극 50년사를 말한다」, 『예술원보』 제8집, 1962.
15) 『매일신보』, 1912년 5월 23일자.
16) 이기세, 「이땅의 연극의 조류 2」, 『동아일보』, 1939년 3월 1일자.
17) 이서구 씨 증언(1972.1.31); 유민영, 『한국현대회곡사』, 새미출판사, 1997, 52쪽 재인용.

가 전하는 신파극의 대사와 이기세의 회고를 교차하면, 배우는 연설적 대사를 관객을 향해 웅변조로 전개했음을 알 수 있다. 흥미로운 것은 이 같은 웅변적 화술이 관객뿐 아니라 바로 옆의 상대배우를 향해서도 동일하게 적용된다는 점이다. 〈육혈포강도〉에서 순사가 죽어가는 장면을 예로 들어보고자 한다.

순사: (죽어가며) 주임님, 선배님, 저는 이것으로 제 임무를 수행했습니다. 제 한목숨을 바쳐서 여러 목숨의 위태로움을 방지(防止)한 공(功)과 이 명예스러운 영광은 북부경찰서의 여러분 것입니다. (강도에게) 나는 비록 네 총알에 죽어가거니와 아무쪼록 네 죗가를 뉘우치고 개과천선하여 좋은 사람이 되기를 부탁한다.[19]

이와 같이 탐정극은 강도의 총에 죽어가면서도 강도에게 좋은 사람이 되기를 부탁하는 주인공의 선량함, 의로움, 영웅성을 극대화시킨다. 영웅성을 부각시키기 위해 대사는 '대화'라기보다는 옆의 배우에게도 완전한 설교나 웅변의 양상을 갖는다. 연극의 교훈적 측면을 강조하면서, 관객뿐 아니라 상대배우에게도 웅변적으로 가르치는 것이 연기관행이라고 하겠다. 이기세가 회고한 '웅변조'의 화술은 이같이 관객을 향해서 뿐 아니라 상대배우를 향해서도 동일하게 적용된 것이다. 이 웅변적 화술의 음조와 음량을 극장과 관련하여 추정하기로 하자.

양승국의 조사를 토대로 살펴보면, 임성구의 혁신단을 비롯한 신

18) 이기세, 「이땅의 연극의 조류 2」, 『동아일보』, 1939년 3월 1일자.
19) 「그래도 막은 오른다」 중 박진 구성의 〈육혈포강도〉; 유민영, 『한국현대희곡사』, 54쪽 재인용.

파극단이 1910년대 중반까지 작품의 90% 이상을 공연한 극장은 연홍사였다.[20) 다음은 팔구백 명에 달하는 관객을 수용하기에 너무 협소해서 1912년 건물확장에 들어간 극장의 모습이다.[21)

[사진 1]

안종화에 의하면 극장은 "조명이 없을 시절이라 관객석이나 무대는 통털어 전등을 환하게 켜서 밝혀야"[22) 했다. 또한 당시의 기사는 극장이 "넘어 오래고 짓기를 잘못 지어 여러 사람을 수용하기 적당치 못했다"[23)라고 전한다. 극장에 관한 기사와 사진에서 알 수 있듯이 극장은 상당히 열악하다. 안종화의 "일층에 다다미를 깔고 이층에 널판 걸상을 놓았다"는 회고와 같이 객석은 계단식이나 지정좌석제가 아니었다. 그렇다면 팔구백 명의 관객이 들어오는 열악한 극장에서 배우는 기본적으로 큰 소리로 대사를 전달할 수밖에 없다. 극장뿐 아니라 당시 관객의 관극태도 역시 큰 소리의 대사 전달을 필요로

---

20) 양승국, 「1910년대 한국 신파극 레퍼터리 연구」, 『한국극예술연구』 제8권, 1998.6 참조.

21) 『매일신보』, 1913년 5월 2일자.

22) 안종화, 『신극사이야기』, 진문당, 1955, 98쪽.

23) 『매일신보』, 1914년 11월 7일자.

했다. 다음 글을 보기로 하자.

　근일 연극장 부인석에난 훌륭한 잡화상 한판이 매일 벌녀노인 것 갓던걸. 웨 그렇게 졔구가 만혼지 그 안지 압홀 잠간 건너가보면 조박이, 목도리, 살죽경, 권연갑, 물뿌리, 우산, 손가방 등 여러 가지 하이칼라 졔구오 손에난 챠죵, 발아래난 요강이라. 어허참 굉장하더군.[24]

　당시 극장이라는 공동 장소가 익숙하지 않았던 관객들은 온갖 물건들을 가지고 극장에 왔다. 정원을 초과한 관객과 요강을 비롯한 온갖 물건으로 극장은 혼잡한 상황이었던 것이다. 관객석에 대한 또 다른 글을 보기로 하자.

　아래석을 보니 남녀석이 갈라져 남좌녀우로 난다(難多)히 나무 걸상에 걸터앉아서 담소하는 소리 시끄러웠고 담배연기가 희미한 전등불을 더 흐리게 하였다. 간간히 담배 삽쇼, 과자 삽쇼 하는 아이들의 철성(鐵聲)은 한층 더 귀를 따갑게 하였다.[25]

　혼잡한 상황에서 관객들은 서로 떠들면서 공연을 보았고, 극장은 물건을 파는 아이들까지 소리를 지르는 상황이었다. 이러한 관객들의 성향을 이기세는 "말만 하는 신극 따위는 보기 싫다고 아지가 들어오고 □□질이 날러들어 배우들은 그저 무대 우에서 움즉여야 했다"[26]고 회고한다. 당시 관객들은 현재의 관객과 비교할 수 없을

---

24) 『매일신보』, 1913년 3월 5일자.
25) 박진, 「한국연극사 제1기 제2장」, 324쪽.
26) 이기세, 「이땅 연극의 조류 2: 안종화 이기세 등의 좌담」, 『동아일보』, 1939년 3월 1일자.

정도로 적극적으로 배우들에게 반응했던 것이다. 물론 이 같은 관극 행위가 관극태도의 미성숙함만을 의미하지는 않는다. 기존 우리 연희가 야외 열린 무대에서 관객과 어우러지며 공연되었을 때 도출된 적극적 상호반응이 그대로 이어진 것으로 해석된다. 중요한 점은 이 같은 관객 앞에서는 어떤 배우도 소란스러운 관객에게 대사가 들리도록 하는 것이 일차적 목표이고, 큰 소리의 화술 전개가 필연적 이라는 것이다. 이에 따라 신파극 배우들의 화술은 영웅적 인물의 교훈 전달을 위한 웅변적 대사로 인해 설교조, 또는 웅변조가 바탕이 되고, 열악한 극장에서 적극적으로 반응하는 관객과의 소통을 위해 일상적 화술보다 한껏 큰 소리로 대사를 전달하는 것이 기본이었다.

2.1.2. 구찌다데 공연방식과 화술훈련의 부재

웅변조의 화술을 공연방식과 연습방식을 통해 보다 구체적으로 밝혀보고자 한다. 신파극의 공연을 변기종은 "소정된 각본 없이 어느 정도 연극의 내용과 배역의 성격만을 알아 가지고 각자 요령껏 상대방에 응하는 이른바 구찌다데식이었으며 동작도 일정한 연출자의 지도가 없이 각자 요령껏 적당한 위치와 움직임을 취하는 것이었다"[27]라고 설명한다. 대본에 의거하지 않고 대강의 줄거리만을 배우들이 이해한 이후, 즉흥적으로 전개되는 방식인 셈이다. 이러한 구찌다데식 공연을 위한 연습과정을 이원경은 다음과 같이 설명한다.

임성구가 그 김소랑이 전부 모아놓고 이렇게 모아 놓구서, "야 이번

---

27) 변기종, 「연극오십년을 말한다」, 『연극원보』 제8집, 1962, 49쪽.

에 연극 이런 거 하자. 니가 육혈포강도 복면을 하구 권총 가지구서 도둑, 강도짓을 하는 것을 해. 나는 형사를 할께. 너는 전당포 주인을 해. 넌 전당포 주인 마누라를 해. 그래서 처음에는 육혈포 강도가 복면을 하고 들어와 가지고 권총을 대구서 돈 내놔 그렇게 해" 그런 식으로.. 입으로 말로.. 그 플롯을 만드는 거야. 희곡을 쓸 줄 몰라. (…중략…) 즉 쓰는 것이 아니고 지금 얘기하고 있는 강도가 되고 전당포 주인 되라 어째라 그래노면은 연극을 시작을 하면은 어떤 때는 40분에 끝나고 어떤 때는 한 시간도 더 가. 그냥 막 떠들어 대구서 안 끝내면은 한 시간도 더 돼. 그래 관객이 좋아하면 쓸데없이 소리 막 하고 막 끌어 대구. 그게 구찌다데식이야.28)

이와 같이 이원경은 신파극단의 배역선정과 작품의 내용전달이 말로만 이루어지는 연습과정과 즉흥적 공연방식을 구체적으로 설명한다. 중요한 것은 이러한 공연방식은 장시간의 연습이 불필요하다는 점이다. 공연은 배우 개인의 말솜씨에 중점을 두면서 연습과 무관하게 진행되기 때문이다. 최소한의 연습은 화술을 위한 발성훈련이나 발음훈련 역시 최소화, 또는 부재로 이어질 가능성이 크다. 여기서 1910년 당시의 상황을 살펴보기로 한다.

1912년 혁신단의 경우 2월에 3작품을 선보인 이후, 4월에는 12작품을 새롭게 공연한다. 3월 한 달 동안을 연습에만 임했다고 해도, 한 작품의 연습기간은 3일이 채 되지 못한다. 그런데 이기세는 단장에 대해 "연극에 대한 실제의 경험을 가진 사람은 자기뿐임으로 극단의 통솔이나 연출, 각본선택, 무대장치, 화장, 선전비라, 선전간판,

---

28) 이원경, '구술로 만나는 한국 예술사' 구술 기록관, 한국문화예술진흥원 홈페이지.
(http://oralhistory.kcaf.or.kr)

입장권의 인쇄까지도 전부 담당해야 했다"[29]라고 한다. 또한 이기세는 다른 글에서도 "금전의 여유가 없고 사회의 동정이 없는 위에 흥행사, 배우, 작가, 무대감독 심지어 극장교섭에 관한 일까지도 한 몸이 겸무하여 2중, 3중은 고사하고 5중, 10중으로"[30] 역할을 담당해야 했다고 일관성 있게 주장한다. 그렇다면 배우들 역시 연기에만 전념하는 것은 불가능하다. 3일이 채 되지 못하는 날짜에도 연습에만 전념하지 못했다면, 실제 연습일은 작품 당 1일에서 1.5일 정도가 되었을 것이며, 작품 연습 이전에 꾸준히 선행되어야 할 화술훈련은 전무했거나 극히 일부분이었다는 결론이 도출된다.

앞에서 살펴보았듯이 신파극의 화술은 영웅적 인물의 교훈적 대사, 열악한 극장환경, 정원을 초과한 소란스러운 관객들로 인해 웅변조의 큰 소리가 기본이었다. 주목할 것은 체계적 훈련을 받지 못한 배우가 교훈적 대사를 지나치게 의식할 때 발성기관의 긴장이 따라온다는 점이다. 시슬리 베리의 글을 참고하기로 하자.

너무 지나친 정서를 부여하거나, 과도한 설명을 하거나 자신이 생각하는 것이 흥미롭다고 주장하거나, 자신이 중요하다고 생각하는 것을 주장한다거나 할 때는 명료함이 사라진다. 또한 무언가 부족하다는 생각이 들어서 보충해보려고 하면 긴장감이 발생하고 명료함이 사라진다. 몸이 작은 배우는 무게감을 얻고 싶어서 종종 목소리를 옳지도 않은 방법으로 낮추려고 한다. 하지만 그것은 소리에 한계를 가져오고 훼손시키는 것 밖에 안 된다.[31]

---

29) 이기세, 「신파극의 회고」, 『매일신보』, 1937년 7월 2~7일자.

30) 이기세, 「소위 현당극담(3)」, 『조선일보』, 1921년 3월 2일자.

31) Cicely Berry, *Voice and the Actor*, pp. 13~14.

이와 같이 어느 정도 훈련된 배우라도 극의 주제를 과도하게 역설할 때, 일반적으로 불필요한 긴장감이 발생하고 화술 자체에 무게감을 싣고자 무의식적인 노력을 하게 된다. 그런데 훈련이 부재한 배우라면 발성기관의 긴장은 더욱 고조될 수밖에 없다. 윤백남은 혁신단의 단장인 임성구의 화술이 "조곰 쉰 목청으로 억양을 붙인"[32) 양태였다고 전한 바 있다. 배우가 이같이 목이 쉬는 이유 중 하나는 지나친 정서를 표현하기 위해 무게감을 부여함으로써 발성기관이 훼손된 결과라 하겠다.

2.1.3. 관객의 주의집중을 위한 기성(奇聲)

이제 큰 소리의, 목이 쉰 듯한 웅변적 화술의 어조와 억양을 살펴보기로 하자. 다음은 홍해성의 글이다.

> 신파의 표현양식은 조선 민족에게는 천부당만부당한 표현양식이며 그 과백(科白)이 부자연하고 과백의 음조가 우리의 과백의 음조가 아니며 그 형태가 또한 우리가 가진 형태가 아니며 무대의 장치가 조선의 신천이 이니고 우리의 만상이 아니엇습니다. 일례를 들면 과백의 어음(語音)의 흐름이 흡사히 불쌍한 돼지 짐승, 목에 칼을 받을 때 부르짖음 같다 함이외다.[33)

이와 같이 홍해성은 신파의 화술을 '돼지가 목에 칼을 받을 때의

---

32) 윤백남, 「조선 연극운동의 20년 전을 회고하며」, 『극예술』 창간호, 1934, 21쪽.

33) 홍해성, 「극예술 운동과 문화적 사명: 조선 민족과 신극운동」, 『동아일보』, 1929년 10월 20일자.

부르짖음'이라고 표현한다. 이것은 1950년대 전후 〈육혈포강도〉를 직접 관람한 오현경의 견해를 빌리면 가부키식의 거친 발성이다. 연습과정에 대한 다음 안종화와 이기세의 증언도 가부키 화술이 신파극 화술에 영향을 미쳤음을 입증한다.

일본 배우 출신인 소송에게서 몇 가지 연극을 열심히들 배웠다. 일어를 통치 못하는 단원들에게는 성구가(임성구-필자) 통변을 했다. 그 방식은 이러했다. 먼저 '소송' 교사가 연극의 내용을 설명하고 나면 성구는 배역을 결정한다. 다음은 '소송' 자신이 혼자서 대사와 동작을 만들어 보이면 즉시 성구가 통역하고 단원들도 그대로 받아서 연습을 한다.34)

유일단에서는 일본 배우 츠카모도를 선생으로 초빙해서 그가 가지고 있는 각본 중에서 단장이 선택한 각본을 가지고 전 단원 앞에서 낭독을 하면 단장이 적당히 배역을 배정한다. 그 다음 선생은 대사와 아울러 동작을 해가며 실연을 보여준다. 단원들은 선생의 일본말 대사를 우리말로 번역해서 암기한다. 선생의 단독 실연이 끝난 뒤에는 선생이 상대역끼리의 부분적인 연습을 시킨다. 이 부분적 연습이 끝나면 단장이 통괄하여 총연습 중에 대사와 동작이 잘못이 있으면 이를 시정해서 공연에 부치도록 한다.35)

이같이 신파극 배우들은 일본 신파극 배우가 시연하는, 일본 신파

---

34) 안종화, 『신극사이야기』, 95쪽.
35) 이기세, 「연극 오십년을 말한다」 참조.

극 또는 가부키의 화술을 듣고 봄으로써 그 같은 화술에 친숙해져 있었다. 그런데 인물이나 작품에 대한 분석과 화술훈련의 부재는 배우를 자신이 친숙한 화술에 고정되도록 유도한다. 잘 알려진 바와 같이 발성훈련은 표현의 기술 훈련뿐 아니라 배우의 내적 충동과 외적 표현을 자유롭게 하는 훈련이기 때문이다. 훈련의 부재는 화술에서 일정한 양식의 고정화, 배우로 하여금 친숙해 있는 일본 신파극의 화술을 탈피하지 못하게 하는 원인이 되는 것이다. 1950년대 전후 신파극 〈육혈포강도〉를 관람한 오현경의 다음 구술은 그 같은 사실을 뒷받침한다.

신파극 육혈포강도를 어렸을 때 봤어요. 직접 본 것인지, 아니면 들은 것을 보았다고 착각하는지도 모르지만, 억양을 기억해요. 우리 또래 사람들은 많이들 기억해요. 진짜 배우들이 한 건지는 모르지만, 다리에서 (강도를) 만나서 올가미로 잡는 장면에서 형사가 주인공인데, (강도를) 만나자마자 '어디에서 어디로 가는 것이냐.' 그러면 (강도가) '이쪽에서 이쪽으로 가는 것입니다.'라고 하는데, (목을 누르며 쥐어짜는 듯한 발성-필자) 그런데 그 말 자체가 우습지.(웃음) 가부끼의 대사와 비슷하죠. 만약 '아리가도 고자이마쓰' 그러면, 억양이 '아리가도 고자이마쓰다 - - 으-호'(미끄러지듯이 음정을 한 음씩 높이면서-필자) 이렇게 하면 신파극도 그런 식으로 했지. 제일 확실한 것은 딱딱딱딱 (기계적으로-필자) 걸어 나와서, 발견하고(상대역을-필자) 고개를 한번 샥 돌리고 우리 신파극도 똑 같이 그런 식으로 한 셈예요. 연극형태가 우리 것이 아니니까 어떻게 해야 하는지를 모르니까 그걸 흉내낸 것이 아닌가 생각해요. 내 생각에 신파극을 하다가 (변화의) 큰 계기는 유치진 선생을 비롯해서, 일본 유학파들이 아닌가 하죠.36)

오현경이 본 〈육혈포강도〉는 1950년대 전후이지만, 홍해성과 공통적으로 신파극 화술이 일본 가부키의 몸짓과 억양, 음조와 유사했음을 밝힌다. 특히 오현경이 실연한 배우가 고개를 돌리는 장면은 가부키에서 '특정한 포즈를 취할 때 이루어지는 움직임으로 머리를 리드미컬하게 꺾으며 배우가 번뜩이는 눈빛을 취하는 니라무'[37]와 유사하며, 발성은 목을 누르며 전개하여 음조의 격차가 크고 거칠다. 따라서 오현경의 견해와 같이 가부키 발성의 모방에 가깝다고 하겠다. 오현경이 시연해보인 〈육혈포강도〉의 화술을 시각화하기로 하자.[38)

[악보 1]

목을 누르며 쥐어 짜는듯이

이　쪽　에　서　　　　이　쪽　으　로

　물론 이 악보는 공연을 직접 관람했다고 해도 시연일 수밖에 없는 한계가 있다. 그러나 신파극에 대한 모든 비평과 인터뷰를 종합하여 볼 때, 배우들의 화술은 억양 자체가 강할 뿐 아니라, 음조가 일상의 화술보다 몇 배 이상 격차가 큰, 홍해성의 표현대로 기이했음을 알

---

36) 오현경, 본 연구자와의 개인 인터뷰, 2006년 11월 21일, 타워호텔(인터뷰는 객관성을 위해, 모두 구어체로 길게 인용한다).

37) Samuel L, Leiter, *Kabuki encyclopedia*, Greenwood Press, 1979, p. 232; 강춘애, 「가부키와 경극의 무장(武將)형 연기양식」, 『연극의 길』, 앰-애드, 2006, 32~33쪽 재인용.

38) 이 글에서의 모든 악보 작업은 서론에서 밝힌 바와 같이 서울대 국악과 작곡전공 천지연에 의해 이루어졌다. 〈육혈포강도〉의 악보는 필자의 설명과 1910년대 비평, 인터뷰, 가부키 비디오를 참고한 천지연의 작업이다. 이후부터 게재하는 악보는 작업자의 이름을 생략한다.

수 있다. 신파 배우들의 화술이 결과적 측면에서 일본 가부키와 유사하다는 것은 이론의 여지가 없다. 그러나 이와 같은 목을 누르는 기성(奇聲)의 화술을 일본 신파극의 모방에서 기인한다고만 일축할 수 있을까? 이 같은 화술이 전개되어야 했던 또 다른 원인에 대한 다음 이원경의 해석은 주목을 요한다.

> 그냥 변사가 말을 한다면(활동사진에서−필자), 일상처럼 말을 하면 재미가 없잖아. 그러니까 그때 이건 '연극이다', '이건 일상과 다른 거다' 이런 거를 위해서 그렇게 억양을 더 붙인 거 같애. 그리고 신파극 배우들도 그걸 또 흉내낸 거고. 아무래도 밋밋한 거보다는 그때는 관객들이 흥미를 갖게 하려고.39)

이원경은 신파 배우들의 화술이 일본의 신파극 또는 가부키와 유사한 양상이었다고 분명 거론한다. 그러나 동시에 목을 누르는 발성과 격차가 큰 음조가 더욱 강화된 또 다른 이유를 극적 재미, 관객의 흥미 유도로 해석한다. 앞에서 살펴보았듯이 열악한 극장과 온갖 물건을 가지고 극장에 들어오는 소란스러운 관극태도를 생각해볼 때 배우들의 우선 과제는 관객을 집중시키는 것이다. 그렇다면 관객의 주의집중을 위해 비일상적이고 특별한 화술, 보다 구체적으로 말하면 강한 억양과 기성의 소리 지르기식 화술이 더욱 강화되었다는 이원경의 해석은 근거가 있다고 하겠다.40)

---

39) 이원경, 본 연구자와의 개인 인터뷰.

40) "신파극에서 어투나 연기에서 과장을 하지 않으면 당시 소란스런 관객의 집중을 이끌어 갈 수 없기 때문에 단장은 과장된 연기 형태를 의도적으로 심화시켰다고 하겠다."(노승희, 「해방 전 한국 연극 연출의 발전 양상 연구」, 동국대학교 박사논문, 2004, 31~37쪽 참조)

이제 1910년대 초반 탐정극에서의 신파 배우들의 화술을 정리해 보기로 하자. 신파극 배우들은 강한 억양과 음조의 격차가 큰, 목을 누르며 쥐어짜는 기이한 화술을 전개했다. 그것은 결과적 측면에서 본다면 일본 신파극, 또는 가부키 발성과 상당한 유사성을 갖는다. 그러나 그 같은 화술이 도출된 또 다른 원인은 대사 자체의 웅변적 어감과 공연환경, 다시 말하면 소란스러운 관극태도, 열악한 극장, 발성훈련의 부재로 인한 친숙한 어조의 고정화, 관객의 집중과 흥미 유도를 위한 결과였다는 점도 기억할 필요가 있다.

2.2. 억양과 음조의 완만화(緩慢化)

임성구의 혁신단이 창립공연부터 일본 신파극을 수입했던 반면, 윤백남의 문수성은 첫 공연으로 1912년 3월 조일재 번안의 〈불여귀〉를, 이기세의 유일단은 〈단장록〉을 선택했다. 신소설 각색이 관객의 호응을 얻자 관객의 기호에 민감한 임성구 역시 1913년에는 신소설 각색의 〈쌍옥루〉, 〈불여귀〉, 〈장한몽〉, 〈봉선화〉, 〈눈물〉로 레퍼토리를 전환한다. 주목할 것은 소설 각색 공연이 이루어지면서 등장인물과 대사가 달라진다는 점이다. 물론 한국 소설이 아닌 일본 소설을 각색하기도 했지만, 무조건적 이식이 아니라 한국 관객의 기호에 맞게 적절한 개작을 모색했다. 작품의 주제 역시 우리 고대소설의 보편적 모티브인 개과천선, 해피엔딩, 남녀이합(男女離合) 등으로 전환되었다. 여기에서는 가정비극을 중심으로 인물의 변화와 한국적 정서의 대사가 배우의 화술에 직·간접적으로 미친 영향을 살펴보고자 한다.

2.2.1. 가정 비극적 인물과 한국적 정서

신파극단 가정 비극류의 인기 레퍼토리는 앞의 표에서 제시하였듯 〈장한몽〉, 〈눈물〉, 〈쌍옥루〉인데, 이 중 혁신단과 문수성이 공연하여 성황을 이룬 〈눈물〉을 중심으로 인물과 대사의 변화를 살펴보기로 한다. 먼저 주제는 사회적 책임이나 의무가 아닌, 집안에서의 갈등 또는 부부간의 갈등으로 전환된다. 인물들 역시 영웅적 인물에서 가정의 인물로 바뀌며, 우리 고전 소설의 선과 악이 뚜렷한 주인공에 근접한다. 극단 문수성의 창립공연 이후 25회 이상 공연되었던 〈불여귀〉의 모함 받는 착한 중장의 딸과 중장의 딸을 모함하는데 앞장서는 '원래 악한' 김정위가 이에 해당한다. 또한 혁신단과 예성좌가 공연하여 성황을 이룬 〈쌍옥루〉에서는 남자에게 순정을 바친 지순한 리경자와 그 여자의 몸을 취하고 버리는 무정한 남자 서병삼도 예가 될 것이다. 〈눈물〉의 공연대본은 남아 있지 않으므로 인물에 대한 구체적인 특징을 신소설 〈눈물〉을 통해서 확인하기로 하자. 다음은 소설에서 발췌한 주인공 서씨 부인에 대한 인물묘사이다.

부인은 원래 어려서부터 외모가 너무나 출중히 아름다워 꽃같이 묘한 자태가. (…중략…) 천성이 총민하며 지조가 단정하니, 진실로 비단 위에 더한 꽃이다. (…중략…) 도리와 침선기예를 갖춰 배운 현숙한 부인이며. (…중략…) (달빛에 비친 부인의 용모는) 애교가 가득한 두 눈은 맑은 광채가 나타나며, 붉은 뺨에 아리따운 웃음 머금어, 옥 같은 이가 입술 사이로 드러나는 모양은 진실로 정녕 남자의 안목이 황홀케 하며[41]

소설은 꽃같이 아름답고 천성이 총민하고 지조도 단정한 부인이 두 눈에 광채까지 난다고 묘사하는데, 실상 현실에 존재하는 인물이라기보다는 고전 소설에 등장하는 이상적 여성상에 가깝다. 대사는 이상화된 고전적 여성상에 적합하게 순종적이며 비극적이다.

> 서씨 부인: 이 몸이 아무리 행실 그른 죄가 없으나 행실이 그르다고 믿으실 만한 편지를 목전에 보셨으니, 그와 같이 하심은 당연한 일이올시다. (…중략…) 이 몸을 후일에나 불쌍히 여기시면 죽는 이 몸이 다시는 아무 유한이 없겠나이다.[42]

이와 같이 '이 몸이', '행실이 그르다고', '목전에 보셨으니' 등 대사에는 고대 소설의 어감이 짙게 배어 있어 수난 받는 여성의 비극성이 극대화된다. 그런데 흥미로운 것은 초기 인정 의리극(탐정극) 공연의 '한 치의 벌레도 5분의 혼이 있거늘'식의 웅변적 대사보다 한층 '말', '대화'에 가깝다는 점이다. 인고(忍苦)의 삶을 주제로 하는 한국적 정서는 진충보국(盡忠保國)을 설교하는 데 적합한 웅변이 필요 없기 때문이다. 대사의 변화에 따라 화술이 미세하게 변화하는 징후를 당시의 비평과 공연사진을 통해서 읽어보고자 한다.

연극이 점점 자미잇난 디경에 이르러난 만장이 물결친 듯 고요하고 부인석에셔나 오영자의 넘어 쌀쌀한 것을 책망하며 '엇지면 더러케 사람이 무정하담' '이 셰상에도 져련 형뎨가 잇슬가'하며 의론이 분분하며 쳐음날 배우가 좀 미숙한 곳도 잇스나 이후로 여러날 행하면 자못

---

41) 〈눈물〉, 『한국 신소설전집』 10, 을유문화사, 1968, 90쪽.
42) 〈눈물〉, 『한국 신소설전집 10』, 116쪽.

한번 볼만하겟더라. (정극단의 〈형제〉)43)

이 기사는 이전의 '조선 사람의 생활로서는 도저히 상상치 못할 괴이한'44) 표현이어서 '비참한 눈물을 흘릴 터에 도리혀 웃었다'45)는 2년 전 관객의 태도에 비한다면, 그 반응이 상당히 달라졌음을 말해준다. 그때까지도 극장이라는 공동의 공간을 불편해하고, 공중화장실 엿보기를 좋아하는46) 관객은 있었겠지만, 그들이 조금씩 극중 인물에 동화되고 있는 것은 아닐까? 또 다른 가정 비극류에 대한 기사를 보기로 하자. 다음은 〈단장록〉과 예성좌의 〈쌍옥루〉에 대한 글이다.

─(모친 황씨를 찾아다니는 모양이) 관람객 일동의 동정을 받아 남녀의 옷과 슈건을 적시엿으며 (…중략…) 모자가 서로 만나는 때에는 상쾌한 마암에 손뼉치는 소래가 연극장을 들네엿다.47) 〈단장록〉
─예성좌에서 흥행한 쌍옥루. 과연 말이지 됴션에 신파 연극이 생긴 뒤에 십이일밤의 쌍옥루 연극갓치 긔운 들고 열매 잇난 연극은 드물게 보앗다. (…중략…) 슯흠 광경에도 웃기 잘하난 관객으로 하야곰 무대와 정신이 배합되게 하야 연극 중의 불상한 인물에게 뜨거운 눈물을 뿌리기랄 앗기지 인이허앗다. (…중략…) 뷰인석에도 태반은 울었다. 코를 마시난 소래 늣기난 소래가 쌍옥루 극의 성황을 말하난

43) 『매일신보』, 1914년 8월 6일자.
44) 안종화, 「무대 이면사 연극사로맨스(10)」, 『조선중앙일보』, 1933년 8월 26일자.
45) 『매일신보』, 1912년 3월 31일자.
46) "중부사동사난 김완슈가 일젼밤에 사동 연극쟝 뒷간에셔 엇더한 녀인이 쇼변보난 것을 엿보다가 소관 경찰셔에 피착하얏다더 해셔에셔 심사한 후 오일 구류에 쳐하야 뢰슈하얏다더라."(『매일신보』, 1912년 8월 10일자)
47) 『매일신보』, 1914년 4월 24일자.

소래이라48) 〈쌍옥루〉

기사에서 알 수 있듯이 〈단장록〉에서 관객은 모친을 찾아다니는 극중 인물의 정서에 완전히 밀착하여, 극중 인물 모자가 만나는 장면에서 기뻐하고 있다. 또한 〈쌍옥루〉에서는 슬픈 장면에서 웃기 잘했던 관객들이 기사의 표현에 의하면, '무대와 정신이 부합'되며 동화되었다. 이 같은 〈형제〉, 〈단장록〉, 〈쌍옥루〉의 기사는 배우들의 화술이 알아듣지도 못할 괴이한 억양에서 미세하나마 탈피하고 있음을 입증한다. 대사를 알아듣지도 못하는 상황에서 '옷과 슈건을 적시는', '뜨거운 눈물이 뿌리는' 동화는 이루어질 수 없기 때문이다. 물론 극중 인물에 동화된 관객에 관한 기사만으로 괴이한 억양이 감소되었다고 단정할 수는 없을 것이다. 그러나 신소설 각색 공연에서 보여주는 배우들의 몸짓 역시 화술의 변화를 말해준다. 다음은 혁신단이 공연한 〈눈물〉의 공연사진이다.49)

[사진 2]

48) 『매일신보』, 1916년 4월 13일자.
49) 『매일신보』, 1916년 4월 23일자.

이 사진에서 배우들의 모습이 자연스러워보이지는 않는다. 극중 인물이 서로 만나는 장면인데, 배우들은 서로를 향해서가 아니라 모두 관객을 향해 있고, 집 후원에서 아들을 안는 서씨 부인도 뒤에서 끌어안고 있다. 그러나 중요한 것은 상대적 변화이다. 이전의 〈육혈포강도〉와 같은 탐정극에서는 기이한 억양에 맞추어 배우의 몸짓까지도 극히 과장되어 있었다.

> 장단이 둥둥 땡땡 둥둥 땡 이렇게 마치 율동체조나 하는 듯이 하면서. (…중략…) 다시 임성구는 괴한 육혈포강도에게 피가 흐르는 다리를 끄을고 덤비어든다. 그래서 다시 격투가 벌어지고 하야시 타악기는 다라서 흥분하니 요란하기 짝이 없고 (…중략…) 붉은 피가 흰 옷을 적시며 번져 내려간다. (…중략…) 관객은 환호라기보다는 아우성이고 사뭇 발광증이 나서 법석이고 손바닥이 아프도록 두드리나하면 악악 소리높이 지르는 등 성여 난장판을[50)

타악기까지 율동체조 하듯 울리는 장면이라면, 배우들의 몸짓이나 화술도 악기에 따라 율동하듯 흥분을 고조시키는 과장된 표현일 수밖에 없다.[51) 그리고 그 흥분은 관객에게 이어져 박진의 표현을 옮기면 '난장판'이 되기도 했다. 그런데 신소설 각색 공연에서 보이는 배우들의 모습은 자연스럽지는 않지만, 공포나 위험을 극도로 표현하는 과장된 몸짓과는 분명 구분된다. 신소설의 내용이 충효나 진충보국을 역설하기 위한 영웅적 대사가 아닌 가정 비극에 동반되

---

50) 박진, 「한국연극사(제1기)」제2장, 320~321쪽.
51) 노승희, 「해방 전 한국 연극 연출의 발전 양상 연구」, 35~36쪽 참조.

는 대사이기 때문에 격투장면의 흥분과 긴장을 위한 과장된 화술 전개가 필요치 않았던 것이다. 물론 극장의 조건은 바뀌지 않아 소리를 높인 대사 전개가 필요할 수 있다. 그러나 신소설 각색공연에서는 주요 등장인물이 가정 비극적 인물이라는 점, 격렬한 격투장면을 한국적 정서가 투영된 장면이 대체한다는 점, 고전 소설적 어감의 대사가 출현한다는 점에서 탐정극에서와 같은 강한 억양과 기성이 상대적으로 감소된 것은 분명하다.

2.2.2. 강한 억양과 기성의 탈피

탐정극에서와 같은 강한 억양을 필요로 하지 않는 신소설 각색 공연의 화술은 무엇으로 대체되었을까? 〈눈물〉 공연에 대해 "정말 같으면 아이고 라고 울지마는 일본식으로 우는 소리를 짜 낸다"[52]라는 당시 신문의 평과 앞에서 인용한 홍해성의 글이 말하듯, 여전히 일본적 어조에서 자유롭지는 못했다. 1912년 일본 배우를 교사로 초빙하여 대사와 동작을 배우기 시작했던 우리의 신파극에 불과 2년 반 이후인 1914년에 큰 변화를 기대할 수는 없을 것이다. 연습관행과 공연방식 역시 그대로 유지되었기 때문에, 기성과 강한 억양을 벗어났다고 해도 배우들의 화술에 일본적 어조는 남아 있을 수밖에 없다. 그렇다면 잔존해 있는 일본식의 화술은 어떤 양태였을까? 1920년대 신파 연극을 직접 보고, 안종화에게 혁신단의 이야기를 전해들은 이원경의 구술이다.

---

52) 「눈물 연극을 견한 내지부인의 감상(2)」, 『매일신보』, 1914년 6월 27일자.

임성구 같은 사람이 일본 사람들 연극을 흉내내서 시작한 것이 신파야. 안종화씨는 나하고 나이가 10년 차이밖에 안 나. 그때 이야기를 해줘서 아는데, 연극을 해봤어야지. 그러니까 남이 한 걸 흉내내야 하는데 경성극장에 오는 일본사람들의 억양, '안녕하십니까?' 그러면 '오하이오 고자이마쓰' 이렇게 억양이 있잖아. 그 억양을 따라한 거야. 우리말을 하면서 일본 억양을 흉내낸 거야. 우리나라 말을 일본사람들 억양에 맞추어서 하는 거야. 그게 신파조라는 거야.[53)

이같이 이원경은 전해들은 이야기나, 본인이 직접 본 신파극 공연에서 배우들이 일본말, 다시 말하면 일본어의 억양에 우리말을 맞추어 대사를 전개했다고 구술한다. 1940년대 신파극 배우들의 화술에 대한 다음 장민호의 구술 역시 그 같은 사실을 뒷받침한다.

일제치하에서 (일제가) 연극하는 사람들한테 일본말로 해라, 그래서 일본말로 한 공연이 다수 있었죠. 저 자신은 그때 학생이었는데 그때 학교에서도 우리 한국말 한 마디도 못하고, 일본말로만 교육을 받았죠. 그 당시에는 한국말을 하면 벌 받던(1940년대) 시대니까 전부 일본말을 썼어요. 해방하고 난 이후에는 일본말 하던 습성이 남아있어서 우리나라 말에 대한 정확성에 있어서 조금 부족한 면이 있었죠.[54)

1940년대까지 일본어의 습관이 우리 민족이나 배우의 화술에 남아 있었다는 장민호의 인터뷰를 참고할 때, 1910년대 신파극 배우들

53) 이원경, 본 연구자와의 전화 인터뷰, 2006년 12월 7~8일, 용인 자택.
54) 장민호, 본 연구자와의 개인 인터뷰, 2006년 11월 26일, 대학로, 구 모차르트 커피숍.

의 화술이 일본어의 억양을 모방한 양태였다는 이원경의 구술에는 객관성의 무게가 실린다. 이원경의 구술과 같이 신파 배우들이 일본어의 억양에 한국말을 대입시켜 대사를 전개했다면 듣기에 어색하여 후속 연극인들의 지적의 대상이 될 수밖에 없었을 것이다.

그런데 중요한 것은 일본어의 억양을 모방한다고 해도 화술이 점차 '언어'에, '말'에 가까워지고 있다는 사실이다. 처음 신파극의 화술은 살펴본 바와 같이 일본어가 아니라 강한 억양과 기성의 일본 신파극, 또는 가부키 화술과 유사했다. 그에 따라 탐정극의 화술은 음조의 격차가 크고 억양이 강하고, 목을 누르며 쥐어짜는 듯하여 조선 사람으로서는 알아듣지 못할 양상이었다. 그에 반해 신소설 각색의 공연은 일본 신파극이 아닌 일본어의 억양, 어조를 모방함에 따라 최소한 알아들을 수 있는 '말'에 가까운 양상으로 변한 것이다. 물론 말에 가까워졌다고 해도 일본어의 모방 화술을 바람직한 우리 배우의 화술이라고 볼 수는 없다. 그러나 이 같은 양상을 신파극 배우들의 자기 점검 부족으로만 볼 수는 없다. 당시 일본식 어조는 배우뿐 아니라 한국인의 화술에 무의식적인 영향을 미치고 있었다. 끊임없이 일본어에 노출되어야 하는 사회적 상황에서 우리 민족이 일본어의 억양과 어조에 직·간접적으로 영향을 받을 수밖에 없었던 것은 시대의 한계인 것이다.

이제 1910년대 신파배우들의 화술을 전체적으로 정리해보기로 한다. 초기 신파극 배우들의 화술은 일본 신파극의 모방과 공연환경으로 강한 억양과 기성의 화술로 출발한다. 이 같은 양태는 가부키식 화술과 유사하지만 곧 신소설 각색 공연이 나타나면서 점차 기이한 표현에서 벗어나기 시작한다. 다만 가부키 화술과 같은 기성을 벗어났다고 해도 시대의 한계로 인해 일본식 언어 리듬에 한국말을 대입시키는 양상에서 머물게 된다. 그러나 1910년대에서 주목할 점은 알아듣지도 못할 기성(奇聲)으로 출발한 화술이 신소설 각색 공연과 더불어 최소한 알아들을 수 있는 '언어' 또는 '말'에 가깝게 변화한다는 사실이다.

이러한 신파극을 서구의 사조에 대입시켜 본다면 무엇에 가장 가깝다고 할 수 있을까? 최근 신파극에 대한 재조명이 활발해지면서 다양한 평가가 나오고 있다. 김방옥의 견해대로 '작품의 내용과 배경 막에서 벽을 세우는 장치로 이행하는 무대를 볼 때, 사실주의 연극의 수용, 정착에 기여'55)한 연극일 수도 있다. 또한 스타시스템과 즉흥적 연기관행을 볼 때 서연호의 견해대로 '서구 낭만극과 여러 면에서 친족성을 지닌'56) 연극으로 볼 수도 있다. 그러나 화술의 측면에서만 본다면 신파극은 서구의 어떤 사조에도 대입하기가 어렵다. 기이한 소리로 출현한 화술이 음조의 격차와 억양이 완만해져 일본어의 억양이기는 하지만 '언어'에, '말'에 가깝게 이행하는 과정이기 때문이다. 따라서 우리의 사회적 상황이 혼성되어 도출된 독특한 '감정 과잉적 화술'이라 할 수 있겠다.

3. 감정 과잉적 화술의 지양

1920년대에 들어서면 과장된 감정 표현 화술은 다소 모습을 달리한다. 1919년 3.1운동은 우리 민족의 의식과 문화예술에 영향을 미치는 큰 사건이었다. 3.1운동 이후 일본은 표면적이지만 무단통치를

---

55) 김방옥, 「한국연극사에 있어서의 신파극의 의미」, 207쪽.
56) 서연호, 『한국연극사: 근대편』, 연극과인간, 2004, 162쪽.

지양하고 유화통치를 표방하면서 언론, 출판에 부분적 자유를 허용한다. 연극계에서도 사회의 변화와 맥을 같이하며, 신파극에 대한 재고와 연극의 사회적 기능과 관련된 논문이 발표되었다. 윤백남이 1920년 동아일보에 발표한 「연극과 사회」가 본격적인 시작이다. 윤백남은 「연극과 사회」를 통해 기존 신파극이 전시대의 유물인 권선징악에서 벗어나지 못함을 지적하고, 새로운 내용과 주제가 있는 연극의 필요성을 강조한다. 또한 윤백남에 이어 현철은 1920년 매일신보에 「연극과 오인(吾人)의 관계」라는 글을 통해 연극의 사회적 기능을 강조하고, 그에 부합한 근대적 대본의 필요성을 역설한다. 윤백남과 현철은 공통적으로 '연극의 제 1조건으로 각본이 있어야 할 것'[57]을 주장하는데, 이같이 1920년대에 들어서 가장 뚜렷한 변화는 연극에 있어서 대본의 중요성이 강조된다는 점이다.

이와 같이 3.1운동 이후 민족의식과 연극의 사회적 기능이 강조되던 국내에서 동우회와 토월회를 비롯한 동경 유학생들의 근대극 공연은 분명 사건이었다. 다음의 기사로 동우회가 환영받은 이유를 알아보고자 한다.

오인이 지방인사에게 희망하는 바는 今次의 순회연극을 기회하야 그들 사람들 통하야 고학생의 부르지즘과 노동자의 브르지짐을 드르며 현대사조에 여하한 조류가 노동자로 인하야 흘너가는지를 깨다라 진정한 사람다운 생활에 대한 우리의 가오를 일층 깁히하며 사회의 문화를 일층 향상하며 심각히 하는 동시에 따듯한 형제의 정으로써 멀리 잇든 형제드리 서로 맛나는 한 아름다운 정으로써 악수하야 가지

---

57) 현철, 「현당극담(22)」, 『조선일보』, 1921년 2월 18일자.

고 향상의 일로를 향하야 한가지로 나아가기를 희망하노니 이 엇지 아름다운 일이 아니며 또한 유익만흔 것이 아닐까.58)

이 기사는 무엇보다도 동우회가 '진정한 사람다운 생활'을 일깨우며 '현실에 대한 자각'을 주제로 채택한 것에 대해 흥분을 전한다. 김방옥은 근대정신을 '개인의 자각과 더불어 전근대적 가치질서, 인습적 사고 및 선입견들로부터 해방되려는 자유정신, 혹은 과거에 대한 저항'59)으로 정의한 바 있다. 동우회에 대한 격려는 이 같은 근대정신을 가진 인물을 출현시키는 근대적 내용의 공연에서 기인한 것이다. 곧 논하겠지만 근대적 레퍼토리와 근대적 극중 인물, 그에 따른 화술에서의 미세한 변화는 당시로서는 주목할 만한 것이다. 물론 동우회가 공연한 조명희의 〈김영일의 사(死)〉, 홍난파 작의 〈최후의 악수〉, 던세니의 〈찬란한 문〉이 모두 개인의 자각, 인습적 사고에서 해방되려는 근대정신과 근대적 인물을 구현하는 것은 아니다. 그러나 손위빈은 분명 동우회가 "종래의 것과는 다른 다소 무대 표현에 잇서 좀더 구체적인 것을 상연했다"60)라고 평한다. 이러한 손위빈의 평은 동우회가 구체적 인물의 구현을 시도하며, 화술에서도 변화를 가져왔음을 분명 시사한다. 그런데 토월회의 공연 역시 유사성을 보인다. 토월회는 1회 공연에서 서양의 근대극인 유진 파롯의 〈기갈〉, 체홉의 〈곰〉, 박승희의 〈길식〉, 버어나드 쇼의 〈그 남자가 그 여자의 남편에게 어떻게 거짓말을 하엿나〉를 공연했다. 유민영은 이 중 박승희의 〈길식〉을 '전통 모랄과 근대 모랄과의 갈등, 유교적 구습타파와

---

58) 『동아일보』, 1921년 7월 2일자.

59) 김방옥, 「한국 사실주의 희곡 연구」, 이화여자대학교 박사논문, 1987, 40쪽.

60) 손위빈, 「조선신극 25년 약사」, 『조선일보』, 1933년 8월 1일자.

근대의식의 고취'[61]로 해석한다. 또한 박승희 스스로도 〈길식〉에서 배우의 화술은 '서울에서 처음 보는 연극이요, 처음 듣는 말'[62]이었다는 회고한다. 이것은 최소한 토월회의 화술이 1910년대 신파극과의 변별성을 갖는다는 것을 의미하지 않을까? 동우회와 토월회를 중심으로 1920년대 신극 배우들의 화술을 살펴보기로 하겠다.

3.1. 음조와 어감의 다양화

3.1.1. 근대적 인물의 출현

근대극과 더불어 등장한 새로운 인물의 정서는 1910년 선악으로 구분되는 고전 소설적 인물에 비해 정서가 한층 다양하다. 1921년 7월 돌풍을 일으켰던 동우회의 〈김영일의 사〉, 〈최후의 악수〉, 〈찬란한 문〉을 통해 등장인물의 변화를 알아보기로 하겠다. 다음은 〈찬란한 문〉에 대한 기사이다.

> 인간의 운명의 신-정체 잘 모르는 운명의 조배자와 현실에 집착하되 역시 아모것도 공이라는 작자의 사상이 두렵게도 교묘한 극적 표현으로 제시되얏나이다. 생시에 도적질 형제이든 짐과 빌이 차세 아닌 곳에서 우연히 맛나 천당문을 열엇스나 그 속은 성두찬란한 영원한 칭공뿐이오 맥주병이 빈 것임을 알면서도 막애기랄 마지 아니하는 현실집착-벌이지 못하고 치도 못하는 현실을 짐, 빌의 두 상징으로 던세니의 신학관의 일면을 표시하얏나이다.[63]

---

61) 유민영, 『한국현대희곡사』, 90쪽.
62) 박승희, 「토월회 이야기(2)」, 『사상계』, 1963.6.

이 글에서 알 수 있듯이 주요 등장인물인 짐과 빌은 현실의 집착을 버리지도 취하지도 못하는 인물로서 선하거나 악하기만 했던 신파극의 인물과는 분명 차이가 있다. 인물이 공연에서 평면적으로 구축될 수는 있지만, 인물 자체는 고전 소설적 인물과 거리가 있다. 다음은 〈최후의 악수〉의 등장인물이다.

불철저한 사상의 소유자 김홍수가 애인 박화봉에게 불신한 의심을 품은 것을 충고하는 친우 이진섭의 말을 이해하지 못하고 박화봉에게 불신한 애의 시험(?)을 하랴 하얏다. 진실한 애의 소유자인 박화봉이는 이로 인하야 잠복하얏든 자아, 애보다도 근본적인 자아가 맹렬 각성되는 동시에 일어난 양성간의 비극64)

이와 같이 박화봉은 자아를 맹렬히 각성함으로써 근대적 인물에 보다 접근한다. 작품 역시 김홍수가 박화봉의 사랑을 시험하는 이야기를 고전 소설적인 결말, 즉 해피엔딩으로 마무리 하지 않고 박화봉이 숨어 있던 자아를 맹렬하게 각성하는 것으로 끝을 맺는다. 여성의 인간선언, 근대적인 자각을 주제로 당시 국내에서 벌어진 연극을 통한 사회개선 운동과 맥을 같이하는 것이다. 또한 토월회의 1회 공연인 〈길식〉의 주인공을 박승희가 '옛 습관과 구도덕을 향하여 식칼을 들고 그의 혈족에게 반항하는'65)이라고 설명하는 것을 볼 때, 역시 1920년대는 구도덕에 저항하는 근대적 인물이 주요 등장인물임이 재차 확인된다. 이 같은 인물은 단순히 선악(善惡)의 이미지로

---

63) 『동아일보』, 1921년 7월 27일자.
64) 『동아일보』, 1921년 7월 30일자.
65) 박승희, 「토월회이야기(1)」, 『사상계』 통권 제121호 참조.

만 구축될 수는 없다. 인습에 갈등을 느끼고 저항하여 주변 환경에 대한 감수양식이 고전 소설적 인물에 비해 한층 더 섬세해지기 때문이다. 그 '섬세한 정서'와 '표현'의 단서를 다음 〈김영일의 사〉의 대사에서 찾아보고자 한다.

> 김영일: (경악한 어조로) 전석원. (…중략…) (좀 증오스럽고 분한 표정으로) 고약한 놈! (…중략…) (흥분한 어조로) 이것이 진석원의 소유가 아니라 신의 소유이다. (…중략…) (높은 어조로) 아니, 옳지 않다함은 지금 세상에. (…중략…) (비웃는 어조로) 권세는 하나님이 정한 것이라고 (…중략…) (크림병을 휙 집어 방바닥에 던지며 (비웃는 표정으로) (…중략…) (감탄한 어조 시읊는 어조로) (…중략…) (어조를 높이며)66)

이 글은 김영일의 독백 장면인데 한 장면 안에서 김영일은 경악하고, 증오하고, 흥분하고, 비웃는다. 그로 인해 고전 소설적 인물보다 살아 있는 구체적인 인물로 느껴진다. 물론 어조의 분위기는 어느 정도는 고정된, 또는 상식의 범주를 벗어나지 못하는 감정표현인 것은 사실이다. 그러나 신파극에 나타난 인간의 이분법적 분리를 넘어서고 있다. 변화를 보다 확연히 살펴보기 위해 신파극 공연 〈눈물〉과 비교해보기로 하자. 다음은 남편이 서씨 부인을 내쫓기 위해 부인을 연모히는 남자의 편지가 집에 배달되게 하는 자작극을 벌인 후 부인에게 부정하다는 죄를 뒤집어 씌워 내쫓는 장면이다.

---

66) 〈김영일의 사〉, 서연호 편, 『한국희곡전집』 1, 태학사, 1996, 108쪽.

부인: 제발, 그 편지는 보시지 마시고 도로 주십시오. 다시는 편지왕래라는 것은 아무 데하고든지 일정 끊을 터이올시다.

(남편은 손목에 매어달린 부인을 뿌리친다. 봉남이는 어머니를 찾으며 울음을 그치지 않는다. 부인은 아무 말도 못하고 고개를 숙이고 앉아 두 눈에서 눈물이 솟을 뿐이라.)

남편: (별안간 곁에 놓여 있는 물대접을 들어 부인의 얼굴에 뒤집어 씌운다.)

부인: (물벼락을 맞고도) 매우 마음에 분하시겠지마는 이렇게 조조히 하실 일이 아니라 차차 말씀을 들어보십시오.

남편: (소리를 벽력같이 질러) 앙큼스러운 계집 같으니라구. 남편의 눈앞에 이런 것을 보이고도 부끄러운 생각이 조금도 없이 또 무슨 말을 들어라?[67]

이 장면에서 등장인물은 선과 악이 극대화되어 표현된다. 남편에게 억울한 누명을 쓰는 서씨 부인은 이 장면에서 '착한' 현모양처의 이미지 표현에 주력한다. 착한 인물은 착한 인물로서의 홍분, 분노, 경악이, 악한 인물은 악한 대로 홍분, 분노, 경악이 있는데 신파극에서의 착한 인물은 다양한 정서보다는 '착하다'는 이미지에 치중하여 구축되었던 것이다. 그런데 이와 비교할 때 〈김영일의 사〉의 지문의 요구대로 다양한 어감을 시도하면 미세하나마 화술의 리듬이 생성된다는 점을 주목해야 한다. 아마츄어 배우들로 구성된 극단이지만, '시 읊는 분위기'와 '급한 분위기'는 분위기의 변화에 따라 화술의 리듬은 달라진다. 급한 분위기의 화술은 시 읊는 분위기의 화술보다

---

67) 〈눈물〉, 『한국 신소설전집』 10, 112~113쪽.

최소한 빠른 박자가 되기 때문이다. 이 같은 사실에 입각하여, 앞에 제시한 대사를 시각화해보고자 한다.

① (흥분한 어조로) 이것이 전석원의 소유가 아니라 신의 소유이다.

흥분한 어조로 말한다면 음조는 높을 수도 낮을 수도 있는데, 분명한 것은 어느 경우에도 다음과 같이 박자가 빨라진다는 점이다.

[악보 2]

이 것 이 진 석 원 의 소 유 가 아 니 라 신 의 소 유 이 다

② (감탄한 어조, 시읊는 어조로) 오, 따듯한 태양이여, 자비 깊은 어머니이여, 그는 보드라운 손으로 나를 쓰다듬어 주며 따뜻한 입으로 내게 입 맞춰 준다.

이 대사를 감탄하여 '시 읊는 어조'로 전개한다면 '흥분한 어조'보다 박자가 더 느리며 읊듯이 어미의 끝을 내리지 않고 다음과 같이 길게 띄우는 양태가 될 것이다.

[악보 3]

따 듯 한 태 양 이 여 자 비 깊 은 어 머 니 여 — —

물론 이 악보는 어감에 따른 박자와 리듬의 변화에 초점을 맞춘

추론일 뿐이다. 이 악보에 나타난 음조, 리듬, 박자는 1920년대 실제
화술과 다를 가능성이 크다. 주목하고자 하는 것은 정확성이 아니라
화술에 어감이 다양하게 도입되면, 어조의 분위기에 따라 리듬과
박자가 고정되지 않고 변화한다는 점이다. 희곡뿐 아니라 동우회가
공연한 극장의 여건도 배우들이 어감에 의존하여 화술을 전개해야
하는 조건을 제공했다. 동우회는 1921년 7월 8일 부산에서 시작하여
8월 18일 함흥을 종착역으로 40일간 전국 25개 도시를 순회 공연했
다.68) 특정 극장을 중심으로 음조와 음량을 구명하는 것은 무의미하
므로, 무대와 객석의 거리감을 중심으로 화술의 기본여건을 살펴보
기로 한다. 당시 극장과 객석은 다음과 같다.69)

[사진 3]

사진에서 보듯 극장은 관객을 향해 전시하는 화술을 전개해야 하
는 조건이다. 여기에 "관중은 시간 전부터 답지하여 천 여명에 달하

---

68) 동우회는 단장 임세희, 무대감독 김우진으로 구성되었으며, 부산, 김해, 마산, 진주, 통영,
   밀양, 경주, 대구, 목포, 광주, 전주, 군산, 강경, 공주, 청주, 경성, 개성, 해주, 평양, 선천,
   정주, 철원, 원산, 영흥, 함흥을 순회 공연했다.
69) 『동아일보』, 1921년 7월 12일자.

였다"[70]. 별다른 음향 시설 없이 연기할 경우, 소리를 크게 하기 위한 목의 긴장은 필연적으로 따라온다. 일반적인 견해이기는 하지만, 큰 극장에서 "목에 긴장을 하거나 소리를 크게 내려고 할 때 목에서 소리를 밀어내려고 매력적인 낮은 소리를 잃게 된다".[71] 큰 극장에서는 배우들의 음조가 일반적으로 중간 이상의 높은 음정으로 고정됨을 고려할 때, 동우회 배우들 역시 낮은 음역을 활용하는 것은 불가능했을 것이다. 그런데 재미있는 것은 동우회 배우들은 음역을 모두 활용하지 못했음에도 불구하고 호평을 받았다는 사실이다.

> 극의 진행함에 따라 군중은 '잘한다 참 잘한다. 과연 잘한다' 하면서 그 손바닥에 못이 박히도록 뚜다린다. 그럴 뿐외라 관객은 서로 바라다 보면서 연방연해 이것이야말로 참 연극이로구나 하는 말도 들리었다.[72]

이와 같이 기사는 동우회 배우들의 연기에 대해 극찬에 가까운 언급을 한다. 자유스러운 음역의 활용이 이루어지지 못하고, 음량을 높임으로 음조가 중간 이상의 일정한 음정에서 고정되는데도 불구하고 '참 연극'이라는 호평을 받은 것이다. 음역과 음량의 자유로운 변주가 불가능했다면, 배우들이 표현에 있어서 의존할 수 있는 것은 어감, 또는 어조의 분위기일 가능성이 상당히 크다. 배우의 연기는 큰 변화가 아니라 미세한 변화로 달라진다는 평범한 사실을 기억할 때, 똑같이 소리를 질렀다고 해도 다양한 어조의 분위기를 수용한, 또는 수용하려고 시도한 화술이 상대적으로 자연스럽게 들리는 것

---

70) 『동아일보』, 1921년 7월 12일자.

71) Cecely Berry, *Voice and the Actor*, p. 19.

72) 『동아일보』, 1921년 7월 18일자.

이다.

이에 비해 토월회는 그 양상이 다르다. 토월회는 1~2회 공연을 모두 조선극장에서 공연했는데, 조선극장은 1922년 10월 초 엘리베이터까지 가설된 현대적 3층 건물이었다. 여기서 조선극장의 구체적인 모습을 살펴보기로 하겠다.

시내 인사동 안에 삼층집이 나라가난듯한대 맨 위층에난 승강긔를 만드러 오르고 나리게 하며 거기에 식당과 실내 오락기구를 갓초아 구경 드러오지 안난 사람이라도 맘대로 놀게 한다 하고 무대난 더 크게 하야 뎐귀로 인죠광선까지 장치하엿다 하며 관람석에 대하야난 두 팔까지 의지할 교가를 놋코 좌우로 난간을 막난 판쟝을 잇게 하야 관객이 없난 때에는 내리며 두되 잇난 때에난 맘대로 내리며 남녀석에 구별이 업시도 매우 편리케 하엿다난대.[73]

이 기사는 조선극장이 우리 극계에 승강기와 조명시설까지 갖춘 최초의 현대적 전문 극장이며, 특히 조명시설을 거론하면서 극장 시설의 획기적 발전이라고 전한다. 아쉽게도 무대의 크기와 객석과의 거리에 대한 보도는 없지만, 다행히 조선극장의 무대와 관객의 사진이 남아 있으므로 사진을 통해 극장의 일면이라도 살펴보기로 하자.[74]

---

73) 『매일신보』, 1922년 10월 2일자.
74) 사진은 취성좌 김소랑의 〈그림 엽서 중〉의 한 장면이다. 『동아일보』, 1927년 5월 5일자.

[사진 4]

이 사진은 조선극장의 무대와 관객의 모습이다. 먼저 무대와 객석은 신파극단이 공연했던 연흥사에 비해 차분하다는 인상을 준다. 팔걸이로 좌석을 구분하여 지정된 자리에 앉은 정숙한 관객 때문이다. 또한 무대가 한층 밝게 보이는데, 이것은 확실히 인조광선의 활용 때문이다. 다음 토월회의 공연사진을 보면, 조선극장은 푸트라이트까지 설비되어 있었음을 알 수 있다.[75)]

[사진 5]

사진에서 알 수 있듯이 이전 연흥사에 비한다면, 조선극장은 확실히 최초의 푸트 라이트까지 설비하는 등 무대에서 확연히 발전된 모습을 보이고 있다. 이 같은 변화는 음향이나 방음에 있어서도 이전 연흥사보다의 발전을 시사하고, 그에 따라 배우들은 1910년대 연흥사에서와 같이 관객의 집중을 위한 강한 억양이나 기성

---

75) 토월회 1회 공연 〈기갈〉의 한 장면, 『동아일보』, 1923년 7월 5일자.

을 전개할 필요가 없음을 암시한다. 따라서 주변상황에 대해 섬세하게 반응하는 근대적 인물은 배우의 화술에서 다양한 어감을 전개하는 것이 가능했다고 하겠다. 특히 발전된 조선극장의 시설은 관객의 집중을 위해 전개되었던 강한 억양과 기성은 물론, 소리 지르기식의 화술에서도 벗어나는 계기가 되었다고 하겠다.

3.1.2. 대본 중심의 연습방식

동우회와 토월회는 1910년대 신파극단에 비해 연습과 공연방식에서 큰 차이를 갖는데, 그것은 바로 대본에 의거한 연습과 그에 따른 연습시간의 확장이다. 동우회의 무대감독 김우진이 근대극을 발전시키기 위해서는 '재래의 스타시스템을 지양하고 작가, 연출가, 무대미술가, 조명가, 의상가까지 제기능을 살려서 명실상부한 종합예술을 창조할 것을 강조했다는'76) 것은 그 같은 변화를 알려주는 중요단서이다. 김우진이 무대감독이었던 동우회는 문학과 연극을 공부하는 학생 단체였기 때문에 아마츄어적 성향이 짙더라도 인적 자원에서 역할의 분담은 가능했을 것이다. 토월회 또한 박승희에 의하면 '연출부, 문예부, 무대 장치부, 무용부, 출연부로 니누어져'77) 있었다고 한다. 이 같은 사실은 토월회 배우들 역시 신파극 배우들이 혼자서 5~10중의 일을 담당했던 것보다 연기와 연습에 충실할 수 있는 여건이었음을 시사한다.

역할의 분담, 대본에 의한 연습은 이전 신파극에 비해 무엇보다

---

76) 유민영, 『한국근대연극사』, 505쪽.
77) 박승희, 「신극운동 7년」, 『조선일보』, 1929년 11월 5·8·21일자.

연습시간이 확장되었음을 의미한다. 배우 각자가 알아서 연기를 하는 것이 아니라 대본을 토대로 상대역과 맞추어보며 조율하는 단계가 필연적으로 따라야 하기 때문이다. 토월회의 경우 1923년 6월 13일 기사에 6월 하순에 단성사에서 공연한다는 광고를 게재했지만, 동아일보 6월 28일 신문에 예정을 변경하여 29일부터 조선극장에서 공연한다는 연기광고를 냈고, 6월 29일 신문에는 7월 4일로 연기한다는 광고를 냈다. 공연일자만 20일이 지연되었다면 총 연습기간은 최소 한 달 이상인 셈이다. 신파극 배우들의 연습기간이 최대 2일이었던 것에 비한다면, 작품의 연습기간 만큼은 비교할 수 없을 정도로 길었던 것이다. 확장된 연습시간에 따른 변화를 두 가지로 나누어보기로 하자.

첫째, 한 달 이상의 연습기간은 작품뿐 아니라 화술훈련에 대해서도 연습을 할애했음을 시사한다. 김연수는 토월회의 배우들이 '새벽마다 산에 올나 소나무를 잡고 발음연습을 했다'[78]고 회고하는데, 이러한 글은 작품연습 이외에 화술훈련을 병행했다는 증거가 된다. 화술훈련에서 발음훈련은 기본적으로 '정확하지 않은 모음을 고르고, 자음을 깔끔하게 말하고, 소리를 투사하고, 풍부하고 밀도 있는 음조를 개발하는 것이 목적'[79]이다. 토월회 배우들이 아마츄어로 구성되어 있었던 것은 사실이지만, 최소한 정리된 자음과 모음으로 화술을 전개하려 시도한 것이다.

둘째, 스타시스템의 지양과 연습시간의 확대는 배우들 간의 조화를 야기한다. 구찌다데식이 아닌 대본에 의거한 연습이기 때문에

---

78) 김연수, 「극단야화(2)」, 『매일신보』, 1931년 5월 24일자.
79) Ciceley Berry, *Voice and the Actor*, pp. 13~14.

최소한 연기의 출발점은 배우 자신이 아니라 희곡의 인물이 되는 것이다. 인물에의 집중은 상대에 대한 집중을 필요로 한다. 최소한 상대배우의 대사가 끝나는 것을 기다리고, 대본에 있는 대로 자신의 대사를 말해야 하기 때문이다. 이러한 변화의 결과를 다음 토월회의 1회 공연 〈곰〉의 공연 사진으로 읽어보고자 한다.[80]

[사진 6]

사진에서 보듯이 배우들은 관객을 향해 정면으로 서지 않고, 비스듬히 상대 배우를 향해 있다. 오른쪽의 두 배우가 왼쪽의 여배우를 향해 있으며, 왼쪽의 여배우 역시 관객을 향해 있는 것이 아니라 상대 배우를 향해서 비스듬히 몸을 틀고 있다. 이전 신파극에서는 모자가 상봉하는 극적인 장면에서도 배우들은 나란히 관객을 향해 있었다. 그런데 이같이 배우가 서로를 향해 있다는 것은, 적어도 관객을 의식하는 연기를 떠나 상대역을 의식하고 있다는 의미가 된다. 또한 무대에서 초점이 생긴다는 것은, 배우들이 장면의 내용을 이해

---

80) 노승희, 「해방 전 한국 연극 연출의 발전 양상 연구」, 동국대학교 박사논문, 2004, 73쪽 재인용.

하고 그에 따른 적합한 반응을 하고 있다는 것이다. 대본 중심의 연습방식이 가져온 변화의 일면이다. 물론 상대역을 의식한다고 해서 화술에 주목할 만한 변화가 있었다고 할 수는 없다. 그러나 상대를 바라본다는 것은 1910년대에 비해 관객을 덜 의식하는 화술을 전개한다는 것이므로, 상대적으로 자연스러워졌고, 특히 관객을 향한 소리지르기식의 화술은 지양되었다고 하겠다.

또한 동우회와 토월회가 연기를 지도하는 선생으로 초빙한 일본 배우가 신파극의 연기를 도와준 배우와 배경이 다르다는 점도 주목할 필요가 있다. 1910년대 신파극단은 일본 신파극 배우를 교사로 초빙하여 일본 신파극의 화술과 동작을 배웠던 반면, 동우회나 토월회는 일본 신극 배우에게서 도움을 받았다. 이두현은 동우회의 김우진이 "연습이 제대로 진행되지 않아서 난관에 부딪힐 때 일본인 신극배우인 도모다 교오스케의 도움을 받았다"[81]고 하며, 토월회의 박승희 역시 "오늘은 예술좌, 내일은 금룡관(金龍館)으로 일본에서 공연된 신극을 열심히 보고 배웠다"[82]고 한다. 동우회나 토월회의 화술은 신파극의 화술과 출발선상이 다른 것이다. 그 기본적인 차이를 서연호의 글로 알아보기로 하자.

일본에서 신연극이 가부키로부터 이탈하려고 애쓴 것과는 반대로 신파극은 과도하다고 할 정도로 가부키에 접근해서 활동했다. 신연극은 신극을 향해 나아갔고 신파극은 가부키의 전통을 계승하면서 현실성을 가미했다. 이런 공연방법이 신파 배우의 전문화(이른바 형의 창출)를 촉진시켰고 기술을 발전시켰다. 신연극이 각본 제일주의와 사실

---

81) 이두현, 『한국신극사연구』(5판), 서울대학교 출판부, 1990, 106쪽.
82) 문한성, 「토월회연구」, 단국대학교 석사논문, 1987, 13쪽.

성을 중시했다면, 신파극은 연기 제일주의와 음악성을 중시한 연극이었다.[83]

이와 같이 서연호는 일본 신파극의 특징을 '연기 중심주의'로, 일본 신극의 특징을 '각본 중심주의'와 '사실성'으로 꼽는다. 그렇다면 동우회나 토월회가 일본 신극을 모델로 삼았다는 것은 성과를 떠나 연기의 지향점이 사실성이었음을 짐작케 한다. 이같이 1920년대 가장 뚜렷한 변화는 연극에 있어서 근대적 대본의 중요성이 대두되어 근대적 인물에 따른 다양한 어감의 시도, 현대적 극장의 출현, 대본에 의거한 연습방식, 인물간의 조화모색, 사실성 있는 화술의 지향으로 1910년대에 비해 상대적으로 자연스러운 화술이 추구되었다는 점이다.

3.2. 한국적 어조의 화술모색

1910년부터 활동했던 윤백남과 이기세가 의기투합하여 발족한 예술협회의 1921년 12월 공연에 대한 혹평을 보면, 1920년대에 들어서서는 현실과 같은, 또는 일상성을 주는 화술이 이상적 연기로 간주되었음을 알 수 있다.

〈하나님을 떠나서〉
 -제일 서투른 것은 '메리' □□□군의 음성태도가 조곰도 보고 듣는
  이에게 여성과 갓다난 늣김을 못쥬난 것이엇다. 그 대신에 '요셉' 이

---

83) 서연호, 『한국 연극사: 근대편』, 118쪽.

상□군의 동작에 난 매우 경복(敬服)의 점이 많이 잇엇다. 그러나 이원□군의 언동에난 도져히 여성화할 빌미를 갓지를 못한 것 가트니 매오 답답한 일이다. 그 큰 키- 그 구든 억개 - 그 흐린 쇼리 -[84]

〈무한의 자본〉

— 배우들은 모두 과작이 기계적이요 자유의사 즉 개인의 개성이 없는 것은 큰 결점일 뿐 아니라 극백의 절조가 없이 통속적인 것과 음색이 소위 신파라는 그것의 버릇이 있는[85]

— 오래간만에 맛나보난 부자간에 반기난 태도가 그가치 냉담하여야만 올흘지 (…중략…) 아모리 귀족의 집 가도가 까다롭다 하드래도 좀 더 따뜻한 인정이 표□되얏스면 하난 생각이 만엇다. (…중략…) 이 □구 군의 '광희(光熙)' 노릇은 너모 애를 쓰기 때문에 「말」과 「태도」가 조화가 못되야 그 꼴은 전기로 놀리난 인형과 갓하엿다.[86]

이와 같이 예술협회의 배우들은 기계적인 연기를 하고, 믿을 만한 인물구축을 못했다고 비난을 받는다. 반면 여성인물을 연기한 동우회의 "화봉 분장은 관중의 집흔 호귀심을 끌엇"[87]으며, 〈김영일의 사〉에서 친구 박대연은 주인공이 아님에도 불구하고 그 정묘한 일거일동으로 호평을 받았다. 이러한 기사는 1920년대는 극중 인물의 적합성이라는 개념이 발생하고, 인물에 적합한 화술이 주목받았음을 시사한다. 다음 동우회에 관한 평을 다시 보기로 하자.

---

84) 청의생, 「둘째번으로 본 바 예술협회 시연」, 『조선일보』, 1921년 12월 16일자.
85) 현철, 「예술협회 제2회 시연을 보고」, 『개벽』 19, 1922.1; 양승국 편, 『한국 근대 연극 영화 비평자료집』 1, 연극과인간, 2006, 282~286쪽 재인용.
86) 청의생, 「둘째번으로 본 바 예술협회 시연」, 1921년 12월 16일자.
87) 『동아일보』, 1921년 7월 18일자.

더욱 김영일의 친구 박대연으로 분장한 허하지씨의 무대상의 그 일 거일동은 더욱 정묘하얏다. (…중략…) 무대 우에선 류춘섭씨의 그 분장한 법이랄지 또는 그 태도랄지 그 표정이랄지 하는 모든 것이 군중의 무슨 큰 기대를 갖게 하기에 족하엿다. 88)

이 기사는 근대극을 공연한 동우회의 화술이 기존의 신파극의 화술과 다른 점을 알려주는 단서이다. 배우의 일거일동이 정묘하다는 것은 배우의 몸짓과 화술이 인물을 정밀하게 묘사하였다는, 다시 말하면 적합성을 지향했음을 의미하기 때문이다. 한편 토월회의 경우 다음의 평을 보면, 배우들의 화술은 정묘함에서 한걸음 더 나가 자연스러웠다고 한다.

① 말이 그전 신파 연극조가 아니고 우리들이 일상현실에서 듣는 말이 었다89) (토월회 1회 공연 〈곰〉에 대해)
② 일상생활의 언어 동작과 별로 다를 것이 없는 지극히 자연스러운 남녀 배우의 연기 및 대화는 종래 모순 덩어리 배경과 일종의 기성을 발하는 부자연스러운 세리후(대사–필자)만 들어오던 일반관객에게 비상한 삼흥을 주있다.90)
③ 호화찬란한 무대장치와 의상과 일상생활과 같이 자연스러운 내사, 현실생활과 같은 기거동작 등은 이때까지 신파극에서 못 보던 진실한 것이어서 관중의 연극에 대한 인식을 일변시켰고 일반의 관심도를 높이어 관극하는 안목을 향상시켰다.91) (토월회 공연에 대해)

---

88) 『동아일보』, 1921년 7월 18일자.
89) 박승희, 「토월회이야기」, 『사상계』, 1963.5.
90) 취원생, 『매일신보』, 1931년 9월 11일자.

④ 대사와 어휘가 자연스러운 일상 회화식으로 고쳐졌다.[92] (토월회 공연에 대해)

토월회의 공연 평에서 비로소 '자연스러워졌다'는 평이 등장하는데, '자연스럽다', '일상생활과 같다'는 평은 1910년 신파극이 시작된 이후 연극비평에 본격적으로 사용되었기에 주목할 필요가 있다. 기사 중 ①③은 토월회 회원인 박승희와 김기진의 회고이므로 자화자찬(自畵自讚)적 성격으로 객관성이 결여되었다고 해도 취원생과 박노춘 역시 ②④에서 화술이 '일상생활과 같다'고 언급하는 것을 보면, 자연스러워졌다는 비평은 어느 정도 신뢰할 수 있을 것이다. 그렇다면 '일상생활과 같다', 또는 '자연스럽다'는 화술은 어떤 것이었을까? 사실성 지향에 따른 사실주의적 화술이었을까? 사실주의적 화술의 특징은 간략히 정의하기 어려우므로 '현실속의 인간을 구체적인 행동을 통해 재현하고자 하는 연기',[93] '제 4의 벽을 통해서 무대를 보는 환영'을 전제로 하는 연기정도로 전제하기로 한다. 이 같은 전제를 토대로 동우회와 토월회의 화술을 추론해보기로 하다.

첫째, '제 4의 벽을 통해서 무대를 보는 환영'은 동우회나 토월회의 경우 불가능했다. 토월회 배우들은 김기진의 회고에 따르면 '많은 관객들 앞에서 대사를 외우고 몸짓을 할 용기가 안 나서 모기장을

---

91) 박진, 「한국연극사 제1기」, 『예술논문집』 15, 1976, 176쪽.

92) 박노춘, 「한국신연극 오십년 약사」, 『신흥대학교 창립 10주년 기념 논문집』 2, 1959.10, 59쪽.

93) 김방옥은 연기에서 사실주의를 규정하는 것이 힘든 작업임을 밝히며, 보다 융통성 있는 개념으로서 사실주의적 연기를 '현실속의 인간을 구체적인 행동을 통해 재현하고자 하는 연기' 정도로 전제한 바 있다(김방옥, 「한국연극의 사실주의적 연기론 연구」, 151~153쪽 참조).

치고 관객과 눈을 마주보지 않으려'94) 하면서 기본적으로 프롬프터
를 두어 공연을 전개했기 때문이다. 여기서 김기진의 글로 프롬프터
에 의존했던 토월회 공연의 일면을 보기로 하자.

마침 박승희와 이월화가 단 둘이서 남남(喃喃)히 사랑을 받던 중 박
승희는 몇 마디를 하더니 자꾸 까닭 없이 '화이어프레스' 앞으로 닥아
왔다. 그리고 대사를 튕겨주는데도 알아듣지 못하고 연해 뭐야? 하고
되묻기만 했다. 이월화는 "왜 자꾸 그쪽으로 가세요, 이리 오세요" 하
지만 박승희는 머야? 소리만 할 뿐이었다. 나는 장치 위에 숨어 있으니
까 내다 보이지도 않았지만 내다 볼 수도 없었다. 몇 번을 재쳐 대 주었
으나 영 못 알아듣고 자꾸 뭐야? 하면서 갈수록 당황해 하는 모양이었
다. 그래서 나는 아마 객석에서도 들렸으리 만큼 크게 읽어 주었다.95)

이 글은 1회 공연 〈오로라〉에서 있었던 일종의 공연사고이다. 박
승희는 연기를 하다가 대사를 듣기 위해 프롬프터가 있는 곳으로
다가왔고, 공연 중 '머야?'라며 프롬프터에게 대사를 묻기도 하고,
프롬프터는 객석에서도 들릴 정도로 대사를 크게 불러주어야 했다.
무대에서 프롬프터의 존재는, 특히 1회 공연에서와 같이 객석까지
들리게 불러주었던 프롬프터의 존재는 '현실 속 인물의 재현'이라는
극적 환영을 창출할 수 없다.

둘째, 동우회의 〈찬란한 문〉, 토월회의 〈곰〉, 〈그 남자가 그 여자에
게 어떻게 거짓말을 하엿나〉가 번역극임을 기억할 필요가 있다. 번

---

94) 박진, 「한국 연극사 제1기」 제3장, 『예술원논문집』, 172~173쪽.
95) 박진, 「한국 연극사 제1기」 제3장, 173쪽.

역극은 곧 거론하겠지만 1930년대에서 1960년대까지 우리의 정서와 맞지 않는 어색한 번역으로 배우들의 일상적 화술을 방해하는 주요 원인이었다. 후에 심훈은 토월회의 번역극에 대해 "우리의 실제생활의 그림자와 너무나 현격 되기 때문에 하등의 실감을 불러일으키지 못했으며, 서양 것을 흉내 내는 것이 신극이라는 대중의 오해만 조장했다."[96]라고 회고한 바 있다. '실감'을 말 그대로 '실제의 감정'이라고 해석한다면, 1920년대 동우회와 토월회의 대본은 '일상적인' 또는 '사실주의적' 화술을 유도하도록 자연스러웠다고 보기는 힘들 것이다. 또한 동우회의 번역극인 〈찬란한 문〉에 대한 기사의 "선인으로 분장한 조명희가 화염에 싸인 억만 중생들이 갖힌 옥문을 열면서 신(神)의 특사문(特赦文)을 낭독하는 연극"[97]이었다는 글을 보면 '낭독'적 화술이 존재했음이 확인된다. 이 같은 사실 역시 일상적/사실주의적 화술이 구현되었다고 볼 수는 없음을 뒷받침한다.

그렇다면 토월회 배우들의 화술에 대한 '자연스러워졌다'는 비평은 어떻게 해석할 수 있을까? 앞에서 살펴본 바와 같이 토월회 배우들이 발음훈련을 통해 정리된 자음과 모음의 화술을 전개하려 시도하고, 조선극장의 발전된 여건으로 관객의 주의집중을 위한 특이한 억양의 전개가 불필요했던 점을 기억하기로 하자. 한국어의 자음과 모음훈련의 강화는 분명 한국의 말과 같은, 1910년대 신파극 배우들의 일본적 어조와는 구분되는 한국적 어조의 구현을 가능하게 한다. 한국적 어조의 화술은 현재의 시점에서 본다면 특기할 만한 변화가 아닐 수도 있다. 그러나 현재가 아닌 당시의 시점으로 돌아가 보기

---

96) 심훈, 「토월회에 일언함」, 『조선일보』, 1929년 11월 5일자.
97) 『동아일보』, 1921년 7월 18일자.

로 하자. 다음은 1910년에서 1920년대까지 화술의 변화를 정리한
표이다.

[표 3]

	1910년 탐정극	1910년 신소설 공연	1920년대
감정	유형적 분출	유형적 분출	다양한 어감 시도
화술	일본 신파극과 유사	일본어와 유사	한국어와 유사

앞에서 보았듯이 1910년대 초반에는 강한 억양과 기성을, 중반
이후에는 기성은 감소되었지만 일본어의 리듬에 한국말을 대입한
화술을 전개했고, 1920년대까지도 신파극단들의 화술에는 그 잔재
가 남아 있었다. 이러한 상황에서 한국적 어조의 화술 구현은 분명
주목받을 만한 변화이며, 일본적 어조에 익숙했던 관객들에게 '지극
히 자연스럽다'거나 '자연스러운 일상 회화식'이라는 신선함을 주기
에 충분하다. 따라서 동우회와 토월회 중심으로 이루어진 1920년대
화술은 1910년대 일본어의 억양과 어조에 우리말을 대입시킨 화술
에서 벗어나 다양한 어감을 도입하여 인물의 적합성을 모색했다는
의미에서 자연스러운 일상 생활식인 것이다. 조금 더 확대해석하면
한국적 화술로의 진입과 1910년대 감정 과잉적 화술의 지양 시도라
하겠다.

3장 사실주의적 화술로의 이행

1910년 일본식 억양과 어조에 직·간접적인 영향을 받으며 출현한 화술은 1920년대에 들어서 점차 우리말의 억양과 음조로 이행하며 과장된 감정표현을 지양한다. 이에 비해 1930년대부터 화술은 상대적으로 안정된 한국적 어조로 전개되면서 1960년대까지 해방과 한국전쟁 등 사회적 격변과 함께 그 양상을 달리한다. 서연호는 1930년에서 해방이전까지를 극예술연구회 중심의 사실주의 정착기로, 해방이후부터 1950년대까지는 신협과 제작극회 중심의 사실주의 확대기로, 1960년대의 주류 역시 사실주의로 언급한 바 있다.[1] 유민영 또한 1920년대 극예술협회부터 1930년대의 극예술연구회, 해방 이후의 극협과 신협을 사실주의 연극운동의 계보로 보고 있다.[2] 이처

---

1) 서연호, 『한국연극사: 근대편』, 157~212쪽 참조.
2) 유민영, 「연극사① 신극협의회 上」, 『한국연극』, 1976.1, 48쪽.

럼 이 30년은 서구 근대극으로서의 사실주의를 지향한 시기로 알려져 있다. 여기에서는 '사실주의'를 지향한 이 시기의 화술을 무대요소와의 관계에서 밝혀보고자 한다. 연구대상은 1930년대의 극예술연구회, 해방이후의 극협과 신협, 1960년대의 국립극단과 동인제 극단, 드라마센터이다.

1. 기계적 화술에서 감정 수용으로

1930년대에 들어서면 일본은 우리나라에 식민지 파쇼 통치를 강화한다. 1920년대 말과 1930년대 초에 자본주의 세계의 경제공황위기에 따라 타격을 입은 일본은 상품 판매 시장의 확대와 정복야욕을 위해 만주침략 전쟁을 계획했다. 조선의 인적·물적 자원이 가혹하게 동원되었고, 조선의 노동자와 농민들의 생활은 몰락에 이르렀다. 이러한 상황에서 '연극을 통해 민족 계몽운동을 전개'[3]하려는 일본 유학파들의 의지는 시대의 필연이다.

젊은 해외 문학파로 구성된 극예술연구회(이하 극연)의 등장은 우리 연기에 일보 변화를 가져온다. 극연의 공연은 크게 3기로 구분할 수 있다. 잘 알려진 바와 같이 1기는 홍해성이 주로 연출을 담당한 1932년 5월~1934년 12월까지이다. 이 시기는 번역극이 85%로 단연 우세를 보인다.

---

3) 유치진, 『동랑 유치진 전집』 9, 서울예대 출판부, 1993, 95쪽.

[표 1] 극연 1기 창작극과 번역극의 비율

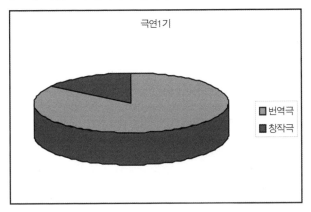

극연1기

번역극
창작극

표에서 알 수 있듯이 활동 1기는 서구 근대극 중심의 번역극 공연
이 주를 이룬다. 극연 1기의 연출을 담당 했던 홍해성은 초반부터
'연극을 상연함에 있어 도락자의 유희장으로 하지 않을 것'[4]이라고
밝힌바 있다. 이것은 '식자층과 소수 관객을 대상으로 연구하는 연극
을 만들어 연극을 타락시키는 흥행위주의 상업적 연극을 경계하겠
다'[5]는 축지 소극장의 이념과도 맥을 같이한다. 지식인 계층의 관객
을 지향하고 서구 근대극 공연을 통해 민중계몽을 실현하고자 한
것이다. 이 같은 의지가 서구 근대극 공연으로 이어져, 어색한 번역
과 우리의 정서에 맞지 않는 극중 인물이 단조로운 리듬의 경직된
화술을 야기한다. 경직된 화술은 극연의 활동 2기 유치진이 연출을
담당한 1935년 11월~ 1937년 5월까지 그 양태를 달리한다. 번역극의
과식은 배우의 연기를 망친다는 유치진의 관점이 반영되어 창작극

---

4) 홍해성, 「연극계의 장래를 위하여」, 『문예월간』, 1932.1.

5) 小山內薰, 「平民と演劇」, 小山內薰·管井辛雄 編, 『小山內薰 演劇論 全集』 2, 未來社, 1964, 41쪽.

이 증가되었고 지향관객이 달라졌기 때문이다.

[표 2] 극연 2기 창작극과 번역극의 비율

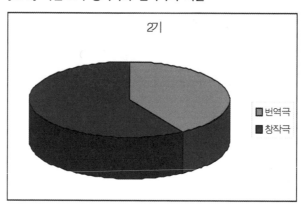

표에서와 같이 극연의 활동 2기는 창작극이 62%로 우세를 보인다.
이 시기 극연을 이끌었던 유치진은 '무식한 사람이나 유식한 사람을
물론하고 모든 계급과 사람에게 재미있게 보일 수 있는'[6] 연극을
모색한다. 창작극의 출현, 번역극의 탈피, 감정의 수용은 또 다시
화술의 변화를 야기한다. 어색한 번역극조가 점차 사라지면서 상대
적으로 자연스러운 화술이 생성되는 것이다. 극연의 활동 3기와
1941년 창립된 현대극장의 화술에는 주목할 만한 변별성이 보이지
않는다. 현대극장을 박영호는 '전일의 극예술연구회와 동경학생예
술좌와 토월회와 일부 상업극단과 영화인들로 구성되어 마치 예술
계 전반의 대동단결'[7]과 같았다고 설명한다. 현대극장 배우들은 축

---

6) 유치진, 「대중성의 개척: 창작방법, 리얼리즘, 작가」(1935), 『동랑유치진전집』 7, 서울예
   대 출판부, 1997, 58쪽 재인용.

7) 박영호, 「예술성과 국민극」, 『문장』 25, 1941.4, 205쪽.

적된 경험과 배우진의 확대로 이전에 비해 능숙한 연기를 선보인 것이다. 이제 1930년대에서 해방이전까지의 화술을 극연 활동의 1기, 2기, 3기와 현대극장, 모두 3부분으로 나누어 살펴보고자 한다.

1.1. 서구 번역극과 기계적 어조

1.1.1. 어색한 번역과 어감의 상실

극연 1기의 레퍼터리는 1회 〈검찰관〉, 2회 〈관대한 애인〉, 〈옥문〉, 〈해전〉, 3회 〈기념제〉, 〈우정〉, 〈토막〉, 4회 〈무기와 인간〉, 5회 〈바보〉, 〈베니스의 상인〉, 〈버드나무선 동리의 풍경〉, 6회 〈인형의 가〉, 7회 〈앵화원〉으로 단연 번역극이 우세를 보인다. 30년대 번역극의 대사는 어떠한 양상이었는지, 먼저 희곡을 통해 살펴보기로 하겠다.

1회 〈검찰관〉은 잘 알려진 고골리의 희극으로 사실주의 계열의 작품이다. 그런데 유치진은 "함대훈의 러시아 어학 실력이라는 것도 문제였지만 특히 모국어에 서툴러서 연습 과정에서부터 너무나 어색했다."[8]고 회고한다. 또한 당시의 기사 역시 '역이 좀 더 조선말이었으면 (…중략…) 뚱뚱한 얼굴을 가진 자 같은 것은 그 얼굴 뚱뚱한 자, 낮짝이 뚱뚱한 놈으로 하면 조신말이 된다.'[9]고 전한다. 〈검찰관〉의 번역을 확인하지 못하는 것이 아쉽지만, 유치진의 '너무나 어색했다'는 회고와 '좀 더 조선말이었으면', '뚱뚱한 얼굴을 가진 자'라는 글을 볼 때, 번역은 대사의 어순이나 의미파악에서 문제가 있었

---

8) 『동랑유치진 전집』 9, 106쪽.
9) 「극예술연구회 공연 관람기」, 『신동아』, 1932.6.1.

음이 분명하다.

다행히 2회의 〈옥문〉은 연재된 신문을 통해 번역을 직접 확인할 수 있다. 작품은 박용철의 요약과 같이 "무식한 모녀가 사형집행통지문을 바다 대한대로 그것을 들고 면회를 왔다가 옥문 밧게서야 독정에게 아들이오 남편인 카-엘이 무고히 사형 당함을 듯고 세상과 법률을 저주하고 수탄과 호곡에 잠기는 참으로 단순한 일막극이다".10) 그런데 대사는 인물의 사회적 계급과 무관하게 번역되었다.

> 쿠신: (문 앞에 잇는 층계에 털컥 너머저서 몸을 흔들면서 운다.)
> 오오, 『떼니스』여, 당신이 누명을 쓰고 죽다니 내 가슴은 찢여지는 것 갓습니다. 밤낫갓치 □살는 당신이 혼자 저세상으로 가다니 나는 슬퍼서 못살겠소.11)

희곡에서 알 수 있듯이 재미있는 것은 '오오'라는 감탄사, 이름을 부른 후에 '여'라는 시적 호격이다. 우리 정서로 이름을 부를 때에는 '○○아' 또는 '○○야'라는 호격이 따른다. 반면 서양 이름인 '떼니스'를 부를 때는 '떼니스야'가 아니라 '여'를 붙이는 것이 더 어울린다고 생각한 듯싶다. '여'라는 호격은 시적이고 좀 더 고상한 느낌을 주기 때문에, 무식한 모녀라는 인물에 적합한 번역이라고 보기에는 아쉬움을 남긴다. 인물에 대사가 적합하게 번역되지 않을 경우, 사실주의 계열의 작품이라고 해도 배우가 인물을 사실적으로 구축히는 것은 어려울 것이다. 3회 공연인 〈우정〉의 번역 역시 유사하다. 이

---

10) 박용철, 「실험무대 제2회 시연초일을 보고」, 『동아일보』, 1932.6.30~7.5.
11) 〈옥문〉, 『조선일보』, 1933.2.8~14.

작품에 대해 현민은 "표현주의 극에도 불구하고 입센이나 체홉의 자연주의극과 전혀 다를 바 없는 연극이 되고 말았다. (…중략…) 막이 열리고 보니 평범한 사실주의 무대 그대로였고 인물의 언어 동작도 또한 그러하였다"[12]고 전한다. 현민의 글을 보면 표현주의 극을 사실주의 연출과 화술로 구축한 듯한데, 실제 대사는 사실주의적 화술을 유도하는 구어적 대사라고 보기에는 여전히 어색한 부분이 주를 이룬다.

> 유아나: 당신의 맘을 자기의 맘같이 여겼기 때문에 안심하고 웃는 얼굴로 떠났지요. (…중략…)그이가 바다에서 죽었다는 소문이 우리 귀에 들려 오지 않았어요. (…하략…)
>
> 유아나: 아 난 저 푸른 하늘처럼 행복해요!(…중략…)
>
> 유　안: 나는 내일 아침 좀 더 겸손한 태도로 그 사람을 대할 수 있도록 우선 내 책임이 얼마나 무거운 것을 알아야 하겠오.[13]

배우는 이 대사의 의미를 이해 할 수 있었을 것이다. 그러나 유아나의 '귀에 들려오지 않는다' 식의 번역은 우리 언어구조와의 상이성으로 구어석 화술에는 분명 빙해요소가 된다. 이에 비해 박용철 번역의 6회 공연 〈인형의 집〉은 전체직으로 어색함이 덜하지만, 노라의 마지막 대사를 보면 여전히 문장구조와 음절수에서 불편함이 드러난다.

---

12) 현민, 「제3회 극연 공연을 보고」, 『조선일보』, 1933.2.14.
13) 〈우정〉, 『동아일보』, 1933.2.1.

노라: 그럴지도 모르지요. 그렇지마는 당신은 생각이고 말슴이고 내가 일생을 같이할만한 사내답지 못하십니다. 당신의 공포상태 - 내게 대한 위협으로 해서가 아니라 자기의 몸을 생각하는 그 공포상태가 지나가버리자 - 당신에게는 아모 일도 없었던 것 같았어요.14)

이 대사를 실제 공연에서 어느 정도 수정하였는지 알 수 없지만, '당신의 공포상태', '내게 대한 위협으로…공포상태가 지나가 버리자' 등의 장문은 오세곤의 지적과 같이 정확한 의미전달을 위해 '대부분 길어지는'15) 번역의 일반적 오류이다. 이 같은 어색한 번역은 배우들이 극중 인물의 정서를 소화하는 데도 장애가 될 수밖에 없다. 다음은 유치진의 글이다.

여태까지의 우리의 번역극 행동을 돌아보건대 주로 원작자에 대한 충실! 이것이 제일 위에 섯었다. (…중략…) 그러기 때문에 그 결과는 관중의 불편으로 나타난다. '우리는 그 극을 이해하지 못하겠소.' (…중략…) 조선 관중에게 이해되고 감흥되고 함양되면 그것은 보다 잘 조선적으로 소화되었다고 할 것이다. (…중략…) 나는 원작에 축자적 사실을 고집함을 원하지 않는다. 될 수만 잇스면 번안이라도 조코 개작이라도 조타. (…중략…) 나는 모지에다가 번역극의 폐단을 말하는 중 번역극의 과식은 배우의 연기를 망친다는 말을 했다.16)

---

14) 박용철, 『박용철 전집』 2, 경성: 동광당서점, 1937, 516쪽.

15) 오세곤, 『한 여름밤의 꿈』, 예니출판사, 1999, 7~8쪽.

16) 유치진, 「연극시평 번역극 상연에 대한 사고 5」, 『조선일보』, 1935년 8월 8일자.

이와 같이 유치진은 원작자에 대한 지나친 충실성을 어색한 번역과 배우가 극중 인물을 적합하게 구축하지 못하게 하는 원인으로 지적한다. 유치진의 표현을 빌리면 '번역극에 있어서 우리의 연기자는 항상 외국인의 표면적 흉내에만 끄치고, 그들의 생활감정의 심오한 부분에 돌입하지 못하고 있었던 것이다'.[17] 여기서 극장을 보기로 하자. 극연은 1~2회만을 조선극장에서, 3회부터 7회까지는 대부분 경성공회당에서 공연을 올렸다. 공회당 구조에 관한 자료는 남아 있지 않지만 다음 김동원의 구술로 공회당의 열악함을 알 수는 있다.

공회당이 원체 극장이 아니거든. 그러니까 참 불편했죠. 그런데서 극장도 아닌데서 연기를 하니까. 그니까 소위 공회당이고 그러니까 이제 그냥 공적인 데니까 했지만 극장으로서는 영[18]

훈련된 배우에게도 열악한 공회당에서의 공연은 대사 전달에 있어서 부담이 된다. 비평에서 알 수 있듯이 비교적 시설이 좋은 조선 극장에서의 1~2회에서도 대사 전달에 문제가 있었다면, 3회 공연부터 배우는 대사 전달에 있어서 더욱 부담이 증가했을 것이다. 관객의 상당수가 학생층이고 소수의 언론인, 문인으로 구성되어 비교적 정숙한 태도로 관람했다고 해도, 객석의 끝까지 대사를 전달하기 위해서 기본적으로 소리는 커야 한다. 훈련되지 않은 배우는 소리를 높이면 음조도 같이 높아지게 된다. 그런데 유치진은 초창기 극연 배우들에 대해 "연기도 이제 겨우 무대에 서본 젊은이들이었으니 그 어설

---

17) 유치진, 「극문학 계발의 두 가지 과제」, 『동아일보』, 1935년 1월 8일자.
18) 김동원, 구술 채록.

픔이란 명약관화한 것이 아닌가"[19]라고 회고한다. 그렇다면 극연의 배우들은 큰 소리를 내기위해 음조까지 높여 대사를 전개하였음이 확실하다. 대사의 섬세한 어감이 상실되었을 가능성은 상당히 높은 것이다. 따라서 지금까지 살펴본 유치진, 박용철, 나웅의 글과 극장 조건을 종합하여 보면, 극연 번역극의 어색한 대사는 배우들이 섬세한 어감을 살려서 대사를 전개하거나, 인물의 정서를 정확히 파악하여 인물을 입체적으로 구축하는데 방해요소가 되었다고 하겠다.

1.1.2. 외형적 화술훈련과 경직된 어조

연습방식과 공연방식 또한 배우들의 화술에 밀접한 영향을 미치므로 극연의 연습방식을 살펴보는 것은 필수적이다. 극연 1년 공연 횟수는 평균적으로 1기 2.6회, 전문극장으로 전환한 2기는 3.3회, 3기는 3.5회이고, 1회 〈검찰관〉의 연습기간은 '한 달이었다'.[20] 〈검찰관〉뿐 아니라 2회 공연에서도 '연습기간은 한 달이었고'[21] 12회 춘향전 역시 '22일의 연습기간을 가진 것을 보면'[22] 1기에서 3기까지 한 작품의 연습기간은 평균 20일 이상이었음이 확실하다.

1930년대 4~5일 연습기간을 가진 대중극단에 비하면 연습기간은 4배 이상인 것이다. 중요한 것은 연습기간뿐 아니라 연습의 내용인데 잘 알려진 바와 같이 홍해성은 축지 소극장의 연기자로 활동한 바 있다. 스가이 유키오에 익하면 축지 소극장에서 오사나이의 연습

---

19) 『동랑유치진 전집』 9, 108쪽.

20) 『동아일보』, 1932년 5월 3일자.

21) 『동아일보』, 1932년 6월 28일자.

22) 이운곡, 「춘향전 연출대장에서」, 『극예술』 5, 극예술연구회출판부, 1936.9.

방식은 '함께 읽고 암송적인 대화연습과 대사 주고받기를 거쳐 서서 하는 연습의 순서를 밟았다'[23] 고 한다. 홍해성 역시 오사나이의 방식을 따랐을 가능성이 큰데 흥미로운 것은 극연을 탈퇴한 실천부 배우와 스탭진 11명의 성명이다.

첫째, 연구부의 멤버는 유식자들이어서 연극생활에 필요한 시간을 할애하지 않을뿐더러 의식적으로 피하기까지 한다는 것. 둘째 극연 창립 동인들은 극연을 살롱적 존재로 인식하고 있다는 것. 셋째 창립동인들의 무기라 할 어학력도 신용할 수 없고 번역도 유치하다는 것 등[24]

이 탈퇴자의 성명은 보다 공연을 자주 올리기를 바라는 불만에서 비롯된 것이지만 '극연을 살롱적 존재로' 인식하고 극연 회원들이 대부분 외국문학을 전공한 문학전공자들이었다면, 적어도 1기에는 문학적 성격이 짙었을 것이다. 다음은 이원경의 회고이다.

극연의 연기훈련방법은 없었어. 홍해성이 있었는데, 너무 요즘 과대평가를 하는 것 같은데, 홍해성 대단하지 않아. 홍해성이 있는 극장에 나도 있었어. 15년 차로 나도 있었어. 그 사람(홍해성 ─ 필자) 초창기에 들어갔거든. 내가 축지 소극장 사람들한테 들어서 아는 건데, 지나가는 홍해성 보고 (연기력보다는 신체조건으로 ─ 필자) 연기해보지 않겠냐고 해서 시작한 거야. 극연이 (홍해성이랑 같이 ─ 필자) 해보니까 아무 것도 아니거든. (홍해성이) 아무것도 모르는 거야. 극연은 연기훈련을

---

23) 스가이 유키오, 「축지소극장의 무대연출과 연기의 방식」, 『계간공연예술저널』 창간 준비호, 성균관대 공연예술연구소, 2000.10, 14~17쪽.
24) 『조선중앙일보』, 1936년 6월 12일자.

특별하게 한 것이 없고, 신인모집을 하는데, 이론만 이야기 했어. 셰익스피어는 뭐다, 몰리에르는 머다, 이런 것만 했어. 작품을 내놓고 서로 의논을 하는 거야. (누군가—필자) 새로운 것이 있으면(새로운 것을 제안하면—필자) "아 그거 괜찮겠다. 그거 하자." 그냥 이런 식이야."25)

이원경은 이같이 극연은 연기 수업에서도 연극이론에 치중하였다고 회고한다. 문학 전공자들이 다수였기 때문에 연습과정에서 문학적 접근, 다시 말하면 작가와 작품의 역사적·사회적 배경을 논하고, 작품의 사회적 의미에 치중하는 분석에 초점을 두었던 것이다. 물론 회고는 주관적이라는 한계가 있으므로 극연이 체계적 훈련법에 의거한 연습을 했을 가능성도 전혀 배제할 수는 없다. 특히 홍해성은 이 시기 연기에 관해 「무대 예술과 배우」26)라는 논문을 발표했다. 극연 배우들이 홍해성의 연기법을 연기에 수용했을 가능성이 크므로 객관성을 위해 홍해성에 대해 보다 자세히 살펴볼 필요가 있다.

홍해성은 일본의 오사나이 가오루에게 사사했다고 전해지므로, 오사나이 가오루의 연기법에 대해 먼저 알아보기로 하자. 오사나이는 1912년에서 1913년 사이에 서구를 방문하고, 모스크바 예술극장에서 연기법을 배웠다고 한다. 다음은 당시 모스크바 예술극장에 대한 글이다.

1911년까지 시스템은 거의 심리 기술(psycho-technique)로서 초보적 형태로 남아 있었다. 네미로비치는 시스템이 모스크바 예술극장의 작업 방법으로 공식적으로 채택되어야 한다고 발표했으며, 1912년에는

---

25) 이원경, 본 연구자와의 개인 인터뷰.
26) 『동아일보』, 1931년 8월 14일자~9월 26일 연재.

젊은 배우들을 훈련시키기 위해 제1스튜디오가 설립되었다. 스타니슬라브스키는 제1스튜디오를 돌볼 시간이 없었다. 그래서 그의 친구이자 동료인 술러지츠키가 그것을 맡게 되었다. 이는 당시 시스템이, 스타니슬라브스키 이외의 다른 사람도 가르칠 수 있을 정도로 충분히 잘 정리되어 있었음을 의미한다고 하겠다.27)

이같이 모스크바 예술극장은 1911년까지 심리-기술이 초보적 형태였지만, 1912년 이후부터는 "다른 사람도 가르칠 수 있을 정도로 스타니슬라브스키의 시스템은 잘 정리되어 있었다고 하겠다".28) 모스크바 예술극장을 방문한 오사나이가 체계적 연기법을 접할 가능성은 충분한 것이다. 그런데 나상만에 의하면 "오사나이는 스타니슬라브스키에게 직접 배우거나 공연에 참가한 것이 아니라 약 한 달 동안 모스크바 예술극단에서 연습과정을 견학하며 메모한 정도였다".29) 한 달 정도의 연습과정 견학이라면 배우의 사실주의적 연기를 이끌어내는 방법을 구체적으로 이해했다기보다는 나상만의 견해와 같이 "단지 보는 과정에서 경험적 이해를 통해 터득"30)했을 가능성이 높다. 스가이 유끼오가 오사나이에 대해 "자유극장 시절부터 입센이나 고르키를 공연하면서 가부끼 배우들로부터 가부끼식 연기나 신파적 연기를 제거하기 위해 고민했으나 답보상태를 면치 못했고"31)라고 평한 것 역시 그러한 사실을 뒷받침한다. 뿐만 아니라

---

27) 김석만, 『스타니슬라브스키 연극론』, 이론과실천사, 1996, 101쪽.
28) 김석만, 『스타니슬라브스키 연극론』, 101쪽.
29) 김방옥, 「한국연극의 사실주의적 연기론 연구」, 『한국연극학』 제22집, 2004, 157쪽.
30) 나상만, 『스타니슬랍스키, 어떻게 볼 것인가?』, 예니출판사, 1996, 64쪽.
31) 스가이 유키오, 「축지소극장의 무대연출과 연기의 방식」, 14쪽 참조.

축지 소극장의 연구생으로 입단해서 초기에 2년 동안 작업에 가담했던 센다 고레야의 다음 글 역시 그 같은 사실을 입증한다.

배우들에게 심리적·육체적 연기훈련을 시키거나 인간적으로 교양을 넓히기 위한 방법은 거의 아무것도 실행되지 않았다. 그러한 것은 전부 개인의 과제로 맡겨졌다. 초보자인 배우들이 동서고금의 명작에 무턱대고 몸으로 맞서려고 시도하는 것—이것이 쯔끼지에서의 수업방식이었다. (…중략…) 지금에 와서 쯔끼지 시절 우리들이 받았던 배우 교육을 생각해보면 너무나 비과학적이고 무모한 것이었다는 생각이 든다.[32]

이와 같이 축지 소극장에서의 배우훈련이 센다 고레야의 표현에 따라 '거의 아무것도 실행되지 않았다'면 김방옥의 견해와 같이 '홍해성이 오사나이 가오루나 축지 소극장에서 배운 연기는 그다지 체계적이지 못했'[33]을 것이다.

이와 더불어 홍해성이 신문에 연재한 「무대예술과 배우」를 살펴보고자 한다.[34] 홍해성이 「무대예술과 배우」에서 '타인의 대사를 들을 때에는 그 말을 처음 듣는 것처럼 표현할 것이다'라고[35] 주장하

---

32) 『센다 고레야 연극론집』 제1권, 동경: 미래사, 1980, 332~333쪽; 송선호, 「홍해성의 연극관 재고(1)」, 『계간공연예술저널』 창간준비호, 99쪽 재인용.

33) 김방옥, 「한국연극의 사실주의적 연기론 연구」, 159쪽.

34) 연기론에 관한 글은 1928년 강홍식의 「기예에 관하야」, 1931에는 홍해성의 「무대 예술과 배우」가 유일하며, 1934년 김승일의 「무대배우의 연기에 대하야」, 이웅의 「명일의 무대인을 위하야」, 안영일의 「연기에 대한 각서」, UL생(生)의 「연기의 시스템에 대하야」 등 몇 편의 글이 발표되었다. 이후에는 1936년 동경학생예술좌 연기부의 「연기론」, 마완영의 「연기노트의 대략」이 있고, 1938년 오정민의 「연기 산어: 무대 연기의 기본문제」가 발표되었다.

35) 『동아일보』, 1931년 8월 22일자.

는 것을 보면, 홍해성은 연기의 본질과 반응의 중요성을 분명 인식하고 있다. 그런데 연기의 실제에서는 상당부분 외적 표현에 치중한 훈련이 주 내용이다. 다음 '3. 연기의 이론과 실제'를 보기로 하자. 소제목은 '연기의 종류와 연습과제'인데 그 세부 항목의 예는 다음과 같다.

[표 3]

가. 안면표정	우슴의 연습	A. 눈우슴치다가 마음노코 웃는 웃음
		B. 끝일 줄 모르는 웃음
		C. 아름다운 안해의 깃븐 소식을 듯고 웃는 모습
	우름의 연습	A. 소매로 눈물을 씨스면서 우는 우름
		B. 무서운 한머니에게 꾸중을 듯고 우는 우름
		C. 술취한 사람의 우는 우름
		D. 애닯은 달빗속에서 그 사람을 그리워 한숨 섞어 우는 우름

이러한 연습과제는 배우들이 화술의 외형적 표현에 치중하도록 유도한다. 극적 정당성에 초점을 두지 않기 때문이다. 정당성에 대한 연습의 예를 든다면 다음과 같지 않을까?

거리에서 아는 사람을 보고 그에게 인사하기 위해 다가간다.
거리에서 만나고 싶지 않은 사람을 보고 그를 피해 계속 걸어간다.[36]

이같이 배우가 극적 정당성을 획득하기 위해서는 '인사하려고 다가가는', '피하려고 걸어가는' 식의 훈련이 필요하다. 미쉘 생드니가 지적하듯 극적 정당성은 말하는 사람의 톤과 리듬 그 밖에 다른 여러

---

36) 미쉘 생 드니, 윤광진 옮김, 『연기훈련』, 예니출판사, 1997, 90쪽.

측면에 영향을 미침으로써 살아있는 연기를 구축하는데 기본이기 때문이다. 극적 정당성이 아닌, 외적 표현에 치중한 훈련은 외형에 치중한 화술을 가져오기 쉬울 것이다.

곧 거론하겠지만, 극연의 연기에 대해 나웅은 '인형적 연기', '과장된 연기'[37]로 표현하고, 박용철은 '너무 직선적으로 경직된 감'[38] 이라고 전한다. 이 같은 비평은 배우들의 화술이 일정한 틀에 고정되어 있음을 시사한다. 고정된 화술표현을 야기한 주요 원인중 하나는 이 같은 외적 표현에 치중한 연기훈련 때문일 것이다. 안민수는 "시각적으로든 청각적으로든 어떤 움직임이 존재할 때 그것을 유발하는 내면세계의 정서의 모양새를 찾는 것"[39]의 중요성을 언급한다. 외적 표현을 유발하는 내면세계의 탐구에 초점을 두지 않는다면, 정서와 표현은 간극(間隙)이 벌어져 진실한 표현에 도달하는 것은 한계가 있기 때문이다. 따라서 극연의 화술은 연기훈련이 부재했거나, 존재했다고 해도 외적 표현훈련에 초점을 둠에 따라 어조와 억양이 경직된 양상이었으며, 그것이 곧 기계적 화술을 야기했다고 하겠다.

1.1.3. 감정 없는 단조로운 음조

공연비평과 사진을 통해 극연 배우들의 화술을 보다 구체적으로 밝히기로 하자. 다음의 공연사진과 비평은 극연의 1회 공연 〈검찰관〉이다.[40]

---

37) 나웅, 「극예술연구회 제5회 공연을 보고(중)」, 『중앙일보』, 1933년 12월 6일~10일자.
38) 박용철, 「실험무대 제 2회 시연초일을 보고」, 『동아일보』, 1932년 6월 30일~7월 5일자.
39) 안민수, 『연극연출: 원리와 기술』, 집문당, 1998, 138~139쪽 참조.

[사진 1]

　기계적인 연기가 많았으며 극적 동작이 인공적이며 기계적이어서
부자연스러웠다. (…중략…) 신주민군의 홀레스타곱흐는 연기의 변화
가 적고 형에 틀어박힌 곳이 많다. (…중략…) 도부친스키와 보부친스
키의 연기는 너무나 전체에서 뛰어나와 통일을 결한 감이 있다. (…중
략…) 김효애양의 시장의 처는 완전히 이 극의 전체를 버리고 있다.
이 배역은 실패라고 할 수밖에 없다. 전라도의 사투리를 조금 벗어나지
못한 양은 여우로서 출세하기에는 너무나 전도가 우려된다. 서막에 있
어서 창외를 향하야 시장과 아부도-치아에게 말하는 독백은 듣기에
진땀이 저리도록 괴로웠다.41)

　이와 같이 신고송은 '기계적', '인공적', '형에 틀어박힌'이라고 배
우들의 화술을 평한다. 나웅 역시 '대사와 동작에 리듬이 없었다'42)

---

40) 〈검찰관 공연〉, 서연호·이상우 편, 『홍해성 연극론 전집』, 영남대학교 출판부, 1998 부록
　　발췌.
41) 신고송, 「실험무대의 검찰관」, 『조선일보』, 1932년 5월 12일자.
42) 나웅, 「실험무대 제1회 시연 초일을 보고(2)」, 『동아일보』, 1932년 5월 10일자.

고 유사한 지적을 한다. 공연사진을 볼 때, 나웅과 신고성의 비평은
타당성이 있다. 제일 오른쪽에 서 있는 두 배우가 팔을 들어 왼쪽의
배우를 가리키는 모습은 약속을 한 듯 똑같아 보인다. 유연하지 못하
고 뻣뻣하게 서 있는 몸에서 리듬 있게 전개되는 화술을 기대할 수는
없다. 다음 극연의 2회 공연 〈관대한 애인〉의 공연사진과 박용철의
비평을 다시 보기로 하자.[43]

[사진 2]

혹 극본의 문학적 해석의 상이로 인함인지 모르겟스나 매기가 헨리
를 대함에 잇서서 그가 자기를 멸시하고 기계적으로 대하는데 반감도
있을 것이다. 또 한편 자기도 결혼한 여자가 되어 세간적 명예를 회복
하고 시픈 욕망도 무시하기 어려울 것이다. 그런데 이 매기역의 대사는
똑똑해서 알아듣기 쉬운 반면 이 심리적 동요의 잔영이 표현되지 안코
말과 동작이 너무 직선적으로 경직한 감이 잇섯다.[44]

---

43) 사진은 『홍해성 연극론 전집』의 부록에서 발췌한 것이다. 부록에는 극연의 2회 공연
〈옥문〉이라고 기재되어 있지만, 옥문은 등장인물이 셋인 것을 볼 때, 사진은 〈옥문〉이
아니라, 2회 공연이라면 〈관대한 애인〉인 것으로 보인다. 공연사진에서 등장인물이 5명
인데, 〈관대한 애인〉의 등장인물 역시 5명이기 때문이다.

사진으로 인물과 대사가 조화를 이루지 못하는 것은 확인할 수 없지만, 배우들이 모두 기계적으로 서 있음은 확인할 수 있다. 오른쪽에 앞치마를 두른 여배우는 서 있는 남자배우를 설득하는 것 같은데, 관객을 의식한 듯 자세는 부자연스러우며, 제일 왼쪽의 여배우 역시 몸은 관객을 향한 채 고개만을 옆으로 돌리고 있다. 사실주의적 움직임이 아닌 관객을 향한 전시적 몸짓임을 시사하며, 그에 따른 전시적 화술도 엿볼 수 있다.

극연의 5회 공연인 〈베니스의 상인〉 역시 기계적, 인형적이라는 평에서 크게 벗어나지 않으며, 과장되었다는 지적과 함께 신파적이라는 비난을 받는다.

유태인 상인 쇠일록과 베니쓰의 상인 안토니오의 대립에 잇어서 쇠일록의 너머나 과장(誇張)된 신파적 연기가 전면에 나왓다. 물론 그러한 사람이 가진 특유한 잔인성(殘忍性)을 과장함도 필요하겟스나 결과에 잇어서 그러한 잔인성 대신으로 골계미를 다분히 발휘한데에 극전체를 파괴한 모멘트가 있다고 보겠다. 연출자가 그러한 잔인성을 전면으로 억출(抑出)해보일 의도이엿다면 종말에 안토니오의 하인 그라시아노도 더 큰 과장된 연기를 보허줌이 타당치 안흘까? 뿐만 아니라 대사와 동작에 잇서서 조곰도 통일점을 차즐수 없싯고 조잡과 혼란으로 일관되엿다. 더구나 공작의 〈신파구사이〉 대사와 동작에 안토니오의 인형적 연기에는 놀라지 안흘수 업섯다. (…중략…) 이 극에서 그들의 불통일되고 〈신파구사이〉 한 연기에는 크나큰 증오를 느끼게 하였다. (…중략…) 하여간 이 극은 결과에 있어서 신파나 소인극을 보았다

44) 박용철, 「실험무대 제 2회 시연초일을 보고」, 『동아일보』, 1932년 6월 30일~7월 5일자.

는 감밖에는 더 얻은 바가 없었다.45)

이같이 나웅은 '신파와 같았다'고 극연의 5회 공연인 〈베니스의
상인〉을 비난하는데, 그 이유는 극연의 배우가 유태인 상인 쇠일록
을 연기할 때, 잔인성을 부각시키기 위해 '과장되게' 표현했기 때문
이다. 배우들이 인물의 성격이나 정서가 행동에 녹아들도록 하는
것이 아니라, '잔인한 쇠일록'이라는 이미지 표현에 치중하여 화술자
체에 '잔인하다'는 느낌이 묻어나도록 주력했던 것이다. 이러한 비평
을 토대로 단조로운 리듬, 틀에 박힌 화술에 초점을 맞추어 극연
배우의 화술을 추정해보면, 다음과 같이 음조의 변화가 없는 동일한
박자가 될 것이다.

[악보 1]

또는 일정한 곳에 악센트를 규칙적으로 준다면 다음과 같이 규칙
적으로 전개될 것이다.

[악보 2]

---

45) 나웅, 「극예술연구회 제5회 공연을 보고(중)」, 『중앙일보』, 1933년 12월 6일~10일자.

이 악보는 비평을 근거로 한 추론일 뿐이다. 그러나 극연 번역극의 어색한 대사와 열악한 극장조건, 외형적 연기훈련, 공연사진과 비평을 종합하여 보았을 때, 극연 1기 번역극 위주의 공연에서 배우들의 화술은 이 악보와 같이 기계적인 단조로운 리듬으로 전개되었다고 하겠다. 인물의 정서를 반영하여 마음의 움직임에 따라 다양한 음조로 전개되기보다는 단조로운 리듬의 경직된 화술인 것이다. 따라서 다음과 같은 박용철의 글은 정확한 지적이 된다.

> 다만 연기에 잇서 출연자가 대사의 암송에 지배되어 대사에 끄을려 나가서는 안 될 줄 안다. 우리는 대사를 소화하고 자기가 생각해낸 것 가티 그를 조정하는 자가 되어야 할 것이다.[46]

박용철의 지적대로 배우가 대사를 소화하지 못할 경우, 대사에 끌려가 화술은 기계적으로 전개되어 인형이나 로봇이 말하는 것과 같아지는데, 이같이 경직된, 기계적 화술이 최초의 번역극조가 아니었을까 추측해본다. 그렇다면, 극연 1기의 기계적 화술은 어떠한 의미를 갖는 것일까? 극연의 화술에 대한 다음과 같은 신불출의 항의는 근거 있는 불만이다.

> 만일 청춘좌를 흥행극단이라고 할 것 같으면 흥행극단인 청춘좌 배우들의 억양과 표정동작과 신극단체라고 하는 극연 배우들의 억양과 표정동작이 얼마나한 다른 차이를 가지고 있다는 말인가?[47]

---

46) 박용철, 「실험무대 제2회 시연초일을 보고」, 『동아일보』, 1932년 6월 30일~7월 5일자.
47) 신불출, 「극예술협회에 보내는 공개장」, 『삼천리』 81호, 1937.1.

이러한 신불출의 지적은 타당하다. 신불출은 극연의 기계적 화술을 다음에서 언급하겠지만 리듬 없이 전개되는 대중극 배우의 화술과 다른 무엇이라고 인정할 수 없었던 것이다. 그러나 극연과 대중극단이 외형적으로 유사한 화술을 구사했다고는 해도 중요한 차이점이 있음을 간과해서는 안 될 것이다. 그것은 대중극 배우의 화술이 '감정 과잉적' 경직된 어조였다면, 극연은 '감정 절제' 또는 '감정 없는' 기계적 어조였다는 사실이다. '감정'이 없었다는 것은 박용철이 누누이 지적했듯이 심리적 동요가 드러나지 않으므로 분명 문제이며, 살아 있는 연기라고 보기는 어렵다. 그런데 여기서 우리 연극의 화술 역사를 잠시 살펴보는 것이 필요하다. 1910년대부터 1930년까지 우리 연극의 화술은 '감정 과잉적' 기이한 억양으로 시작해서 20년 동안 연극에서 '감정분출'이란 늘 중심에 자리를 잡고 있었다. 그 때문에 극연의 '감정 없는' 화술이 그 어색함에도 불구하고 의미가 있는 것이다. 성공의 여부와 상관없이, 학생층이 50%였던 새로운 관객들에게 '이지적이며 비판적인 사고를 요구'[48]하며 감정이 아닌 이성에 호소하려는 시도이기 때문이다. 비록 왜곡되고 실패한 면도 있으며, 어떤 양식으로 완성된 것은 분명 아니지만 이것은 연기에 대한 시각의 전환이다.

---

48) 김광섭, 『극예술』, 1934.12.

1.2. 창작극과 기계적 어조의 극복

1.2.1. 토속적 인물의 구어적 대사

극연은 활동 2기에 창작극 위주의 공연으로 전환하는데, 주목할 것은 그와 더불어 어색한 번역극적 대사가 사라진다는 점이다. 극연의 창작극은 3회 〈토막〉, 5회 〈버드나무 선 동리의 풍경〉,[49] 8회 〈한낮의 꿈꾸는 사람들〉, 〈제사〉, 9회 〈무료병치료술〉, 10회 〈촌선생〉, 〈어머니〉, 11회 〈자매〉, 15회 〈풍년기〉가 있는데 먼저 공연대본과 희곡을 통해 대사의 변화를 알아보기로 하자. 다음은 〈토막〉과 〈버드나무 선 동리의 풍경〉의 대사이다.

명서처: 에그 순돌네! 저게 누구 소릴까? 순돌 아버지 소리가 아니요?

경선처: 네 그럴걸요. 아마 제가 아까 거리에서 봤어요.

명서처: 아니 순돌 아버지를?

경선처: 네.

명서처: 에그 어쩌면! 〈토막〉

조모: 여보게 성칠이! (…중략…)

성칠: 야! 이 계순일 좀 보우. 아주 기가 맥히게 눈이 부신데! 이야말로
　　　아주 신선 선녀의 하강이로구나. (…중략…)

성칠: 얘 계순이 울지말고 내 말좀 들어봐라. 우리 시골 꼬라지가 서울

---

49) 〈토막〉과 〈버드나무선 동리의 풍경〉은 극연 1기의 공연이지만, 창작극이라는 점에 초점을 두어 극연 2기에서 다루기로 한다. 또한 극연 2기 연습방식은 1기와 차이가 없으므로 이 장에서는 연습방식에 관해서는 다루지 않기로 한다.

가서 행세하는데 꼭 알아둘 게 뭔지 아니? 〈버드나무선 동리의
풍경〉50)

대사는 '에그', '기가 맥히게', '계순일 보우' 등 일상적·구어적 말투
이다. 또한 한 문장의 길이가 번역극에 비해 상대적으로 짧아 더욱
말에 가까운 느낌을 준다. 이 같은 양상은 10회 이광래의 〈촌선생〉이
나 11회 유치진의 〈자매〉에서도 동일하다. 다음은 〈촌선생〉의 첫
장면이다.

달근: (소를 세우며) 어! 거기 앉어 있는 게 용구 아니여?
용구: 웅? 난 또 누구라구. 어디 갔다 오나?
달근: 서울서 우리 형이 온다구 모두 정거장엘 가는 바람에 소를 그대
　　　로 굶겨 둘 수 있어야지. 그래서 산 언덕에 매두었다가 인제사
　　　몰고 가는 길이여.51)

이와 같이 창작극은 일상적, 구어적 대사로 구현되어 있다. 일상적
대사의 출현은 부자연스러운 화술을 탈피할 가능성을 열어놓는다.
또한 구어적 대사에 담겨진 일상적 정서는 번역극에 비해 등장인물
의 성격과 정서를 한층 구체적으로 표현해주기도 한다. 여기서 김방
옥의 글을 보기로 한다.

---

50) 〈토막〉과 〈버드나무 선 동리의 풍경〉은 희곡으로도 남아 있지만, 이 두 작품은 1930년
　　당시의 대중극과 함께 「유성기로 듣던 연극모음」에 수록되어 있다. 이 CD는 1930년
　　연극을 녹음한 유일한 자료로서, 당시 대중극단의 화술과 극연의 화술을 이해하고, 비교
　　할 수 있는 1차 자료이다. 이에 이 글은 〈토막〉과 〈버드나무선 동리의 풍경〉의 대사분석
　　은 희곡이 아닌 CD에 수록되어 있는 공연대본을 토대로 하겠다.
51) 이광래, 〈촌선생〉, 『동아일보』, 1936.1; 서연호 편, 『한국희곡전집』 3, 태학사, 1996, 297쪽.

토막이 대사면에서 일상적 구어적 대사가 자연스럽게 구사되어 몇 대사를 제외하면 1910~20년대 희곡의 공통된 문제점이었던 '작가의 대변'으로서의 대사가 거의 사라졌다. (…중략…) 또한 토막에서는 일상적 정서가 구현되어 대사나 행동이 평면적 내용전달의 수준을 넘어 인물의 성격표현, 분위기 조성, 앞으로 올 상황에 대한 복선(伏線)등 여러 겹의 기능을 하게 되며 인물 역시 작가의 대변인이 아니라 살아 있는 인간으로서 창조되었다.[52]

김방옥이 일상적 정서가 야기하는 '인물의 성격표현', 그에 따른 '살아 있는 인간으로서의 창조'라고 설명하듯이, 유치진의 〈토막〉을 비롯한 창작극의 대사 자체는 배우의 화술이 번역극과 다르게 전개될 가능성을 높여준다. 왜냐하면 극연 1기 번역극에서 배우가 인물 자체의 정서를 소화하지 못하여 지적을 받았음을 기억할 때, 이같이 인물의 성격을 담고 있는 구어적 대사는 배우가 인물의 정서를 번역극에 비해 한층 쉽게 소화하도록 돕기 때문이다. 구어적 대사·인물의 성격을 반영하는 대사가 실제 화술에서 어떻게 구현되었는지를 보기로 하겠다.

① 상대역에 대한 반응생성

극연의 〈토막〉과 〈버드나무선 동리의 풍경〉은 CD로 복원되었는데, CD를 통해 직접 확인해볼 때, 무엇보다도 배우들이 상대역에 반응하며 리듬 있는 화술을 전개한다는 점이 흥미롭다. 이 리듬감은

---

52) 김방옥, 「한국사실주의 희곡연구」, 87쪽.

현재의 시점에서 본다면 주목할 만하지는 않지만 같이 녹음된 대중극 배우들의 화술과 비교할 때, 상대적으로 더 '말을 하고 있다', '상대역에 반응하고 있다'는 느낌을 준다. 먼저 유성기에 녹음된 25편의 대중극 화술의 특징을 크게 셋으로 구분해보고자 한다.

첫째, 대사가 높은 음에서 상당히 빠르게 전개된다. 어떤 경우에는 너무 빨라 내용을 알아듣기가 어려워진다. CD에서 확인되는 〈말 못할 사정〉의 화술을 예로 든다면 다음과 같다.

[악보 3]

오빠 왜오늘은 아무데도 아니나가시고 무슨 생각을 그렇게하세요?

차라리 너를 죽여버렸으면 좋겠다 눈물 흔적을 아니보이느라고

암만 분장질을 한데야 내가 다 안다

물론 실제의 화술은 위의 악보작업에서 제시한 음조와 박자가 가감될 수 있다. 그런데 악보를 통해 표현하고자 하는 것은 우리의 현재 말의 박자를 한 박자로 보았을 때, 대중극 배우들 대사의 박자는 그 반 박자 정도로 일정한 악센트를 주어 쉼표 없이 전개된다는 점이다. 또한 배우들의 화술은 악보와 같이 배우 개인의 대사간과 배우와 배우 대사의 사이에도 쉼표가 없이 박자가 비슷하게 전개된다.

둘째, CD 해설자의 견해와 같이 화술이 상당히 감정적이며 발음이 다소 부정확하다. 특히 여자배우에 비해 남자배우들의 발음이 상대적으로 더 부정확한데 그 원인은 연습의 부족과 감정전달에 초점을 맞춤으로 야기된 결과라고 하겠다.

셋째, 배우들은 감정표현에 주력하며 상대에 반응하지 않고 자신의 대사만을 전개한다. 배우들은 상대에 대한 반응으로써 말하는 것이 아니라 상대역의 대사가 끝나마자마자 자신의 대사를 말한다. 따라서 악보를 작업한 천지연의 표현을 빌리면, '대화이면서도 혼잣말인 듯이' 들리는 것이다. 전반적으로 부자연스럽게 들리는 것은 분명하지만 중요한 사실은 홍해성이 지적했던 기이한 소리는 1930년대 어느 대중극단에서도 더 이상 찾아볼 수 없다는 것이다. CD에 녹음된 대중극단의 25작품 중 어느 한 작품도 기이한 화술은 없을 뿐만 아니라, 〈사랑에 속고 돈에 울고〉의 주연배우 황철의 화술은 대중극 화술에서도 단연 돋보인다. 기본적으로 발음이 정확하고 탄력 있으며 억양의 강약, 대사간의 휴지(休止)를 적합하게 이용하고 어감을 절제하기 때문이다. 다음 김동원과 차범석의 구술, 이원경과의 인터뷰로 황철과 일반 대중극 배우들과의 차이를 확인하고자 한다.

> 연기는 심영이 황철이 못 쫓아가요. 심영이가 확실히 떨어져요. 심영이는 너무 오바고 그냥 자연스럽지가 못하고 황철이가 거기다 대면 훨씬 나요. 그 두 사람이 있었는데 하여간.. 대개들 황철이 연기가 훨씬 나요. 당시 재주도 있고 … 그만한 배우 없어요…심영이는 연기가 거칠고 너무 소리만 지르고, 내면적인 연기는 역시 황철이가 잘 합디다.53)

---

53) 김동원, 구술 채록.

신파 배우라든가 이런 사람들의 것은 그 화술법에 있어서 강조할 수 있는 것과 아닌 것을 분명히 해요. 이 대목은 강조해야겠다. 그래서 울린다, 웃긴다. 이것을 그대로 한다고. 그런데 그렇지 못한 사람들은 덤덤하게 하니까 재미가 없어. 우리나라 뭐 배우들, 본 사람이나 안 본 사람이나 황철이 얘기하는데 우리는 황철이를 봤으니까. 뭐가 좋냐. 그 사람이 얘기를 우리 일상생활 얘기를, 내가 얘기한 것처럼(구술 채록시 차범석 본인의 음량을 의미―필자) 이것보다 더 약하게 해요. 그럼 안들리냐. 잘 들린대요, 잘 들린대. 저 구석까지 들린대.54)

황철은 그냥 잘해. 지금 뭐 황철이 스타니슬라브스키고 사실주의고 그러는데, 그런 거 다 때려치고, 황철은 그냥 지 멋대로, 지 맘대로, 어떻게 해도 관객이 빨려 들어가. 그런 걸 갖고 있어. 그런 매력, 매력이 있다구.55)

이같이 CD에서의 직접 확인, 구술 채록, 인터뷰를 통해 황철의 화술에 대한 평가를 보았을 때, 분명 황철은 당시에 자연스럽고 우수한 화술을 전개함으로 주목받았음이 확인된다. 뿐만 아니라 1930년대에 대중극단의 일반적 화술 역시 최소한 가부키식의 어조에서 탈피했음은 분명하다. 다만 뛰어난 배우 황철이 대중극의 일반적 화술을 대표한다고 볼 수는 없기에 1930년대 대중극 배우가 전개한 화술의 일반적 특징은 ① 높은 음조의 빠른 템포의 화술, ② 리듬 없는 감정 분출적 화술, ③ 상대역에 반응하지 않는 혼잣말에 가까운 화술

---

54) 차범석, 구술 채록.
55) 이원경, 본 연구자와의 전화 인터뷰.

로 정리할 수 있겠다.

그러면, 극연의 화술은 어떠한 차이를 가질까? 앞에서도 밝혔듯이 '상대역에 반응'하는 화술이라는 점이 가장 큰 특징이다. 〈토막〉에서의 극연 배우들의 화술을 악보화하기로 하자.

[악보 4]

에 그 순 돌 네! 저 게 누 구 소 릴 까? 순 돌 아 버 지 소 리 가 아 니 요?

네 그 럴 걸 요 아 마 제 가 아 까 거 리 에 서 봤 어 요

아 니 순 돌 아 버 지 를?

이 악보에서와 같이 극연 배우들의 화술이 대중극 화술과 뚜렷한 변별성을 갖는 것은 아니다. 그러나 주목할 것은 창작극에서는 대중극의 화술보다 박자가 느리고 규칙적인 악센트가 없으며 쉼표가 있다는 점이다. 따라서 악보에 표현되지는 않지만 배우들이 상대역에 반응함으로, 극중 인물들이 서로 대화를 하고 있다는 느낌을 준다. 또 다른 창작극인 〈버드나무 선 동리의 풍경〉을 보기로 하자.

이 악보에서 알 수 있듯이 〈버드나무 선 동리의 풍경〉에서 배우들의 화술은 일정한 음정을 벗어나지 않는다. 그런데 대중극 배우들의 화술에 비해 상대적으로 박자가 느리며 발음이 정확하고 상대역에 반응하고 있다. 물론 방송을 위한 녹음과 실제 공연에서의 화술은 다를 수 있다. 그런데 공연에서도 배우의 화술에 대해 '기계적', '인형적', '리듬과 템포가 없다'는 지적은 보이지 않는다.

이만예씨의 목소리는 다른 사람과 비교하야 너무 큰데다가 목소리를 적게 해야할 애절의 장면에서도 여전히 높아서 귀에 거슬리었으며 이응씨의 동작은 필요이상으로 과장되어 오랫동안 병중에 있는 짓밟힌 노인의 인상을 도리어 흐리게 하였다. 금녀(김영옥)의 꼽추분방은 말 못되게 □열하였다. 아모리 이번 것에는 '단역'이지만 그래도 분장은 할 것은 해야 될 것이다.[56]

현민은 배우의 연기를 애절한 장면에서도 '너무 목소리가 크다'거나 병중의 노인을 필요이상의 과장된 몸짓으로 표현했다고 지적하면서도, 번역극 공연에서 지적의 대상이었던 '기계적', '인형적'어조

---

56) 현민, 「제3회 극연 공연을 보고」, 『조선일보』, 1933년 2월 13일~17일자.

에 대해서는 언급하지 않는다. CD와 현민의 비평을 볼 때, 극연 2기 창작극에서 배우들의 화술은 번역극에서의 문제점을 극복했다고 하겠다. 그러나 간과하지 말아야 할 것은 CD를 통해 확인할 때 극연 배우들이 전반적으로 빈농의 말투, 또는 빈농의 어감까지는 도달하지 못하고 있는 점이다. 그것은 공연에서도 마찬가지였다.

전체적으로 귀에 거슬린 것은 빈농에 지나지 않는 이 인물들이 물른 질곡 등의 도회어를 구사하는 것이었다.[57]

이같이 공연에서도 배우들은 발음이 정확하고 상대역에 반응함으로 대사의 리듬이 생성되는 발전을 보이지만, 하층민인 빈농의 삶에서 묻어나오는 어감까지는 도달하지 못한 것이다. 유치진의 회고와 같이 여성배우의 경우 '노역이나 천박한 역을 맡기면 슬그머니 발을 끊거나 대사 중 이년!, 저년!'하는 상소리가 많을 경우도 도중하차'[58] 하는 경우도 있었다. 그렇다면 극연 창작극에서 배우들의 화술은 번역극의 기계적 화술을 벗어났지만, 다양한 등장인물의 어감 구현에는 아직 미치지 못했다고 할 수 있을 것이다.

② 감정과 희극성의 수용

극연 1기의 창작극 〈토막〉과 〈버드나무 선 동리의 풍경〉을 통해 창작극 공연에서 배우들이 상대역에 반응하는 화술을 전개함을 살

---

57) 현민, 「제3회 극연 공연을 보고」.
58) 유민영, 『동랑 자서전 전집』 9, 114쪽.

펴보았다. 2기의 창작극 역시 1기 화술의 특징이 기본인데, 이외에 희극성이 강화되었다는 점이 흥미롭다. 2기의 대표적 창작극은 〈한낮의 꿈꾸는 사람들〉, 〈춘선생〉, 〈어머니〉, 〈자매〉이며, 다음은 8회 〈한낮의 꿈꾸는 사람들〉의 비평이다.

소설광 A B는 과백이 분명치 못하야 답답한데다가 너무나 그 연기가 기계적이여서 고소(苦笑)를 금할 수 없었다. 시광 김덕길씨와 영화광 정무순씨의 과백의 조자(調子)는 심(甚)히 빨은 데다가 신파식이어서 불쾌를 감하였고, 시광 B 이익씨는 시인의 순진한 성격은 표현하였다고 하겠으나 머리를 너무 흔드는 것이 병적이었다. 미술광 맹만식씨의 연기는 침착하고 자중한 맛이 있어 좋았고, 음악광의 부역을 한 김학수씨는 어려운 역인 것도 불구하고 문안히 했다고 본다.[59]

〈한낮의 꿈꾸는 사람들〉은 희곡에서 알 수 있듯이 소설광, 시광, 미술광, 음악광 등 희극적 인물들의 감정, 또는 이미지를 표현하기 위해 대사가 다소 작위적이다. 따라서 박송의 '기계적', '신파식'이라는 평만으로 본다면, 배우들의 연기는 1기의 〈토막〉이나 〈버드나무 선 동리의 풍경〉에서 퇴보한 듯 보인다. 다음 박송의 분장(扮裝)에 대한 비평을 보기로 하자.

첫째, 소설광 A는 청부업자 같은 분장을 하였고 소설광 R는 넓적한 적(赤)넥타이에 머리에 직크를 기하게 발나서 조명광선에 나타나는 인물이 '깍둑이' 같었다. 그리고 시광 A는 붉은 저고리에 검은 바지를

---

59) 박송, 「극연 제8회 공연을 보고」, 『예술』 3, 1936.1; 양승국 편, 『한국 근대 연극 영화 비평자료집』 권10, 391쪽.

입어서 순진하고 천진란만한 청년시인의 서정시적 정열이 보이지 않고 써크스단에서 혼히 볼수 잇는 곡예사 같은 저급한 인물을 생각게 하엿고 입으로 헐리우드를 부리지지는 영화광은 뽐유걸어로 양장을 시키고 흑색모자를 씨워서 침침한 조명에 빗취는 것이 미망인 같엇다. 이러한 견해에서 분장은 전연 실패를 하엿다고 본다.60)

박송은 소설광, 시광, 영화광이 각기 깍두기, 곡예사, 미망인같이 보였다며 분장의 완전한 실패라고 평가한다. 그런데 재미있는 것은 박송의 비난이 극연 2기에 강화된 희극적 요소의 징후를 읽게 한다는 것이다. 유치진은 극연 2기의 공연 방침을 대중성의 개척에 있다고 밝힌 바 있다.

나는 창작에 잇서서 요즘 유의(留意)하고 시험(試驗)해 보랴는 방법은 희곡의 대중성(비속성은 아닙니다)의 획득(獲得)이겟습니다.

(1) 어떠케 하여야만 내가 말하랴는 바를 무식한 사람이나 유식한 사람을 물론하고 모든 계급의 사람에게 "쟈미있게"보일 수 잇슬까?

(2) 어떠케 하여야만 그 극이 끗날 때까지 관객으로 하여금 긴장(緊張)한 마음에시 무대를 "기대(期待)시길 수"잇슬까?..

이상을 요언(要言)하면 결국(結局) 나의 유의(留意)하는 창작적 실천은 예술의 대중성의 개척(開拓)일까 합니다.61)

극연 2기를 주도한 유치진은 1기와는 방향을 달리하며, '재미있는

---

60) 박송, 「극연 제8회 공연을 보고」.
61) 유치진, 「대중성의 개척」, 『조선중앙일보』, 1935년 7월 7일자.

연극', '웃음'을 유지하면서도 작품을 기대할 수 있는 연극을 실천하고자 했다. 이러한 맥락에서 본다면, 소설광 B가 빨간색 넥타이를 하고, 머리에 직크를 기하게 발랐다는 것은 인물의 적합성이 아닌, 보는 재미에 초점을 맞춘 분장으로 해석하는 것이 타당하다. 소설에 빠져든 광(狂)이라고 해도 1930년대에 그 같은 분장은 사실적 인물표현이나 인물의 적합성을 위해 시도한 표현이라고 보기에는 지나치게 희극적이기 때문이다. 또 다른 인물의 붉은 저고리에 검은 바지는 의상 자체가 조화롭지 못할 뿐 아니라, 시광이라는 이미지와도 큰 개연성이 없어 보인다. 단순히 '웃음' 또는 '보는 재미'를 위한 과감한 시도로 해석할 수 있다. 공연의 희극성 수용은 〈한낮의 꿈꾸는 사람들〉 이후 〈승자와 패자〉에서도 나타난다.

'라리-다-란드' 역인 송재로씨는 열정적이고 양심적인 인간 묘사는 어느 정도까지 잘 표현하였다고 하겠으나 역에 맞지 않는 청개골이 웃음(깔깔웃음)과 너무나 지나치게 머리를 기웃기웃하는 병적 표정을 볼 때 회의감이 낫다.[62)]

9회 공연인 〈승자와 패자〉 역시 박송에게 호평을 받지 못하지만, 배우들이 의도적으로 청개골이 웃음을 웃었다는 것 역시 관객의 웃음과 재미를 위해 희극성을 적극적으로 수용하였음을 입증한다. 또한 10회 공연인 〈어머니〉에 대해서도 "좀 더 심각미 있는 연출을 보여주었으면 한다"는 이운곡의 평을 보면, 극연 2기의 화술은 1기에 구축된 상대역에 반응하는 화술에 희극성을 위한 과장이 추가된

---

62) 박송, 「극예술연구회 제9회 공연을 보고(2)」, 『동아일보』, 1936년 3월 5일자.

것으로 보인다.

그렇다면 희극성이 의도적으로 수용될 때 배우의 화술은 어떤 양상일까? 앞에서 살펴본바와 같이 배우가 의사소통이나 어떤 이미지를 표현하려고 지나치게 흥분할 때, 자신을 관객에게 인상적으로 남기고자 할 때, 자신이 생각하는 것을 흥미롭다고 주장할 때 긴장감이 발생하기 쉽다. 긴장은 신체의 긴장을 야기하고 발성기관과 목의 긴장으로 이어진다. 목의 긴장과 유형적 표현에 따른 화술이 어떠한 양상을 초래하는지 다음의 글을 참고하기로 하자.

> 지나치게 목에 힘을 가함으로써 긴장이 오면, 소리가 지나가는 통로가 좁아진다. 이러한 경우가 흔히 낮은 부위인 인두와 가슴의 공명기관을 울리지 못하게 하여, 중간이나 그 위의 울림방에서 소리가 증폭되는 것을 막는다. 그러면 소리는 가볍고 높아져서 귀에 상당히 거슬리게 된다. 때로는 남자다운 소리를 내거나 잘 조절된 소리를 내려고 무의식적으로 목을 긴장하는 경우가 있다. 그렇게 되면 후두가 압박을 받게 되어 후두의 아래쪽 공간에서만 공명을 한다. 단조로운 크고 깊은 소리가 나지만, 음역의 윗 부분이 주는 밝음과 색조는 없어진다.[63]

이러한 링클레이디의 글을 참고하면 극연 배우들의 화술은 이미지 표현을 위해 음정이 고정되었을 가능성이 크다. 화술에서 배우가 자신의 전 음역을 골고루 활용하는 것이 아니라 인물에 따라 음조의 틀을 무의식적으로 결정하고, 그 틀의 범주 내에서 화술을 전개하는 것이다. 그렇다면 극연 2기 창작극에서 배우들은 번역극에서의 기계

---

63) Kristin Linklater, *Freeing The Natural Voice*, p. 13.

적 화술을 극복하고, 상대역에 대한 반응에서 비롯되는 리듬을 생성하였지만, 감정과 희극성이 추가되면서 대사를 일정한 음정에서 고정시켜 전개했다는 결론이 도출된다.

1.2.2. 대극장의 전시적(展示的) 화술표현

극연 2기 극장의 여건은 어떠했을까? 극연은 2기부터 경성공회당의 공연을 지양하고 대극장 공연을 선호하여 공연의 대부분을 부민관에서 올렸다. 부민관은 "1935년 12월에 준공된 대강당, 중강당, 소강당의 시설을 갖춘 당대 최고의 극장으로 대강당은 3층의 1800석의 좌석이었고, 중강당은 좌석 400석에 입석 1000석이었으며, 소강당은 좌석 160석의 규모였다".64) 부민관의 내부 구조를 이운곡의 글을 통해 알아보기로 하자.

> 3층으로 된 2천에 가까운 객석, 방음장치의 완비, 구비된 조명장치. (…중략…) 그 위에 무대와 관객석과의 유기적 연각, 무대상의 거리의 확장, 연기의 크로즈업의 가능성 등의 독특한 기능을 가진 조립식 화도의 설비가 있고, 무대 전면에는 커다란 오케스트라 박스의 설비까지 잇다. 그러나 이 극장은 관객석에 비하여 무대 전체가 너무나 협소한 것과 푸로시니엄 아취가 낮은 것, 그리고 가장 큰 결함으로는 호리존트가 전혀 없다는 것이다.65)

---

64) 유민영, 『한국근대극장 변천사』, 태학사, 1998, 274쪽(이에 비해 김동원은 1800석이 되지 못했다고 한다).
65) 이운곡, 「조선신극운동의 당면과제」, 『조광』, 1937.2.

이운곡의 2천석의 객석이라는 것으로 보아 대강당의 설명인데, 주목할 것은 '방음장치가 완비'되었다는 것이다. 극장이 흡수할 소리는 흡수하고, 반사할 소리는 반사할 때, 배우의 발성이 객석의 뒤까지 잘 들리는데 이운곡이 언급한 '방음장치의 완비'가 정확하게 무엇을 의미하는지 알 수는 없다. 그러나 극장 시설이 전반적으로 발전된 것으로 보면, 큰 소리로 대사를 전개할 부담은 경성공회당에 비해 감소되었고, 소리를 지르지 않아도 들리는 무대는 대사를 구어적 화술로 전개하는데 도움을 주고 있음을 유추할 수 있다. 한편 조명에 관해 김일영은 "조명이 장치를 죽이고 살릴 수 있다. 들으니 부민관은 조명설비가 꽤 좋다고 한다. 이것을 잘 구사하여서 장치자의 의도를 잘 살리는 조명자의 적극적인 협력을 굳이 바라마지 않는 바이다."[66]라고 당부한다. 부민관의 조명은 당시로서는 상당히 이상적인 조건을 갖추었던 것이다.

그런데 스타이언의 견해와 같이 "공연장의 건축 형태가 연기와 공연의 유형에 대해서 많은 것을 알려"[67] 주기에 극장의 구조를 알아보는 것은 필수적이다. 다행히 부민관의 무대와 객석을 일면이라도 볼 수 있는 공연사진이 남아 있기에 사진을 통해 극장의 전체적 모습을 살펴보기로 하겠다.[68]

66) 김일영, 「장치자로서의 말: 극히 단편적인 수감(隨感)」, 『극예술』, 1936.5.
67) Styan, J. L., *The Dramatic Experience*, Cambridge University Press, 1965; 장혜전 옮김, 『연극의 경험』, 소명출판, 2002, 28쪽.
68) 『동아일보』, 1936년 5월 30일자.

[사진 3]

이 사진은 부민관에서 공연한 극연의 〈호상의 비극〉의 한 장면이
다. 사진에서 보듯 무대는 기본적으로 객석과 거리감을 유지한다.
또한 김일영이 언급한 관객과 유기적 연결이 된다는 조립식 화도는
보이지 않는다. 화도를 활용했을 가능성은 있지만 이에 대해 이원경
의 "부민관 공연에서 화도를 활용한 적이 없었다"[69]는 회고를 감안
하면 화도의 사용이 일반적이지 않았던 것으로 추측된다. 그렇다면
프로시니엄 무대인 부민관에서 극연 배우들의 연기는 기본적으로
관객을 향해 전시하는 양식이었을 가능성이 높다. 다시 말하면 구어
적 대사와 부민관의 방음장치 완비로 구어적 화술의 전개는 가능했
지만, 관객을 향해 펼쳐 보이는 듯한 낭만주의적 연기, '관객을 무대
앞에 앉혀 놓고 그들에게 서비스를 하겠다는 입장으로 배우들의 등
장으로부터 퇴장에 이르기까지 모든 움직임이 관객을 위하여 펼쳐

---

69) 이원경, 본 연구자와의 전화 인터뷰, 2007년 2월 2일자.

보이는 형태'70)는 불가피했다는 것이다. 다음 이원경의 구술은 부민 관의 실제 크기뿐 아니라, 당시 연극인들이 체감하는 부민관의 크기 에 대한 정보이므로 주목을 요한다.

부민관은 강당으로 만든거야. 사실은 공회당이나 마찬가지야. 남산 에 있는 국립극장보다 조금 더 적어. 근데 그때로는 굉장히 컸어. 객석 에서 무대를 보면은 무대 바닥으로 말하면 폭이(가로─필자) 40자야. 그리고 높이가(무대 바닥을 기준으로 세로─필자) 20자? 그 정도밖에 안될 꺼야. 계산해봐. 근데 객석에서 볼 때 시원하고 좋았어. 객석은 경사가 진 편이지만 지금처럼 많이 올라가진 않았고, 지금은 아무것도 아닌데, 그때는 무대가 너무 커서 장치하기 참 힘들었어.71)

이원경의 구술이 흥미로운 것은 당시 연극인들이 체감하는 부민 관의 크기이다. 부민관의 실제 크기는 현재의 시점에서 본다면, 가로 13.2 미터, 세로 6.6 미터로 분명 큰 무대는 아니다. 그러나 이원경의 회고와 같이 이 같은 무대가 스탭에게 '너무 커서 장치하기가 힘들 게' 느껴졌다면, 배우 역시 실제 이상으로 무대와 객석을 크게 느꼈 을 것이다. 큰 무대와 큰 객석을 의식한 어떠한 화술이 전개되었음을 추측할 수 있는데, 다음 극연의 〈무기와 인간〉의 공연사진을 토대로 2기 부민관에서의 전반적인 공연양식을 추정해보고자 한다. 〈무기

---

70) 이 장에서 거론하는 낭만주의적 연기양식이란 서구 낭만주의에서 나타나는 형태로, 관객 을 무대 앞에 앉혀놓고 그들에게 서비스를 하겠다는 입장을 의미한다. 배우들의 등장으 로부터 퇴장에 이르기까지 모든 움직임이 관객을 위하여 펼쳐 보이는 형태를 취한다. 따라서 배우의 위치는 물론, 움직임이 평면적으로 전개되어 관객에게 인물의 전면만을 펼쳐 보이는 극 진행이 된다(안민수, 『연극연출: 원리와 기술』, 196~197쪽 참조).

71) 이원경, 본 연구자와의 전화 인터뷰, 2007년 2월 2일.

와 인간〉은 극연 제4회 공연이므로, 초기를 벗어나 2기에 가까워진 동시에, 동일한 프로시니엄 무대를 전제로 하는 배재강당에서 올린 공연이므로, 극연 2기의 연기양식과 유사성이 크다.[72]

[사진 4]

이 사진에서 확인되듯, 배우들은 기본적으로 관객을 향해 서 있다. 물론 신파극에서와 같이 정면이 아닌, 옆모습을 보이기도 한다. 그러나 오른쪽 여배우의 몸짓과 손짓을 보면, 배우를 향한 손짓이라기보다는 관객을 의식하여 관객에게 보여주기 위한 손짓임이 드러난다. 부민관에서의 공연은 위의 공연과 2년여의 차이가 있으므로 보다 자연스러워졌을 가능성이 있지만, 기본적으로 프로시니엄 무대의 공연이라는 점을 감안하면 큰 변화를 기대하기는 어려울 것이다.

이상을 종합하여 극연 2기의 화술을 다음과 같이 정리해보고자 한다. 극연의 2기 활동을 주도한 유치진을 비롯해서 극연은 1935년

72) 유민영, 『동랑유치진전집』 9, 부록 발췌.

부터 본격적으로 '창작극'과 '관중본위'의 연극을 모색하는데, 창작극의 출현으로 배우들의 화술은 기계적 어조를 극복하게 된다. 한편 유치진은 연극이 관중본위로써 수행되어야 하며, 무식한 사람이나 유식한 사람을 물론하고 모든 계급의 사람을 지향관객으로 삼아 모든 계급에게 다가가는 '재미있는 연극'을 추구한다. 그에 따라 희극적 요소, 즉 관객에게 웃음을 줄 수 있는 요소가 적극적으로 수용되어 배우들은 이미지의 과도한 표출과 유형적 인물표현에 따라 발성기관이 긴장하는 양상을 빚는다. 이로 인해 배우들의 화술은 음조가 일정한 음정에서 고정된다. 뿐만 아니라 극연 2기의 프로시니엄 무대인 부민관은 배우가 관객에게 전시하는 화술의 전개를 강화시키는 주요인이 된다. 관객에게 들려주는 듯한 화술은 관객을 의식하며 말함으로써 극적 리얼리티를 상실시키고 사실성이나 일상성을 감소시키는 결과를 가져온다고 하겠다.

1.3. 대중성 지향과 감정표현의 확대

극연의 3기라 할 수 있는 극연좌와 1941년 발족한 현대극장의 화술을 하나로 묶을 수 있는 이유는 첫째, 유치진이 언급한 '로맨티시즘'의 지향과 대극장 부민관의 사용이 2기 중반 이후, 3기 극연좌, 현대극장의 공통분모라는 점이다. 1937년 5월 극연 2기의 활동을 마감한 한 달 후 '로맨티시즘'에 대해 언급한 유치진의 다음 글을 보기로 한다.

비교적 소규모의 극단까지도 부민관 같은 대무대를 쓰게 되는 관계로 지금까지 레알리즘에만 충실햇던 작품은 빈(空) 데가 잇고 기름기가 없어 **빡빡**하기만 합니다. 그러니까 말초적(末梢的)인 레알리즘에만 구속되지 말고 좀더 인간의 자유스러운 감정─공상, 희망, 분노, 이데올로기 등을 배태(胚胎)한 로맨틱한 수법(手法)이라야 일반 독자나 관중을 에필할 수가 잇을 것입니다.[73)

유치진은 인간의 공상, 희망, 분노 등의 감정이 자유스럽게 표출되는 연극 또는 연기양식을 '로맨티시즘'이라고 보며, '로맨티시즘'을 지향해야 하는 이유로 일반 독자나 관중에게의 에필(호소)을 들고 있다. 그런데 이 주장은 박영정의 해석과 같이 "문예사조나 창작방법상의 로맨티시즘을 펴기 위한 것이 아니라, 그 시기 그의 지론인 연극전문화의 방법의 하나인 대극장 연극을 실현하기 위한 무대적 표현 수법으로서 제시한 것"[74)으로 보인다. 유치진이 하루 뒤 조선일보에 발표한 다음의 글도 그 같은 사실을 뒷받침한다.

나는 신극의 새로운 목표는 대극장에서 출발하지 안흐면 안 됨을 주창하는 자이다. (…중략…) 그러나 오늘의 조선 신극은 아직도 그 극술에 잇서서 소극장적 잔여물(殘餘物)을 청장(淸帳)못하고 잇다. 진실로 나는 대극장에 창일(滄溢)할 만한 희곡과 무대기술과 연출의 출현을 목이 마르게 기다리며 마지 안는 것이다. 희곡에 잇서서나 무대미술에 잇서서나 연기에 잇서서나 위선 우리는 말초적인 리앨리즘의 폐해(弊害)를 버리자. 명일의 연극은 실로 관찰적인 리앨리즘의 세례(洗禮)를 받으면서 인생생활의 무한한 회원과 이념을 만족시킬 수 잇는 '로

---

73) 유치진, 「낭만성 무시한 작품은 기름 없는 기계(機械)」, 『동아일보』, 1937년 6월 10일자.
74) 박영정, 「전문극단론(1930년대 후반기)」, 『유치진 연극론의 사적 전개』, 태학사, 1997, 150쪽.

맨티시즘'의 새로운 대두(擡頭)로서 시작될 것이 아닐까.75)

 극연 2기와 3기간의 휴지기에 유치진은 대극장에 어울리는 희곡, 무대기술, 연출을 공연방침으로 내세웠고, 대극장에 부합한 화술을 로맨티시즘의 기법이라고 보았던 것이다. 현대극장의 화술은 창립 이전부터 배태된 대극장 연기양식에 대한 유치진의 관점이 반영되었고, 그에 따라 극연좌에서 현대극장까지의 화술은 공통점을 가질 수밖에 없는 것이다. 둘째, 극연 2기 말에서 현대극장 활동까지의 주요 레퍼토리가 동일하다는 점이다. 극연 2기에서 2회 이상 공연되었던 작품은 〈춘향전〉(2회)과 〈목격자〉(3회)이다. 흥미로운 것은 현대극장의 대표작은 일반적으로 〈흑룡강〉으로 알려져 있지만, 〈춘향전〉이 공연 횟수에서 최고 자리를 점한다는 것이다. 다음은 이상우의 조사를 토대로 작성한 현대극장의 공연표이다.76)

[표 4] 현대극장의 공연 레퍼토리

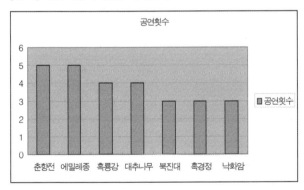

75) 유치진, 「신극운동의 한 과제」, 『조선일보』, 1937년 6월 11일자.
76) 이상우, 「1940년대 현대극장과 친일극」, 『근대극의 풍경』, 연극과인간, 2004, 129쪽 참조.

5회 이상을 공연한 작품은 표와 같이 〈춘향전〉과 〈에밀레 종〉이다. 극연 2기를 제외하고도, 극연좌에서 현대극장까지 가장 빈번히 공연된 레퍼터리가 전통극인 〈춘향전〉으로 동일하다는 것은 화술에서도 유사한 양식이 전개될 가능성이 높음을 시사한다. 셋째, 현대극장의 화술은 목적성에 따라 보다 웅장하며, 웅변적인 양상을 가졌다는 것이 기존의 견해인데, 이러한 견해는 대부분 희곡이나 비평에 의존하는 해석이다. 현대극장의 1회 공연인 〈흑룡강〉의 무대를 담당한 이원경의 구술을 주목할 필요가 있다.

국민연극은 특별히 이렇다 할 게 없어. 웅변을 할 줄 알아야 웅변을 하지. 스토리 같은 걸 그놈들이(일본－필자) 좋아하는 걸 조금 하면 돼. 달라진 건 내용이지 연기가 아니야. 배우의 연기술도 전혀 달라진 것도 없어. 능숙해졌다 할 뿐이지. 국민연극은 특별한 연극으로 보면 안 돼. 일본 놈들한테 아부하느라고 하는 건데, (연기술에서－필자) 국민연극은 '이런거다' 할 만한 게 없어. 그냥 대사 주고받고야. 극연 후반이나 국민연극이나 그놈이 그놈이야.[77]

이와 같이 이원경은 국민연극에서 배우들의 화술에 특기할 어떤 사항도 없었음을 밝힌다. 또한 현대극장은 '국민연극 수립을 위한 신진 연극인의 양성, 국민연극 이론의 체계화, 희곡 생산에의 협력을 위해 극단 부설로 국민연극연구소를 설치하고 소장에 함대훈을 임명한 바 있다.'[78] 그런데 이원경은 "국민연극연구소 교과목 중의 하

---

77) 이원경, 연구자와의 개인 인터뷰, 2006년 11월 25일, 용인 자택.
78) 이상우, 「1940년대 현대극장과 친일극」, 『근대극의 풍경』, 118쪽.

나인 배우술에서도 연기에 관해서는 어떤 교육도 이루어지지 않았다."[79]고 말한다. 물론 희곡 내용의 변화에 따라 이원경이 포착하지 못하는 화술에서의 미세한 변화가 이루어졌을 가능성은 있다. 그러나 최소한 '국민연극'의 특징적 화술이라고 뚜렷이 제시할 수 있을 정도의 변화는 없다고 하겠다. 앞에서도 살펴보았듯이 극연좌 활동 이전부터 유치진이 대극장에 적합한 화술을 모색한 점, 극연좌와 현대극장 모두 부민관에서 공연한 점, 가장 최고의 공연 횟수를 점한 레퍼토리가 동일하다는 점을 고려할 때, 이원경의 주장은 타당하다. 따라서 여기에서는 극연좌와 현대극장을 한 선상에 놓고 대표작인 〈춘향전〉, 〈흑룡강〉, 〈에밀레종〉을 중심으로 화술의 특징을 살펴보기로 하겠다.

1.3.1. 대사의 운문성 수용

극연 2기, 극연좌, 현대극장에서 자주 공연한 작품은 앞에서도 살펴본 바와 같이 〈춘향전〉이다. 먼저 〈춘향전〉의 대사를 보기로 하자.

변학도: 참 그린가 보오. 우리끼리 말이지마는 오늘 이 잔치를 베푸노
　　　　라고 참 힘드럿 소. 대주소호 분등해서 쌀과 돈을 좀 바더들이
　　　　는데 당초에 모혀야지. 그래서 하다못해 백성놈들을 —
운봉영장: 쉬— 조심하오.
변학도: 쉬는 무슨 쉬요. 한 고을 원으로 안저서 글쟁이질 해먹은 사람
　　　　이 어듸 우리 뿐입디까? 이 세상에 재물보고 욕심 안 내는 놈

---

79) 이원경, 연구자와의 전화 인터뷰, 2007년 1월 14일.

이 잇다면 그놈이 더 큰 도적놈이지오.

담양부사: 허허허 - 그 말슴 참 간주로구료. 그것 명언이오[80]

대사는 뚜렷한 운율을 내재했다고 볼 수는 없지만, '대주소호 분등해서 쌀과 돈을'의 4.4조 식이나 '한 고을 원으로 안저서 글쟁이질 해먹은 사람이'의 3.3조 식의 대사는 산문이라기보다는 운문적 색채가 짙다. 여기서 유치진의 글을 통해 이 같은 운문적 리듬이 극작 의도에서 비롯된 것임을 확인해보겠다.

그러나 그 대신 다분의 음악적 '효과'로써 춘향전의 풍부(豊富)한 음악적 여운(餘韻)을 나타내보려 하엿습니다. 그리고 대사에서도 춘향전의 운을 되도록 살려보려고 애쓴 것입니다.[81]

잘 알려진 바와 같이 춘향전은 우리의 창극이며, 풍부한 운율이 그 특징이다. 춘향전을 각색한 유치진은 위의 글과 같이 의도적으로 운을 살려보려 했는데, 대사 자체가 운문적 리듬을 내재할 때 배우들은 연기에서 운문적 리듬을 의식하게 된다. 일상적 화술과는 구분되는, 조금 더 확대하면 운문적 화술이 전개되는 것이다. 다음 역사에서 소재를 취한 〈에밀레종〉의 대사를 보아도 유치진의 '로맨티시즘'은 운문성을 기조로 함이 명백해진다.

얼골도 이렇게 흉하게 된 몸...저를 위해서 다시 눈을 멀게 한 그분! (5막)[82]

---

80) 『조선일보』, 48~49회, 1936년 4월 2~3일자.
81) 『극예술』 5권, 22쪽.

〈에밀레종〉의 대사 역시 3.3조, 4.4조의 시조적 운율이 짙게 배어 있다. 역사극을 위한 고어적 어조가 운문성의 요인이지만, '얼굴도 이렇게 흉한 몸', '저를 위해서 다시 눈을 멀게 한 그분'과 같은 시적 어미처리 역시 문장의 끝을 종결형으로 내리는 것이 아니라, 문장의 끝을 올려 종결시키도록 유도함으로 운문적 여운을 남기는 것이다. 배우들이 일상적으로 화술을 전개하기는 불가능하다. 결국 일정한 스타일을 갖춘 화술의 전개가 불가피한데, 다음 유치진의 글은 대극장 화술에 대한 중요한 단서를 제공한다.

더구나 요즘 조선신극이 부민관과 갓튼 대극장에 의거(依據)하기 되매 우리의 종래 쓰든 '리알'수법은 만흔 정리와 수정을 요하게 되엇다. 현실 그대로의 '리알'은 결코 '리알'로 통용 안 되는 까닭이다. 라인할트가 지적(指摘)한 바도 잇거니와 소극장에서 손구락을 움저겨서 이해되는 동작은 중극장에서는 손을 드러야 통용되고 대극장에서는 팔을 처들어야 비로소 통용된다는 사실은 비근(卑近)하나마 극장 여건에 준(準)하는 '리알'의 수정을 암시한 것이 아닐까 한다. (…중략…) 우리는 '리알'의 수정에서 장차 양식화된 연극에까지 나아가지 안흐면 진실로 대극장에 창일(漲溢) 할 연극은 바라기 어려운 것이다. 예술의 양식화는 '리알'의 정반대적 입장에 서는 자일지 모른다. 그러나 그 양식화란 다른 것이 아니다. '리알'한 생활의욕의 '에스프리'를 최고도로 고조할 적에 거기서 양식화의 문제가 필히 문제될 것이 아닐까 한다.[83]

---

82) 에밀레종의 공연대본은 『한국극예술연구』, 1999의 부록에 실린 자료를 참고하였다.
83) 『매일신보』, 1938년 1월 5일자.

유치진은 1938년 대극장 연기양식에 대해 논하면서 '양식화'를 거론한다. 구체적으로 배우의 동작이 일상의 동작보다 커야 한다고 밝히는데, 이러한 단서를 보면 배우의 화술 역시 일상적 화술이 아닌 운문적 대사와, 대극장에 적합한 양식화된 화술, 다시 말하면 읊거나 음악적 여운이 배어 있는 화술이 장려되었음을 알 수 있다.

1.3.2. 어감(語感)의 감정 강화

현대극장은 전문극장으로 전환하면서 창단과 동시에 강홍식을 스카우트 하는 등 배우진을 보강하며, 월급제를 실시하고 전문극단으로의 면모를 갖추어갔다. 기존의 연구와 이원경의 회고를 토대로 현대극장 배우들의 목록을 만들면 다음과 같다.

[표 5] 현대극장 배우들

배우	활동배경
이백수	윤백남과 신파극에서 활동
강홍식	대중극 계열의 배우, 프리랜서
양훈	악극단 계열의 배우, 코믹한 역을 주로 담당
김일영	무대장치가
이웅	극연 계열의 배우, 흑룡강 이후 극단을 나감.
마완영	동경학생예술좌 계열, 흑룡강 이후 극단을 나감.
윤방일	극작가로 활동, 이후 신협에서 활동
강정애	극연 계열의 배우
전옥	대중극 계열의 배우, 다빙면에서 활동
김영옥	이전의 연극 활동은 없음, 현대극장의 주연을 담당
유계선	대중극 계열의 배우, 동양극장에서 활동한 유명 여배우
김양춘	동양극장 계열의 배우
김동원	극연좌에서 활동, 흑룡강 이후 해방까지 활동을 안함.
이해랑	극연좌에서 활동, 현대극장 3회 이후 해방까지 활동을 안함.

표에서 알 수 있듯이, 현대극장의 배우들은 극연, 동양극장, 악극단 배우 등 다양해졌고, 1회 공연 이후로 극연 계열의 배우들은 극단을 나감으로 현대극장의 배우들은 대중극 배우들로 보완되었다. 여기에 관객층의 변화 역시 자연스럽게 뒤따랐다는 이원경의 구술을 주목하기로 하자.

　　동양극장, 대중극의 관객들은 서울의 상류계급이 아니었어. 상류계급은 상인들하고 같이 앉아서 연극 보는 것을 불편해했거든. 서민, 다시 말하면 상인들과 화류계의 여성들이 주요 관객이었는데, 그 관객들이 현대극장의 관객들이 된 거야. 종로의 상인들, 무교동의 장롱 만드는 사람들, 그런 사람들. 1회 흑룡강 때 관객들이 많이 왔는데, 객석이 꽉 차면 6~7백명 정도 됐을까? 그런데 그 정도는 1회 뿐이었어. 지식인들이 만든 전문극장이었기 때문에 호기심으로 관객들이 많이 온 것 같애.84)

유치진이 창단공연인 〈흑룡강〉의 관객층을 '한정된 지식층이 아닌 모든 계층을 망라한 대중'85)으로 설정한 것과 이원경의 위의 구술을 참고하면, 현대극장의 관객은 더 이상 소수의 지식인이나 학생이 아닌, 일반계층으로 확대되었음을 알 수 있다. 배우진의 확대와 일반

---

84) 이원경, 본 연구사와의 전화 인터뷰, 2006년 12월 8일.
　　관객에 대해 언급한 『삼천리』의 기사는 이원경의 인터뷰와 차이를 갖는다. 『삼천리』에 실린 기사에 의하면, '3일간 5회 공연에서 관객 9,240명을 동원하여 6,746원의 수입을 기록했다고 한다(현대극장, 「흑룡강 공연보고」, 『삼천리』, 1941.7, 28~29쪽; 이상우, 「일제말기 유치진의 만주 체험과 친일극」, 『근대극의 풍경』, 156쪽 재인용). 하지만 객석이 가득 찰 때가 최대 700명이었다는 이원경의 회고를 전제로 하면, 5회 공연을 다해도 관객은 최대 3500명이었을 것으로 보인다.
85) 유치진, 「국민연극의 구상화 문제: 흑룡강 상연에 제하여」, 『매일신보』, 1941년 6월 5일자.

계층의 관객을 지향한 사실로 볼때, 현대극장과 대중극단은 점차 그 변별성이 사라진다고 하겠다. 이에 따라 현대극장의 화술 역시 대중극 배우의 화술과 유사해질 가능성이 상당히 높은데, 주목할 것은 연습방식이다. 현대극장은 연습시간에 있어서 대중극단에 비해 장시간을 할애했고, 프롬프터를 두었지만 배우는 기본적으로 대사를 암기했다.

> 현대극장은 수지를 맞추려고 지방공연을 1년에 반 정도를 다녔어. 지금같이 남한뿐 아니라 그땐 전국 13개도였는데, 곡간차라는 것이 있었어. 무대는 곡간차로 운반했어. 무대부는 3명 정도 였는데, 그 무대부 사람들이 장치를 했고, 다 월급 받고 있었지. 연습은 많이 했어. 3주 이상, 4주 정도였던 것으로 기억하는데 대사는 외우게 하고. 프롬프터가 완전히 없어진 것은 아니야. 어느 공연은 프롬프터 없이 하기도 하고, 어떤 공연은 프롬프터가 있기도 했어.[86]

공연연보를 보아도, 현대극장의 새로운 작품공연의 평균횟수는 1년에 5작품이다. 한 해 5작품을 새로이 공연하고, 지방순회 공연의 시스템을 갖춤으로써 대사를 암기하고 한 작품에 긴 연습시간을 할애한 것이다. 그에 따라 대중극단의 즉흥적인 연기양식은 지양되었다. 뿐만 아니라 연기훈련 방식도 대중극단과 차이가 있었다. 현대극장의 창립부터 해체까지 연출자는 유치진, 서항석, 주영섭, 인영일이었다. 박영정의 조사를 토대로 연출자를 연출횟수 순으로 정리하면 다음과 같다.[87]

---

86) 이원경, 본 연구자와의 전화 인터뷰, 2006년 12월 8일자.

[표 6] 현대극장 연출가의 연출작품 횟수

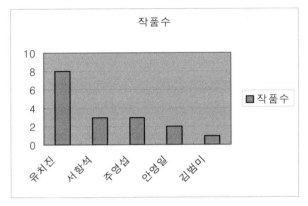

표에서 알 수 있듯이 가장 많은 연출은 유치진이 담당했다. 1934년에서 1935년까지 재도일하여 연극공부를 하고 돌아온 이후, 유치진의 연습은 이원경에 의하면 "가서 수건을 가져와라. 그리고 그것으로 여자의 눈물을 닦아 주어야 한다. 너는 어떤 마음이었느냐."[88]는 식이었다고 한다. 초보적이지만, 배우의 진실한 정서와 행동을 유도하는 연습방식을 도입한 것이다. 전일검은 극연 때의 유치진의 연출방법에 대해서 "연출자는 너무도 연기자를 구속하엿다. 움즉음에 잇서서나 대사의 놉히고 나춤에 이르기까지 너무도 세세한 부분까지 지시하여 주엇다. 이것은 연기자로 하여금 연기의 고정화를 초래식히는 가장 삼가야 할 일이다."고 평한 바 있다.[89] 이러한 연출법에 비한다면, 배우의 창의성을 도출하는 방법을 모색하고 있는 셈이다. 연습방식 역시 대중극의 즉흥적 연기양식과 구분된다. 그렇다면 배

---

87) 박영정, 『유치진 연극론의 사적전개』, 태학사, 1997, 183쪽 참조.

88) 이원경, 본 연구자와의 개인 인터뷰.

89) 전일검, 「극연에 보내는 말: 10회 공연비판을 중심으로(4)」, 『조선일보』, 1936년 4월 25일자.

우진이 확대되면서 일반관객을 지향한 극연 3기와 현대극장의 화술은 어떤 양상이었을까? 그 단서를 극중 인물에서 찾아보고자 한다.

〈춘향전〉의 등장인물은 이미 잘 알려져 있으므로 논의에서 제외하기로 하고, 〈에밀레종〉과 〈흑룡강〉을 중심으로 인물의 특징을 살펴보기로 하겠다. 다음은 앞에서도 인용한 〈에밀레종〉의 첫 장면이다.

> 얼굴도 이렇게 흉하게 된 몸, 궁중에 있은들 무엇하리이까. 더욱이 미취홀은 앞을 못보는 몸이 아니오니까. 눈이 뜰 수 있었는데도 저를 위해서 다시 눈물 멀게 한 그분! 일가가 있는게 아니오 친지가 있는게 아니오 양천부지에 몸부칠 곳이 없다 합니다. 저도 기왕 버린 몸이니 그를 따라가 산천초옥에서나마 그의 팔이 되고 그의 눈이 되어 나머지 일생을 가치하고저 하옵니다. (5막)

대사에서 알 수 있듯이 인물은 고전 소설적이다. 궁중을 마다하고 사랑을 따라 산천초옥으로 자진해서 들어가려는 이상화된 여성이 평면적으로 그려지기 때문이다. 김미도의 "함세덕이 항시 예술은 센티멘털리즘이라고 주장하며 그의 작품들에서 이러한 감상성을 기조로 감동을 자아냈다"[90]는 해석과 같이 인물은 다분히 감정적, 또는 감상적인 것이다. 감상적 인물이 구축되는 모습에 대해서는 다음 오정민의 글을 주목하기로 하자.

> 에밀레종과 같은 군중극에서는 인물의 성격이 유형적임을 면치 못하는 것이 통례지만 그 개념마저 모호하여 한 인물의 성격이 장면마다

---

90) 김미도, 『한국근대극의 재조명』, 405쪽.

달라진다. 극 전체로서의 초점이 없고 각 장면의 인물 구사며 동작 배치에 어색한 데가 많았다.[91]

오정민은 인물의 성격이 유형적임을 면치 못했다고 하며, '인물의 성격이 장면마다 달라진다'고 지적한다. 이 같은 글은 극적 흐름에 따라 인물을 구체적으로 구축하기보다는 배우들이 인물의 이미지에 치중하여 인물의 감정 부각을 우선시하고 있음을 말해주는 것이다. 〈흑룡강〉의 인물 역시 동일한 양상이다. 〈흑룡강〉의 공연대본을 통해 인물의 유형을 살펴보기로 하겠다. 다음은 주인공 성천의 대사이다.

> 성천: 사람이 재물예요, 사람만 잇스문 이 만주 넓은 들이 문전옥토가
>   되구 거기서 나는 곡식을 실어낼 기차두 놀수 잇잔수? 멀잔아서
>   저 대남문 앞으로 푹꽉푹꽉하고 기차가 지내다닐껄유. (1막, 16
>   쪽)[92]

이 대사를 보면 '잇스문', '잇잔수' 등 대사자체는 구어적 화술에 가까움은 분명하다. 농민의 투박한 어투가 어느 정도 대사에 묻어나는데, 다음 성천 대사에서 알 수 있듯이 인물은 극의 진행에 따라 농민의 투박함을 버리며 감정적 웅변가로 변모한다.

> 성천: 우리는 우리 사람끼리 싸워서는 안되겟습니다. 우리끼리 의조케

---

91) 오정민, 「'에밀레종'을 보고: 연극시평」, 『조광』, 1943.6.
92) 김재석, 「「흑룡강」에 나타난 계몽·선전의 기법과 작가적 의미」, 기념논총간행위원회, 유민영박사정년기념논집, 『한국연극학의 위상』, 태학사, 2002, 288쪽 재인용.

못산다문 여러 민족이 석겨사는 만주 이 넓은 땅에서 우리 어떠케 사나요? 우린 우리의 큰 뜻을 위해서 사소한 감정을 죽여야 합니다. (5막 31쪽)

성천: 정말 우리는 이 만주 때문에 얼마나 만흔 피를 흘렷는지 모른다. 허지만 날이 밝으문 삼월초하로 만주 새나라는 건국된다. 우리는 다가치 손을 잡구 우리의 생명을 이 나라를 위해서 바치기로 맹세하자. 그리고 이땅을 개척하노라구 희생된 거룩한 생명을 축복해주자. (5막 37쪽)93)

이와 같이 〈흑룡강〉의 인물은 연설을 위해 농민의 일관성을 잃으며, 설득의 대사를 전개하는데 그 방식에 있어서는 관객의 감정에 호소한다. 자연 인물 역시 감정이 부각되고, 평면적으로 구축될 가능성이 큰데, 다음은 이에 대한 박영호의 글이다.

토호 장학량이란 인물을 대체 어떤 성격의 소유자로 볼 것인가. 그가 적어도 일시 장학량과 더불어 정구정론만 주고받던 인물이라면 고집이라도 있어야 할 것이오 의협이라도 있어야 할 것이요 허다 못해 정부 격월과의 지독한 애정적 매력이라고 잇서야 할 인물이었다. 그러나 그는 종시 불변색의 호인으로 이럴 수도 있고 저럴 수도 있는 성격무색의 인물이었다.94)

박영호는 〈흑룡강〉을 전반적으로 호평하면서도 위와 같이 인물구

---

93) 유민영, 『한국연극학의 위상』, 태학사, 2002, 289~296쪽 참조.
94) 박영호, 「흑룡강의 인상」, 『매일신보』, 1941년 6월 11~12일자.

축에 대해서는 '불변색의 호인', '이럴 수도 있고 저럴 수도 있는', '성격무색'이라고 지적한다. 배우들이 도식적 인물로 인해 인물의 감정부각에 치중하는 일면을 시사하는 것이다. 주목하고자 하는 것은 배우가 등장인물의 감정을 부각시킬 경우 일반적으로 음조가 높아진다는 점이다. "당시 현대극장 배우들은 발성이나 화술훈련은 전무했다"[95]는 이원경의 인터뷰를 참고할 때, 화술은 상당히 높은 음조로 전개되었을 가능성이 크다. 배우의 감정부각과 흥분에 따라 호흡이 머리로 전달될 경우, 즉 머리가 공명하는 경우를 설명하는 시슬리 베리의 다음 글을 참고하기로 하자.

> 머리 공명은 특유의 날카로운 면을 가지고 있다. 그래서 빛나고 날카롭게 힘을 전달할 수 있고 소리는 잘 뻗어나가는 듯이 들린다. 그러나 가슴에서 나오는 진실하고 따뜻한 공명과 균형을 갖지 못하면, 이상하게도 실체는 없고 의미 없는 소리로 들리는 것이다. 다시 말하면 중심에 닿는 소리, 중심에 뿌리를 둔 소리가 아니기 때문에 그러한 소리는 리얼리티가 없는 것이다.[96]

이 같이 음조가 높아져 머리를 공명하여 대사를 전개할 경우, 가슴 공명과 균형을 이루지 못하면, 잘 뻗어나간다고 해도 구체적 의미전달이나 리얼리티가 상실될 가능성은 상당히 높다. 물론 이 같은 양상 모두가 현대극장 배우들의 화술에 적용된다고 볼 수는 없을 것이다. 그러나 극연 2기의 화술이 희극성을 수용하며 음조가 높아지는 양상

---

95) 이원경, 본 연구자와의 개인 인터뷰.

96) Ceceley Barry, *Voice and the Actor*, p. 41.

이었다면, 현대극장의 화술은 극중 인물의 감정부각에 따라 보다 높은 음조의 양태였고 이와 더불어 어조 자체에 실리는 감정 역시 한층 강화된 양상이었을 것이다. 따라서 극연좌부터 해방이전까지를 정리하면, 유치진은 대극장 공연을 염두에 둔 '양식화된' 연기 스타일을 모색하면서, 〈춘향전〉, 〈에밀레종〉에 의도적으로 음악성이 강화된 대사를 수용하여, 인물들의 감정적 또는 감상적 면모가 부각되었고, 이에 따라 배우의 화술은 일상적이거나 사실적이지 않은 어떤 스타일이 장려되어, 2기에 비해 한층 더 음조가 높아지고 감정을 강화했다고 하겠다. 굳이 서구의 사조와 견주어본다면 극연 2기와 마찬가지로 낭만주의적 양식에 가장 유사한 양상이다.

이제 극연 1기부터 현대극장까지의 화술을 정리해보기로 하자.

[표 7] 극연 1기부터 현대극장까지의 화술 특징

	극연 1기	극연 2기	극연 3기와 현대극장
감정	절제	부분적 수용 (희극적 요소 중심)	수용의 확대
화술	기계적	반응에서 오는 리듬의 생성 과장적, 음조의 고정화	운문적 리듬 생성 감정적, 한층 높은 음조

이같이 극연의 1기, 2기, 3기와 현대극장까지 10여 년의 기간은 '감정 절제'에서 '감정 수용'으로 이행하는 화술이라 하겠다. 극연 1기의 리듬 없는 기계적 화술은 극연 2기에 이르러 기계적 어조를 탈피하시만 음성은 고정화되며, 극연 3기와 현대극장에 이르러서는 감정이 확대되어 한층 높은 음조의 감정적 화술이 전개된 것이다. 따라서 이 10년의 기간은 일부분 사실주의적 화술이 나타났지만, 점차 서구의 사조의 낭만주의적 화술 양태와 가장 유사한 양상으로

전개되었다고 하겠다.

2. 운문적 영탄조 화술의 개화(開花)

해방직후 연극의 활동은 조선연극동맹(이하 동맹)이 중심이었으
며,[97] 해방기는 일반적으로 좌우익의 대립이 첨예한 시기로 간주되
고 있다. 그러나 '조선연극동맹'의 산하극단인 낙랑극회에 이해랑이,
혁명극장에 박제행이 배우로 활동하고, 우익 연극단체인 전선의 김
이식과 허집이 프롤레타리아 연극동맹의 맹원이었다는 것은 해방직
후 실상 좌우익의 대립이 극명하지 않았음을 시사한다. 이러한 분위
기가 양상을 달리한 것은 1946년 신탁통치로 좌우익 진영이 갈리면
서 미군정이 '좌익의 정치세력을 제압하고 정치적, 경제적, 이데올로
기적 헤게모니를 확보해 나가면서'[98]일 것이다. 1930년대 신극운동
을 전개한 극예술연구회 계열의 연극인들이 미군정에 우호적인 태
도를 보이며 1946년 말 극예술원[99]을 발족시키면서 좌우익 연극인

---

97) 1945년 12월 20일 결성된 연극단체이다. 해방 직후 송영, 안영일, 김태진, 이서향, 박영호,
   김승구, 나웅 등은 '조선연극건설본부'(이하 연건)를 조직하였는데, '연건'의 조직적인
   문제와 무성견석인 이론에 반기를 든 송영, 나웅, 강호, 박영호, 김욱, 신고송 등은 '조선프
   롤레타리아연극동맹'(이하 연맹)을 조직한다. '연맹'은 산하에 청포도, 일오극장, 해방극
   장, 서울예술극장, 혁명극장, 자유극장 등을 두며, 결성 후 한 달여 만에 전 연극인의
   9할 이상을 전취하게 된다. 연건과 연맹은 1945년 12월 20일 '조선연극동맹'으로 통합된
   다(이석만, 『해방기 연극연구』, 태학사, 1996, 20~22쪽 참조).
98) 김광식, 「해방직후 한국사회와 미군정의 성격」, 『역사비평』 제1집, 1987, 56쪽.
99) 1946년 북경에서 귀국한 이진순이 음악가 이(李)안드레아의 재정적 후원을 얻어 극단
   '극예술원'을 창립하여 이해랑, 김동원, 이화삼, 박상익, 장훈, 김선영, 김복자, 한선영
   등의 연기진영으로 맥스웰 앤더슨의 「목격자」를 이진순 연출로 연습에 들어갔다. 그리고
   유치진이 오랫동안의 침묵을 깨뜨리고 이 집단에 참여하였다(이진순, 「한국연극사 1:
   흥행위주의 극단창립의 모순점과 사회적 정세」, 『한국연극』, 1978.1, 48쪽).

들의 대립이 본격화된 것이다. 다음의 기사는 그 같은 상황을 잘 말해준다.

47년 3월 1일 서울에는 남산공원과 서울 운동장 두 군데서 3.1절 기념행사가 열렸다. 좌익의 민전주최행사는 서울 남산고원에서 '3.1 기념 시민대회'라 이름 붙였고, 우익이 주최한 대회는 서울 운동장에서 '기미선언전국대회'라 했다. 하오 3시께 시민대회가 끝나고, 시가행진에 들어간 두 대열이 남대문에서 충돌, 수명의 사상자가 발생했다.[100]

1947년 좌익과 우익이 별개의 3.1절 기념행사를 개최했듯이 좌우익 연극인들의 대립은 1946년 말부터 시작되어 미군정이 1947년 3월에 민중극장의 심영, 낙랑극회의 황철, 예술극장의 박학 등을 피검하면서[101] 더욱 본격화되었다. 좌익 예술인들의 피검은 결과적으로 좌익 연극인들의 연극 활동을 위축시켰고, 극예술원의 후신인 극예술협회(이하 극협)[102]와 극협의 후신인 신협이 1947년부터 서울 수복까지 연극계의 중심이 되는 데 일조했다. 그렇다면 사회적 정세와 밀접한 관련을 맺으며 출발한 극협 공연의 지향점이 민족의식의 고취와 조국애로 귀결됨은 자연스러운 수순이다. 유치진의 글을 보기로 하자.

첫째는 일제가 왜곡하고 날조한 우리 역사를 무대를 통해서나마 올

---

100) 김남식, 『남로당연구』, 돌베개, 1984, 276쪽.

101) 『민주일보』, 1947년 3월 30일자.

102) 극예술원은 5월에 극예술협회라는 명칭으로 조직을 개편한다. 고문에는 유치진, 동인에는 이해랑, 이화삼, 김동원, 박상익, 김선영이었으며 연기분과에는 김형식, 조백령, 김영운, 장훈, 조미령, 김복자, 강정애, 한성녀 등이 있었다.

바로 인식하자는 것이고, 두 번째는 지난 시대 애국자들의 참모습을 형상화하여 그들의 위대한 희생을 추모, 민족정기를 앙양하자는 것이었으며, 세 번째로는 하마터면 말살당할 뻔하였던 우리의 아름답고 바른 말을 되찾아서 배우자는 것이고, 네 번째는 그동안 파괴된 생활·인정·풍속을 되찾아 한국적인 모럴을 세우자는 것이었다.[103]

우리 역사를 무대에 올리고 지난 시대 애국자의 참모습을 형상하며 한국적인 모럴을 세우는 데 적합한 극은 역사극일 것이다. 해방직후 사극이 극협 레퍼터리에서 절대적 우위를 점하는 것은 유치진의 회고와 같이 '모두 그러한 시대적 추세에서 자연스럽게 배태된 것'[104]이다. 동시에 극협은 현대극장보다 한층 더 대중성을 지향해야 했다. '상업주의 연극을 지양한다'[105]는 것이 극협의 주요 강령이었지만 현대극장이 월급제였던 반면 극협은 배당제 운영 시스템을 적용했기 때문이다. 배우의 등급에 따라 비율제로 할당되는 배당제에서 관객의 적극적 유치는 무엇보다도 중요하다. 조국애라는 쇼비니즘과 낭만적 요소의 결합, 대중성의 적극적 지향은 곧 화술에 하나의 틀을 형성할 터, 이 같은 화술의 양태는 극협과 1950년 1월 발족된 극협의 후신인 신협[106]에 와서 뚜렷히게 니티난다.

---

103) 유민영, 『동랑유치진 전집』 9, 206쪽.
104) 유민영, 『동랑유치진 전집』 9, 206쪽.
105) 유민영, 『한국연극운동사』, 태학사, 2001, 314쪽.
106) 신협의 배우들은 남자배우에 이해랑, 김동원, 박상익, 주선태, 오사량, 박제행, 박경주, 최삼, 전두영, 송재로, 이화삼, 고설봉, 장훈 등이 있으며, 여자 배우에는 김선영, 유계선, 유해초, 백성희, 황정순이 이었다. 실제로 극단의 이름만 바뀌었을 뿐 극협의 연장이었다.

2.1. 역사멜로극과 비장조(悲壯調)

해방이후 극협은 신협의 창단 이전까지 창작극과 번역극을 공연했는데, 그 비율에서는 단연 창작극이 우세하다. 정주영의 조사를 토대로107) 창작극과 번역극을 비교하여, 가장 많이 공연된 작품을 순서대로 나열하면 아래의 표와 같다.

[표 8] 창작극과 번역극의 비교

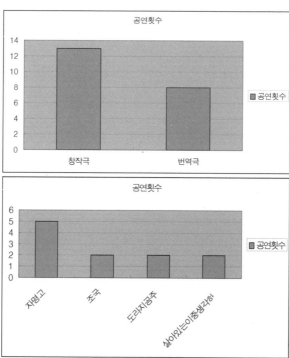

---

107) 정주영, 「극단 신협 사 연구: 1947년부터 1973년을 중심으로」, 동국대학교 석사논문, 200, 참조.

표에서 알 수 있듯이 공연 횟수가 많은 작품은 〈자명고〉, 〈조국〉, 〈도라지공주〉, 〈살아있는 이중생 각하〉 순서이다. 이 중 정주영의 조사를 빌려 첫 공연에서 관객이 3만여 명이나 몰렸다고 하는 〈자명고〉와 5만여 명의 관객이 동원되었다는 〈원술랑〉을 중심으로 배우들의 화술을 살펴보기로 하겠다.

2.1.1. 다양한 어조의 혼재

극협 화술의 전반적인 양태를 살펴보기 위해서 배우들에 관한 구체적인 정보를 알아보기로 한다. 다음은 극협 발족시부터 원술랑에 이르기까지 이해랑의 기록과 이원경의 인터뷰를 토대로 작성하였다.

[표 9] 극협 배우들

배우	활동경력
박상익	극연에서 활동, 희극적인 연기에 능함.
김선영	동양극장 활동, 이후 극협에서 활동
장훈	동양극장에서 연기시작, 1·4후퇴 시 대구 국립극장에서 연기
조미령	동양극장에서 연기시작, 이후 영화배우로 활동
김복자	극단 고협의 배우, 6·25 때 부산 대구에서 연극을 함.
강정애	극연 계열의 배우, 현대극장에서 활동
김동원	극연 계열의 배우, 흑룡강 이후 해방까지 활동하지 않음.
이해랑	극연 계열의 배우, 현대극장 3회 공연 이후로 해방까지 활동하지 않음.
박경주	일본극단에서 활동, 해방 후 극단 신청년을 조직해서 대표역임, 신협에도 관여, 대구 국립극장에서도 배우로 활동
주선태	이북출신, 피난시절 여러 군데를 다니면서 연기, 이후 극단 민극에 소속, 국립극단의 단원, 영화배우
박제행	동양극장 계열의 배우, 아랑에 소속되어 있었음, 해방 이후 좌익계열에서도 연기활동
백성희	해방 전 반도 가극단에서 활동

표에서 알 수 있듯이 극협의 배우들은 극연, 동양극장, 아랑, 가극단 등 기본적으로 다양한 배경을 갖는다. 다양한 배경은 다양한 화술을 야기할 가능성이 큰데, 그에 대해서는 다음 이원경의 구술을 보기로 한다.

흥행극단에 있던 배우들, 유명한 황철이나 심영이 있는 아랑의 남자 배우들은 관객을 사로잡을 수 있는 능력이 있는 배우들이야. 기술적으로 능통한 사람이거든. 관객들의 심리를 잘 파악하는 능력이 있어. 신극하는 배우들은 머리에 든 것은 있어. 이론적으로 연극을 아는 것은 있는 거지. '연극이 뭐다. 작품을 어떻게 써야 한다' 등은 알고 있는데 실제로 움직이는 것은 경험이 부족하고, 관객하고 직접적으로 무대와 객석에서 접촉이 거의 없었기 때문에(대중극 배우들에 비해 상대적으로 적다는 의미―필자) 표현력이 신파하는 사람들만큼 폭이 넓지를 못한 거야. 가령 이도령이 춘향이 보고 굉장히 반했다면, 굉장히 반한 거, 그거는 신파배우나 신극배우나 같다면, 그것을 관객에게 표현을 해야 하는데, 이것이 유치진 계통에 있는 배우는 경험부족으로 따라가지를 못해. 연기를 잘 하는 게 신극인 게(신극 배우인―필자) 아니야. 악극하는 사람은 음악을 가지고 대사를 하니까 연기력이 부족한 것은 아니야. 능수능란한 것은 신파하는 사람과 같아. 악극 연기가 신파랑 어떤 뚜렷한 구분이 있는 것은 아니고.[108]

이원경의 구술을 보면 기본적으로 1940년대 신극배우와 대중극 배우들은 화술에서 차이가 있었음이 추정된다. 극중 인물 정서의

---

108) 이원경, 본 연구자와의 전화 인터뷰, 2007년 2월 14일.

이해는 동일하더라도 대중극 배우가 관객의 감정자극을 위해 이원 경의 표현을 빌려 '출렁거리는 듯한' 화술을 전개한 반면, 신극 배우들은 무대 경험 부족과 신파적 화술지양을 위해 상대적으로 음조와 억양의 변화가 적은 '밋밋한' 화술을 전개했던 것이다. 악극 배우들은 신파극 배우들과 감정적이라는 면에서는 공통적 양상을 가지며, 이원경에 의하면 '신파 배우들과 별 차이가 없는', 그리고 오현경에 의하면 '신파적 연기보다는 자연스러운' 연기를 전개했다.109) 물론 극협의 〈자명고〉의 연출을 담당한 유치진이 이해랑의 회고대로 '자로 재는 듯한 치밀한 연출을 시도하며, 누가 언제 어디서 등장해 어떤 대사를 외느냐 하는 것에 큰 비중을 둔 것을'110) 감안하면, 배우들의 화술을 조율했을 수도 있지만, 극협의 제작 시스템을 볼 때, 다양한 어조의 혼재는 불가피해 보인다. 극협은 '매번 공연이 끝날 때마다 그 즉시 수입금을 몽땅 분배'111)하는 배당제로 운영했다는 이해랑의 글을 보기로 한다.

당시 신협은 서울에서 공연했던 작품을 가지고 매번 지방공연을 가졌었다. 그것은 단원들의 배당을 늘리기 위해서였다. 서울에서 아무리 성공한 작품이라 하더라도 서울공연 하나만 가지고는 배당금이 넉넉지 못했다. 제자비를 빼고 나면 고작 교통비 정도뿐 생활에 도움이 될 만한 배당은 불가능했다. 그래서 지방공연을 갖게 되는데 지방에서 얻어지는 수익은 고스란히 모두 단원들 손으로 들어 갈 수 있었다. 당시 연극 수입으로 생활이 가능했던 극단은 오직 신협뿐이었는데 이것이

---

109) 오현경, 본 연구자와의 개인 인터뷰.
110) 이해랑, 『중앙일보』, 1978년 11월 4일자.
111) 이해랑, 「남기고 싶은 이야기들」, 『중앙일보』, 1978년 11월 3일자.

배당제도에다 지방공연을 열심히 가졌기 때문에 가능했다.[112]

이와 같은 배당제 시스템은 극단대표보다 스타 배우의 입지를 공고히 한다. 관객은 스타 배우를 선호하기 마련이고, 극단의 입장에서 스타 배우는 흥행의 보증수표이기 때문이다. 다음의 글은 흥행의 보증 수표인 스타일 경우 그 위세는 연출가도 쉽게 통제할 수 없는 상황이었음을 잘 알려준다.

질투, 무식, 자만심으로 가득 찬 여자를 다스리자니 죽을 지경이었다. (…중략…) 심통을 부리면 연극을 할 수가 없으므로 단원들은 그녀의 비위를 맞추기에 급급했다. (…중략…) 이런 고질투성이인데도 김선영의 연기만은 일품이었다. 그 섬세하고 호소력 있는 연기는 관객들을 사로잡았으며 낭랑하고 차가운 것 같은 목소리이면서도 따스함이 스며있어 사람들을 열광케 했다.[113]

이와 같이 극협의 배우들은 뛰어난 연기력이 있다면, 다른 결점은 용납되었고 연출은 배우의 비위맞추기에 급급했다. 그렇다면 연출이 스타 배우의 개성을 침범하여 화술을 지도하기는 쉽지 않았을 것이며, 지도가 불가능한 상황이라면 배우의 개성에 따른 다양한 어조가 혼재되는 양상은 불가피할 것이다. 1950년 극협 〈원술랑〉에 대한 다음의 비평은 이러한 사실을 뒷받침한다.

112) 이해랑, 「남기고 싶은 이야기들: 조미령」, 『중앙일보』, 1978년 11월 17일자. 위의 기사는 극협에 대한 회고인데, 이해랑은 극협을 신협과 동일시하여 설명하고 있다.

113) 이해랑, 「남기고 싶은 이야기들」, 『중앙일보』, 1978년 11월 7일자.

연기진에서 원술은(김동원) 높은 어조로 일관하야 억양이 없이 뉴앙스가 없고 미모본위인바 좀더 인생체험에서 우러나와야 할 당연이 아닌가. 일막에서 김유신 장군과의 대화는 무슨 □□낭독 같다. 진달래 김선영은 청초 소박으로 되지 못하고 애티로만 일관하려 하는 것은 유감이고 일막에서의 진달래의 지장영준과 기□막에서의 차이가 너무나 크다. 김유신은 (박경주) 그저 문안했으나 2막에서는 좋다. 연출에 강요된 3막2장은 지나친 신파이다. 담준(주선태)는 무게 있엇고 협역으로 원수의 심리를 측면으로 입증하는 중요한 역을 담당했다. 문무왕 (이해랑)은 가장 빛나며 무게 있고 조용한 언□에는 전아(典雅)와 인정이 넘처 마음을 억눌렀다...1막은 가장 서툴렀고 문지기(박제행)은 더욱 신파풍이 다분하야 쓸데없이 관중을 웃기었으나 이 역은 무식과 솔직, □□가 삼중된 중요한 역이다. 대장 (장훈)역시 과장이 있었다... 공주 백성희는 어디까지나 악극형이다.[114]

이 기사는 당시 극협의 공연에서 혼재했던 다양한 화술에 대한 중요한 단서이다. 신극계열이라 할 수 있는 김동원은 어감보다는 장엄함에 치중한 높은 음조, 대중극 계열의 김선영은 애티가 나는 간드러지는 패턴 있는 화술, 박제행은 출렁이는 듯한 신파조의 회술, 백성회는 신파조보다는 자연스럽지만 역시 감정표현을 위한 굴곡 있는 억양의 악극조 화술을 전개했던 것이다. 이해랑은 연극의 최고 매력이 앙상블에 있다고 단언했지만, 실상 공연에서 배우들은 통일성, 또는 앙상블을 이루기보다는 각자의 연극배경과 개성에 따라 화술을 전개했다.

---

114) 원영초, 「국립극장인상기: 원술랑을 보고」, 『조선일보』, 1950년 5월 10일자.

2.1.2. 고어적 대사와 사극조

그렇다면 극협의 화술은 '혼재'이상은 아니었을까. 극협의 〈자명
고〉와 〈원술랑〉의 등장인물이 고귀한 신분의 왕족이라는 점에 주목
할 필요가 있다. 등장인물의 사회적 계급은 배우의 화술에 영향을
미치는 중요 단초이기 때문이다. 해방 이전 극연의 창작극인 〈토막〉,
〈버드나무 선 동리의 풍경〉, 〈촌선생〉, 〈자매〉 등의 등장인물은 모
두 서민층이나 하층민이었고, 현대극장의 창작극에서도 〈에밀레종〉
을 제외한 〈흑룡강〉, 〈대추나무〉, 〈황해〉 등의 등장인물 역시 모두
농민 또는 어민들이었다. 이에 비해 극협 사극의 등장인물은 대부분
왕족으로 변모한다. 고귀한 인물에 따라 대사에는 한자어와 극존칭
어미가 등장하는데, 다음 〈자명고〉의 대사를 보기로 한다.

> 공주: 왕자님의 소원이시라면 무엇인들 못하리이까?
> 호동: 그러면 나는 공주만 믿고 마음을 놓고 죽겠소. 번뜻이 죽겠소.
> 공주: 무삼일이 있드래도 왕자님이 돌아 가시어서는 안되나이다. 왕자
>   님이 돌아가신다면 제가 자명고를 찢은들 무삼 소용이오?[115]

유치진의 '하마터면 말살당할 뻔하였던 우리의 아름답고 바른말
을 되찾아서 배우자는' 의도가 반영된 듯, 대사는 '-리이까'- 나이
다' 등 고어를 모방한다. 대사는 고서(古書)에서도 쉽게 볼 수 있는
극존칭 어미이므로, 실증에 바탕을 두어 인물에 적합하게 구사되었
다. 이 같은 대사는 배우들의 화술에 영향을 미친다. 고어적 대사가

---

115) 〈자명고〉, 『유치진역사극집』(개정판), 현대공론사, 1955, 150쪽.

일상의 대사와 구분되는 리듬과 템포를 유도한다는 장민호의 구술이다.

역사극의 대사 리듬이 다 느린 것은 아니예요. 빠를 데는 빠르고 느릴 때는 느리죠. 그런데 대부분 역사극을 하면, 인물로서 배우들이 리듬을 타는 게 있어요. 말하자면 '전하께 아뢰오--'('오'를 길게-필자) 현대말로는 '회장님께 말씀 드립니다' 이겠지만, 사극이면 '영의정 대감께 아뢰옵니다-' 벌써 어투가 달라져요. 대사 자체가 우리 현대의 말이 아니기 때문에 그렇죠. 그 인물과 상황에 적합하게, 상대와 호흡을 맞추어서 리듬을 가져요. 현대는 '오빠 어떻게?' 이러지만, 사극은 '오라버니 - 그렇게 못하여요.'라든가 달라지잖아요? 그때 당시의 어투도 그랬을 것이고, 대사 자체가 그렇게 하게 되어 있어요. 왕한테 (경망스럽게-필자) '그럼 어떻해요?' 할 수는 없잖아요. (정중하게-필자) '그리하시면 어찌하시옵니까?'로 해야겠지. 왕은 만인지상이며, 일국의 왕인데 막말하면 인물에 적합하지 않지 않아요? 그 인물의 적합성이 있어요.[116]

장민호가 시연(試演)해 보이는 배우의 어조는 현재 사극의 화술과 다소 유사하다. 일상적 화술에 비해 템포가 느리며, '시엇나이끼' 등은 '엇'에 약간의 액센트가 들어간다. 배우 전무송 역시 사극에서 배우가 이와 같은 화술을 전개한다는 점에 동의한다. 또한 전무송은 사극을 연기할 때 한자에서 비롯되는 리듬이 배우의 화술에 또 다른 영향을 미친다고 덧붙인다.

---

116) 장민호, 본 연구자와의 개인 인터뷰, 2006.11.26, 대학로 구 모차르트 커피숍.

사극은 어떤 틀이 있다구. 알게 모르게. 예를 들어 대사 자체도 생활 대사와 '마의태자' 같은 경우에는 문장적인 대사, 시조라든가, 3.3.4조라든가 한문적인 리듬, 율격이 있단 말이지. 일생생활에서는 '밥 먹었냐?'이러는데, '진지 드셨사옵니까?'이런단 말이야. 그리고 예를 들어 한문에서 오는 그런 말을 많이 인용하잖아. 말을 허드래도 시조를 인용해서 하고 '그랬느니라'이런단 말이야. '했냐'가 아니라. 그러니까 말이 리듬을 타고 템포가 느려질 수밖에 없지. 풀어서 하고, 그러다보니까 동작까지도 말의 리듬과 템포에 따라서 움직여야 한단 말이야. 옛날 말을 듣지야 못했지만.117)

이와 같이 사극에서 배우는 한자어에 따라 3.3.4조의 시조적인 리듬을 타며, 템포가 느려지므로 〈자명고〉의 한자어가 섞인 단어들은 배우들의 화술이 시조적 리듬과 느린 템포로 전개되도록 영향을 미칠 것이다. 다음은 〈자명고〉의 대사이다.

왕: 천신(天神)이 공노할 대역지죄(大逆之罪)이어늘 그 자손인 너이들 조차 (…중략…)
호동: 단군께서 도읍하신 이 거룩한 신역(神域)에다가 어이하야 (장초를 가리키며)118)

대사에는 천신(天神), 대역지죄(大逆之罪), 신역(神域) 등 일상어가 아닌 한자어가 등장한다. 한자어는 한자의 리듬을 내재하며 일상적

---

117) 전무송, 본 연구자와의 개인 인터뷰, 2006.11.24, 화정동, 제노 커피숍.
118) 『유치진 역사극집』, 138~139쪽 참조.

으로 사용하는 말이 아니기 때문에 말 자체가 낯설어 일상에서 말하는 속도로 전개할 경우 관객은 알아듣기가 어렵다. 따라서 한자어가 섞인 대사는 어떤 배우든 자연 대사에 무게를 실으며 템포는 늘려 관객이 알아들을 수 있도록 배려할 수밖에 없다.

한편 작품이 공연된 극장을 살펴보기로 하자. 극협의 〈자명고〉는 국도극장(2회), 동양극장(4회), 성남극장(6회), 시공간(11회, 13회)에서 올려졌다.119) 연극전용극장이 아닌 극장에서 발성의 어려움을 다음 김동원의 글을 통해 알아보기로 하겠다.

이 한국 극장이라는 게 여직까지 원, 원 극장을 제대로 지은 극장이…제대로 없었어요. 영화관에서도 하고 막 그래가지고 이 발성이 나가기가 참 어려웠거든, 그니까 참 그니까 소리 지르게 되고 그렇게 되죠. 원, 극장을 제대로 지어야 하고…120)

김동원은 영화관에서의 공연 시, 배우의 입장에서는 대사 전달에 큰 어려움이 있었고 소리를 지르는 식으로 전개되는 것이 불가피했다고 회고한다. 쇼비니즘적 대사는 관객의 감정고양을 위해 감정적·비장적 어조를 기조로 한다. 그런데 그 같은 감정적·비장적 어조가 연극 전용극장이 아닌 영화관에서 전개되어야 한다면 긴동원의 표현대로 소리를 지르는 식, 또는 소리의 볼륨을 높이며 음조가 높아져 비극성을 강화시키는 양상으로 이어질 것이다. 또한 배우의 화술은 대사뿐 아니라 "인물들 간의 상대적인 중요성과 그 관계를 분명히

---

119) 정주영, 「극단 신협사 연구」 부록 참조.
120) 김동원, 구술 채록.

하는데 도움을 주는"121) 의상에도 영향을 받게 된다. 다음 〈자명고〉
와 〈원술랑〉의 공연사진으로 의상을 보기로 한다.122)

[사진 5] 〈자명고〉와 〈원술랑〉 공연사진

첫 번째 사진에서 공주 김선영의 의상은 치마의 폭이 풍성하고,
김동원의 의상 역시 팔의 소매가 길고 풍성하여 높은 왕관과 함께
왕자로서의 장엄함을 더해준다. 또한 두 번째 사진 〈원술랑〉 뒷줄에
있는 배우의 긴 수염과 무거워 보이는 장군의 의상은 인물의 무게감
을 부각시킨다. 이 같은 의상과 분장이 배우의 화술을 일정한 양태로
유도한다는 전무송의 구술을 보기로 하자.

양반은 양반 걸음걸이가 있고, 상놈은 상놈 걸음걸이가 있지. 그런
데 의상을 봐도 알아요. 양반은 댓님 매는 것부터가 다르지. 그리고
도포를 입고 그러고 나가지. 그런데 상놈은 그런 게 없거든. 예를 들면
바지 걷고노 나가고 그럴 수 있거든. 양반으로시의 규범이 있고 틀이

121) 밀리 S. 베린저, 이재명 옮김, 『연극이해의 길』, 평민사, 2002, 139쪽.
122) 왼쪽의 사진이 〈자명고〉이며, 오른쪽은 〈원술랑〉의 공연사진이다. 사진은 김동원, 『미
    수의 커튼 콜』, 태학사, 2003에서 발췌한 것이다.

있지. 그러니까 상놈이나 양반이나 같을 수가 없단 말이야. 복식에서의 틀이 있듯이 생활규범에서 틀이 있듯이, 예를 들면 앉는 자세라든가, 유교적인 사상에서 오는 규범이 있으니까 양반이라는 것은 규범에 매여 있고, 상놈은 규범에 매여 있지 않으니까 그것도 하나의 틀이라면 틀이겠지. 그래서 사극조는 리듬과 템포가 일상적이지 않았다는 거가 되겠지요. 그리고 옛날 말을 어떻게 해야지 이런 것은 없어. 한문을 인용했으니까 한문에서 오는 뉘앙스, 리듬, 템포 같은 것이 대사에도 녹아 있었죠. 그걸 추측해서 사극조를 만든 것이 아닌가 해요.[123]

이 같은 전무송의 구술은 실제 배우로서 체험한 사극 의상과 화술과의 상관관계를 설명함으로 극협 화술을 추정하는 데 중요한 도움을 준다. 배우들은 의상의 이미지에 적합한 화술을 전개하는데 왕족의 풍성하고 화려한 의상은 그에 따른 위엄 있고 절제감 있는 화술을 유도한다는 것이다. 전무송의 시연에 따르면 화술은 일상의 어조보다 느리면서 무게감 있게 전개되어 장엄한 인상을 준다. 또한 〈원술랑〉을 직접 관람한 오현경 역시 다음과 같은 사극조의 화술이 전개되었음을 증언한다.

부민관에서 뇌우, 징기스칸, 원술랑을 봤는데, 사극조라 할까 어떤 조는 있었는데 그것은 신파극조와는 다른 거예요. 동경유학생들의 억양은 우리가 이전에 봤었던 신파극의 억양과는 다른 것이거든요. 물론 현재 사극을 할 때 지나치게 이상하게 곡(哭)을 붙인 듯한 억양은 어디서 배웠는지는 모르겠는데, 하지만 당시 사극조라는 것은 대부분의 사

---

123) 전무송, 본 연구자와의 개인 인터뷰.

람들이 별 거부감이 없었어요.124)

이와 같은 오현경의 증언, 극협 역사극의 대사와 의상, 배우들의 인터뷰를 종합해볼 때, 극협 배우들의 화술은 현재 사극조와 다소 유사하게 리듬을 타며 템포가 느려진 동시에 감정적·비극적 어감을 갖는 양상이었음이 드러난다. 다양한 배우진으로 인해 다양한 어조가 혼재되어 있는 가운데에서 공통적으로 느린, 감정적 사극조가 극협 화술의 양태인 것이다.

그렇다면 이제 극협의 화술을 전체적으로 정리해보기로 하자. 첫째, 희곡에 대해서 이해랑은 "당시에 발표된 유선생 작품의 대부분이 낭만주의 경향을 강하게 띠고 있었는데 이것은 좌익의 사실주의 연극에 대항하기 위한 유선생의 의식적인 의도가 작용했기 때문이다."125)라고 회고한다. 작품을 통해서도 이해랑의 회고와 같이 낭만적 요소인 사랑이 부각됨이 확인된다. 당시 원영초의 "원술과 진달래의 애정 문제에 집중하여 충의에 넘친 그 당시의 시대 분위기가 충분하지 못하다는"126) 지적을 보아도 역사극에서 화술은 감정적 어조로 전개된 것이 드러난다. 둘째, 극중 인물은 왕족으로 고귀한 신분의 영웅적 인간상이며 화술은 양반 계층이 갖는 사회적 규범에 입각한 몸가짐을 기조로 하여, 왕족 계층의 장엄한 리듬으로 전개된다. 이것을 굳이 서구와 비교한다면 크로포드가 언급한바 있는 17세기 프랑스 고전주의 연기스타일인 '극도로 형식적이고 관습화되어 있는 화술, 일상으로부터 유리되어 있는 우아한 낭송적 화술'127)과

---

124) 오현경, 본 연구자와의 개인 인터뷰.
125) 이해랑, 「남기고 싶은 이야기들: 어색한 배역」, 『중앙일보』, 1978년 11월 16일자.
126) 원형초, 「국립극장 인상기」, 『조선일보』, 1950년 5월 9일자.

142

가장 유사할 것이다. 이에 극협의 화술은 감정적 어조와 형식적이고 관습화된 서구 고전주의적 화술이 혼성된 양태 또는 그것에 근접한 양태라 하겠다.

2.2. 예술성 지향과 장식적 어조

1948년 8월 15일 정부가 수립되고 사회가 안정되어가면서 연극인들은 국립극장 설치운동을 전개한다. 문교부는 "무대예술의 홍행면에 있어서는 일면 국립극장을 설치하며 타면 불순단체는 정리하겠다"[128]는 취지를 밝혔고, 정부는 1949년 대통령령 제195호를 선포하면서 국립극장을 출범시켰다. 1948년부터 1949년까지 우리 연극사에서 최초로 국립극장 설립운동이 진행되며 연극계와 정부의 밀접한 교류가 생성된 것이다. 그런데 좌익 연극인들이 대부분 월북하고 국립극장 설치 운동이 활발했던 1948년 이후 극협을 중심으로 전개된 순수연극론이 홍미롭다.

순수연극운동은 일제에서 해방된 오늘의 연극운동에서 또 한 번 연극을 해방하려는 연극예술운동이다. 순수연극운동이란 다시 말하면 연극의 순화운동이다. 연극이 아닌 잡스러운 정치—현실이 뻔뻔스럽게 연극에서 큰 얼굴을 하고 연극이 가져야 할 연극 자체의 미를 곁방에다 몰아놓고 전면에서 우쭐거리는 폭한의 행위에 대한 항거요 그들 폭도의 손에서 연극을 다시 해방하고 연극으로 하여금 연극의 길을

---

127) Jerry L. Crawford, *Acting in Person and Style*, C. Brown Company Publishers, 1980, p. 213.

128) 『조선일보』, 1948년 12월 8일자.

건게 하기 위하여 연극의 독립을 부르짖는 운동이다.129)

이해랑의 순수연극은 "결국 이데올로기에 물들지 않고 예술의 순수성과 창조성에 바탕을 둔 연극운동이라는 것이다".130) 그러나 다음 박로아의 글에서 알 수 있듯이 순수연극론은 정세에 무관할 수 없었다.

연극동맹의 정치적 경향을 비난 공격하는 유일한 무기로 삼아 오던 소위 순수연극론의 이면을 활짝 벗어버리고 보무당당하게 정치운동의 전위대적 임무를 거침없이 수행한 것은 가장 특기할 사실이 아닐 수 없다. 또 한 가지 장관사는 소위 전국연극경연대회란 것이었다. 연극 콩쿨은 일제가 우리 동포에게 일본 정신을 주입하고 소위 5·10 선거 축하 혹은 UN 한위단 환영 혹은 8·15 기념 또는 연극 콩쿨 등등의 실로 다사한 명목하에 온갖 기회와 행사를 놓치지 않고 연극인으로서의 충성과 애국의 정열을 극을 통하여 표시해온 것이었다.131)

이와 같이 순수연극론은 이론적 주장과는 별도로 보수 우익의 정치적 노선과 무관할 수 없었다. 또한 극협은 우익의 정치적 노선과 맥을 같이하며 관(官)과 긴밀한 유대관계를 형성하면서 적극적으로 상류층을 관객으로 유입하려 했다.132) 1910년 신파극의 관객은 대부

129) 이해랑, 「연극의 순수성」, 『예술조선』 2, 1948.2.
130) 이석만, 『해방기 연극연구』, 태학사, 1996, 184쪽.
131) 박로아, 「신파연극 범람시대」, 『신세대』 4권 1호, 1949.1.
132) "국립극장 2층은 특별석으로 해 아주 호화스럽게 꾸몄다. 의자의 폭도 넓혔고 좌석도 푹신푹신하게 만들었다. 유선생의 생각대로 국립극장 2층은 고급사교장 구실을 했으며, 또 선남선녀의 맞선보는 장소로도 이용됐었다. 특별석으로 꾸몄으니 요금도 더 비쌌지만

분 일반 대중이었고, 1930년 극연의 관객은 초반에는 지식인층이었지만 후반에서 해방 전까지는 다시 일반 대중이었다. 따라서 해방이후 상류층 관객의 적극적 유치는 새로운 공연미학과 더불어 화술의 변화를 요구하게 되었다. 1949년 발표된 이해랑의 다음 글로 극협이 추구하는 화술의 일면을 보기로 하겠다.

이제 절박하게 느껴지는 것은 연극의 내면적인 문제이다. (…중략…) 실생활의 직접적인 모방이 연극의 예술적 환상을 방해하고 연극의 독자적인 양식을 파괴한 일은 없었는지? 현실적인 너무나 현실적인 생경한 문체가 연극의 미학적 근거를 혼란시키지는 않았는지? 예술적인 변혁을 꾀하지 못한 배우의 연기 양식적인 이론적 공상을 무시한 조명, 장치, 소도구 그 외에도 불순한 현실이지는 않았는지? 과장한 무대적인 에로쿠숀과 세속적인 현실적 동작의 모순을 연극의 전체적인 형식적 구성에 있어서 어떻게 해결할 것인지? 원작, 연출, 배우, 조명, 장치, 소도구 등 제 조건을 여하히 극장적인 스타일 아래 통일할 것인지? 이러한 복잡한 연극의 내면적인 문제를 해결하고 연극의 순수한 자기 언어를 구성할 수 있는 그러한 마음의 준비가 연극인들에게 돼 있는지?[133]

이 글은 극협과 극협의 후신인 신협의 화술에 대한 단초를 제공한다.[134] 핵심은 '연극의 순수한 자기 언어'라 할 수 있는데, 이해랑의

입장권 매진은 늘 2층 특별석이 먼저 됐었다."(이해랑, 「남기고 싶은 이야기들」, 『중앙일보』, 1978년 11월 29일자)

133) 이해랑, 「연극인의 변」, 『경향신문』, 1949.10.17; 양승국 편, 『한국 연극 영화 비평자료집』 권15, 362쪽.

134) 국립극장은 설치와 더불어 극장장에 유치진을, 전속단체로는 「극협」과 「신협」을 둔다.

주장을 토대로 신협이 지향하는 화술을 보다 구체적으로 정리하면, ① 실생활을 직접 모방하지 않는, ② 예술적 환상을 내재하는, ③ 무대적 발성과 현실적 발성이 조화를 이루는 양식이다. 다시 말하면, 이해랑이 「연극의 순수성」에서 거론한 바 있는 "현실과 독립해 존재해 있는 새로운 환상의 세계를 창조"[135]하는, 현실과는 다른 환상의 세계에 적합한 화술이 된다. 이것은 안영일이 주장한 "인물에 대하야 자기도취를 경계"[136]했던 좌익의 연기이론과 대척점에 위치한다. 이 같은 미적(美的) 화술이 한국전쟁 이후부터 서울수복까지 신협 화술의 전형(典型)이다.

2.2.1. 호소력 있는 영탄조(詠歎調)

신협의 전성기는 잘 알려진 바와 같이 1951년에서 1952년까지이다. 이 시기 신협의 대표작은 김동원이 회고하듯 셰익스피어의 비극이므로 〈햄릿〉과 〈오델로〉의 주연을 담당한 김동원을 중심으로 화술을 살펴보고자 한다. 당시의 번역대본은 남아 있지 않지만, 직접 공연을 관람한 여석기와 윤대성의 증언을 통해서 번역의 전체적인 분위기를 알아보기로 하겠다. 다음은 〈햄릿〉과 〈오델로〉의 대사이다.

　햄　릿: 사느냐 죽느냐 그것이 문제로다.[137]

그러나 신협은 극협의 멤버들을 끌어들여 국립극단, 즉 신협이란 명칭으로 발족하게 되었고 그래서 극협은 명목상 이름만 남는다(정주영, 앞의 논문, 76~77쪽). 남자배우로는 이해랑, 김동원, 박상익, 주선태, 오사량, 박제행, 박경주, 최삼, 전두영, 송재로, 이화삼, 고설봉, 장훈 등이 있었고 여자 배우에는 김선영, 유계선, 유해초, 백성희, 황정순 등이 있었다.

135) 이해랑, 「연극의 순수성」, 『예술조선』 2호, 1948.2.

136) 안영일, 「연기에 대한 각서」, 『예술』 1, 1935.1.

오델로: 오, 나의 사랑하는 데스데모나.

　　　죽어도 이대로 있어다오. 내 어이 울지 않으리.

　　　그러나 이 눈물은 잔인한 눈물,

　　　아니 이 눈물은 성스러운 눈물138)

　이 대사에서 흥미로운 것은 번역극임에도 불구하고 대사는 3.3.4 또는 3.3.5의 시조적 운율을 유지하며, '잔인한 눈물', '성스러운 눈물' 등 시조의 각운법을 따르고 있다는 점이다. 뿐만 아니라 '-로다' '-다오'의 어미는 극협의 고어적(古語的) 대사와도 유사하다. 김동원에 의하면 셰익스피어의 대사는 '단어 하나하나가 씹고 곱씹어야만 비로소 이해할 수 있을 정도로 심오성(深奧性)을 지닌 데다 상용어가 아닌 품격 높은 대화체'139) 때문이었다고 한다. 대사의 운율에 따라 배우 역시 시조적 리듬의 화술을 전개했을 것이다. 그런데 이와 더불어 셰익스피어 작품에서 화술은 '전형적인 표현'이 전제되어 있었다는 점을 주목하기로 하자. 셰익스피어는 1946년에 오면 '희곡이 문학에 종속되지 안코 그것이 문학 이상의 문학성을 가져야 한다는 것을 말하는 것'140)이라는 이론과 함께 '문학성 이상의 문학성'의 관점에서 주목을 받는다. 1949년 중앙대의 〈햄릿〉 공연에 대한 다음 이회삼의 글로써 셰익스피어 공연에 대한 배우의 모범적 어감을 읽어내기로 하자.

---

137) 여석기, 본 연구자와의 개인 인터뷰, 2006.11.15, 종로 사무실.

138) 김덕환, 「윤대성: 내가 본 김동원」, 『예에 살다: 김동원 회수 기념집』, 1992.12, 202쪽.

139) 김동원, 「나의 회고록」, 『예에 살다』, 68쪽.

140) 좌담회, 「3.1 기념 공연과 연극의 긴급문제」, 『신세대』 2호, 1946.5; 양승국 편, 『한국 연극 영화 비평자료집』 권13, 317쪽.

해믈리트의 독백 사느냐 죽느냐 또 계단을 건너면서 부르짖게 한 것은 □□한 수법이로되 너무 엉뚱한 감을 주었다. 이 유명한 독백은 관객들 앞에 밀접(密接)히 호소(呼訴)하는 게 원칙으로 되어 있다.[141]

햄릿의 유명한 독백 '사느냐 죽느냐'는 관객을 보고 '호소'하는 것이 '원칙'이라는 이화삼의 글은 셰익스피어 극을 공연함에 있어서 전형적인 어감이 '호소'에 기반을 둠을 보여준다. 중앙대 〈햄릿〉의 연출을 맡았던 이해랑이 신협의 배우들과 1951년 〈햄릿〉을 공연할 때, 화술에 하나의 틀을 가지고 접근했던 것은 필연이었다. 공연을 관람한 여석기의 회고는 그 같은 사실을 입증해준다.

내 생각을 이야기 하면, 같은 서양연극이라도 입센 이후의 근대연극을 하는 것과 셰익스피어를 하는 것과는 연기스타일이 달랐을 꺼야. 그것을 제대로 해석했느냐 아니냐는 별 문제로 하고, '이건 이렇게 해야 한다'는 것이 좀 과장되지 (과장된 연기양식을 야기하지 - 필자) 않았을까 해.[142]

여석기는 신협의 셰익스피어 공연은 서구 근대극 공연과 달랐다고 회고하면서 그 이유로 '이건 이렇게 해야 한다'는 고정된 관점이 있었다고 전한다. 셰익스피어 극은 관객에게 밀접히 호소해야 한다는 관점이 신협에 이어졌음을 확인해주는 구술이다. 그렇다면 호소력 있는 화술은 구체적으로 어떤 양태였을까? 공연을 관람한 안민수

---

141) 이화삼, 「중대 '해믈리트'를 보고」, 『서울신문』, 1949.2.18; 양승국 편, 『한국 연극 영화 비평자료집』 권20, 94쪽.
142) 여석기, 본 연구자와의 개인 인터뷰.

와 윤대성의 회고를 통해 화술의 단서를 보기로 하자.

'영탄(詠嘆)조'와 '낭송(朗誦)조'의 대사로 화술을 구사하였으며 리듬구사의 독특성이 있었다. '사느냐 죽느냐, 그것이 문제로다' 등은 그의 대사에 있어서 '영탄조', '낭송조' 대사의 극치이며 독특한 리듬이 내재되어 있다.143)

물론 공연에 대한 감상은 주관적일 수 있다.144) 그러나 대사의 시조적 번역, 일상의 분위기가 아닌 예술적 분위기의 지향, 셰익스피어 극은 관객에게 밀접한 '호소'를 원칙으로 한다는 전형을 고려할 때, 안민수의 '낭송적', '영탄적'이었다는 구술은 타당하다. 특히 김동원은 '성악훈련을 통한 리듬감'145)과 '사람의 누선(淚腺)을 자극하는 타고난 비음을 가진 배우'146)였다. 그렇다면 시조적 리듬이 독특한 비음과 결합되어 호소력 있는 영탄조의 화술로 이어질 가능성은 더욱 크다.

---

143) 안민수, 인터뷰; 신현주, 「배우 김동원 연구」, 동국대학교 석사논문, 1998, 55쪽 재인용.
144) 안민수와 윤대성에 비해 여석기는 신협의 「햄릿」을 인상적으로 기억하지 않는다. "피난지 공연을 봤는데, 지금 인상에 남아 있지는 않아. 공연은 열연이고 재미있었어. 근데 나는 그때 대학에서 이미 교편을 잡고 있었고, 셰익스피어를 가르치고 있었거든. (작품 자체를 이미 알고 있었다는 의미-필자) 김동원씨의 햄릿 연기가 기억에는 없어. (인상적이지 않았다는 의미-필자) 내가 좀 우둔해서일지 몰라도 연기 자체가 크게 인상적이지는 않았던 거 같애."(여석기, 본 연구자와의 개인 인터뷰)
145) 김동원은 배재고보에 입학한 후 4학년 때 전국 중등 음악 콩쿠르의 성악부분에서 1등을 차지하는 등 뛰어난 노래 솜씨를 갖고 있었다(신현주, 「배우 김동원 연구」, 7쪽).
146) 전세권, 인터뷰; 신현주, 「배우 김동원 연구」, 55쪽 재인용.

2.2.2. 느린 템포와 음량의 증가

호소력 있는 영탄조 화술은 '신협 자체가 칼라를 내기 시작한 6.25 이후부터' 곧 신협의 스타일로 고정되었다.[147] 스타일의 고정 원인은 무엇보다 순회공연 시스템으로 인한 단시간의 연습 방식 때문이다. 당시의 제작 시스템을 장민호의 글을 통해 알아보겠다.

왜 그렇게 연습을 빨리하고 그랬냐 하면, 공연장소가 없지 않았겠어요? 저쪽은 전쟁은 하고 있고, 갈 수 있는 곳은 대구, 부산, 마산, 진해, 군인극장인데 다 돌아다니며 공연을 하면 그럼 갈 곳이 없지요. 그러니까 두 군데 세 군데 하고 또 연습하고 또 해야 먹고 살지 않느냐 그거지요. 그러니까 고달프고 단시간 내에 또 연극을 만들어야 하고, 답답한 상황도 있었죠. 장소가 많으면 한 작품을 두세 달 할 수 있지만, 두 군데 하면 끝이니까 또 새로운 작품을 만들어야 하는 거죠. 장소랑 관객이 없는…이러한 답답한 현실이 있기도 했죠.[148]

공연장소와 관객층의 한계에 따른 순회공연으로 계속해서 새로운 작품을 공연해야 하는 상황이라면 작품의 새로운 해석이나 인물에 따라 화술을 새롭게 창조하는 것은 기대하기 어렵다. 신협에서 직접 배우로 활동한 장민호는 "햄릿이나 오델로나 맥베쓰나 역사극인데, 이것도 그렇게 연기의 차이가 있었던 것 같지는 않고, 성격의 변화를 인물에 따라 창조할 수 있는 여유가 없었다"[149]고 한다. 장

---

147) 여석기, 본 연구자와의 개인 인터뷰.
148) 장민호, 본 연구자와의 개인 인터뷰.
149) 장민호, 본 연구자와의 개인 인터뷰.

민호의 회고와 같이 영탄조 화술은 고정되어 갔던 것이다. 이 같은 영탄조 화술의 음조와 음량을 기록과 인터뷰, 극장과 관객의 관극 태도를 통해 알아보기로 하겠다. 다음은 대구 공연에 대한 이해랑의 글이다.

대구 시절 극장 공연은 공연 때마다 인산인해를 이루었다. 피난시기 관객들의 성향을 분석해보면 연극흥행이 잘되게 되어 있었다. 대부분의 피난민들은 갈 곳이 없었다. 세든 피난민들은 거리로 몰려 나왔고, 거리에 나와서도 마땅히 갈 곳이 없으니까 자연 극장으로 몰려들게 마련이었다. 따라서 그때는 극장에서 무엇을 하든 대만원이었다.150)

이같이 이해랑은 피난지에서 갈 곳이 없었던 피난민들이 시간을 보내기 위해 극장에 몰려들었다고 하며, 김동원 역시 정원의 3~4배의 관객이 인산인해를 이루었다고 회고한다. 정원 이상의 관객을 입장시킨 것은 생활을 관람료에 전적으로 의존하는 신협의 배당제 때문이었다. 신협이 배당제를 늘리기 위해 정원을 초과하여 관객을 입장시켰다는 장민호의 구술이 재미있다.

지금은 극장마다 지정좌석이 있지만, 그때는 객석 의자를 객석 가운데에만 조금 놓았죠.(의도적으로─필자) 의자가 많으면 사람이 많이 못 들어가니까.(웃음) 전부 빈 곳을 만들어 놓으면, 관객은 전부 서 있어요. 분장실에서 '파도 치냐?' 하고 선배들이 묻는데, 그것은 입석이 너무 많아서 관객들이 서로 밀려 파도를 만들고 있냐는 거죠. '조금

---

150) 이해랑, 「남기고 싶은 이야기들: 배당금 시비」, 『중앙일보』, 1978년 12월 7일자.

치는데요.' 그러면 만원인거고, 그리고 관객이 심지어 무대 위까지 올라와서 앉기도 했어요. 관객들은 흔들리면서도 좋다고 박수를 치고. (웃음) 신협 공연을 하면 대개 파도를 쳤어요.[151]

이와 같이 관객은 서로 밀리면서 공연을 관람할 정도로 정원을 초과하여 입장했으며, 관객층에는 어린아이까지 포함되었다.[152] 또한 "극이 시시하고 안 들릴 경우 관객은 야유를 보내기도 했다".[153] 이해랑의 구술과 같이 배우들의 연기는 "무리가 뒤따랐고 성대를 높여야 하고 연기가 과장됐을" 것이다.[154] 이해랑의 '성대를 높인'다는 것은 배우가 목에 힘을 주며 음조를 높이고, 볼륨을 높여 화술을 전개했다는 의미이다. 그렇다면 큰 소리로 전개해야 했던 화술의 리듬과 템포는 무엇이었을까? 배우의 화술을 다음의 공연사진과 더불어 추론하기로 하자. 다음은 〈햄릿〉과 〈처용의 노래〉의 공연사진이다.[155]

---

151) 장민호, 본 연구자와의 개인 인터뷰.

152) 이해랑은 〈오셀로〉 공연에서 어린관객이 입장하여 이아고 역을 맡은 자신에게 새총을 쏘았던 사건을 전한다(이해랑, 「남기고 싶은 이야기들: 최은희」, 『중앙일보』, 1978년 12월 11일자).

153) 장민호, 본 연구자와의 개인 인터뷰.

154) 이해랑, 「남기고 싶은 이야기들: 배당금 시비」, 『중앙일보』, 1978년 12월 7일자.

155) 김동원, 『미수의 커튼 콜』; 〈햄릿〉(1951.9), 남자배우는 김동원이다. 〈처용의 노래〉 (1952.12), 남자 배우는 김동원, 여자배우는 한인자다.

[사진 6] 〈햄릿〉과 〈처용의 노래〉

왼쪽 사진에서 김동원의 무용과 같은 손가락과 약간 기울여서 든 고개는 어떤 전형적인 모습, 다시 말하면 무용적이고 낭만적인 연기 양식을 보여준다. 두 번째 사진 〈처용의 노래〉에서 기절해 있는 배우 한인자 역시 일상적인 모습이 아닌, 아름답고 고귀한 이미지를 표출하기 위해 만들어진 모습이다. 여석기, 안민수, 오현경, 전무송, 장민호 역시 그 같은 양상이었음을 밝히면서 보다 구체적으로 〈햄릿〉의 한 장면을 시연을 통해 보여주는데, 시연을 토대로 김동원의 화술을 악보화 하면 다음과 같다.156)

[악보 6]

---

156) 여석기와 안민수는 대구 피난지 공연시의 김동원의 화술을 시연하고 구술하였으며, 오현경·전무송은 1962년 드라마센터 개관 공연시 김동원의 화술을 시연하였다.

안민수, 장민호, 여석기는 이 악보와 같이 높은 음조의 시를 읊는 듯 길게 늘어지는, 동시에 느린 템포의 화술이 전개되었다고 구술한다. 앞에서 살펴본 대사와 객석 등 무대요소들을 참고하면 충분한 타당성이 더해지므로 이 같은 양상이 신협 화술의 특징이라 하겠다. 또 다른 공연사진을 보기로 하자. 다음은 〈오델로〉(1952)의 공연사진이다.157)

[사진 7] 〈오델로〉

이 공연에 대해 김동원은 "오델로의 체격을 크게 보이게 하기 위하여 의상 속에 여러 겹의 두꺼운 옷을 껴입었다"라고 회고한다. 사진에서 보이는 김동원의 비대한 모습을 보아도 그 같은 사실은 드러난다. 또한 두 번째 사진에서 김동원의 약간 뒤로 젖힌 상체와 몸짓은 일상의 크기보나 한층 확대되어 있다. 이러한 몸짓을 화술과 관련지을 때 사진에서 확인되듯 화술은 절규하는 듯한, 육중하게 소리 지르는 듯한 어조로 전개되었음이 가늠된다. 안민수, 장민호,

---

157) 배우는 김동원, 『미수의 커튼 콜』, 발췌.

여석기의 구술과 시연을 토대로 〈오델로〉의 화술을 악보화해보기로
하자.

[악보 7]

이 악보에서 알 수 있듯이 〈오델로〉에서의 화술 역시 〈햄릿〉과
유사하다. 일정한 리듬을 타며 일상의 음조보다 한껏 높은, 동시에
읊는 듯한 낭송조, 영탄조인 것이다. 그렇다면 이 같은 신협의 화술
은 연극사적으로 어떠한 의미를 가지며 연기양식은 무엇이라 규정
지을 수 있을까? 이해랑과 장민호의 구술에서 알 수 있듯이 신협은
한국전쟁 이후 서울수복까지 연극계의 중추 역할을 하며 우리 연극
의 한 시기를 풍미한 극단이다. 그럼에도 불구하고 1955년 이후 신협
은, 다음 장에서 곧 거론하겠지만, 사실주의적 화술을 지향하는 젊은
동인제 극단에 의해 과장된 절규적(絶叫的) 화술을 전개하는 구시대
의 극단으로 비난의 대상이 되기도 한다.

그러나 신협은 우리 극계에서 사실주의를 굴절시켜 전개한 극단
이라기보다는 한국적 고전주의 또는 낭만주의적 화술을 개화시킨
극단으로 평가받을 수 있다. 앞에서 살펴본 극협의 화술과 같이 신협
의 화술 역시 17세기 프랑스 고전주의 연기스타일인 극도로 형식적
이고 관습화되어 있는 화술, 일상으로부터 유리되어 있는 우아한
낭송적 화술에 유사한 동시에 서구 낭만주의적 화술에도 근접하기
때문이다. 〈오델로〉에서 김동원의 몸짓이 서구 낭만주의의 가장 뛰

어난 배우라 평가받는 독일의 루디비히 데브리엔트(Ludwig Devrient, 1784~1832)가 연기하는 리어왕과 유사성을 보이는 것을 일례로 제시하고자 한다. 다음 사진을 비교해 보기로 하자.158)

[사진 8] 배우 데브리엔트

19세기 서구 낭만주의 배우들에게는 연설조의 화술과 우아한 몸가짐이 필수적으로 요구되었고, 이에 따라 배우들은 영웅적 몸가짐으로 열정적 화술을 전개했다. 데브리엔트의 열정적 몸짓을 볼 때, 낭만주의 화술은 육중하게 분출되는 양태였음을 충분히 짐작할 수 있는데, 이것은 〈오델로〉의 김동원이 보여준 몸짓·화술과 공통점을 갖는다. 물론 1955년 이후 신협이 이해랑을 중심으로 사실주의적 화술을 시도한 것은 사실이다. 그러나 신협 극단을 사적(史的)으로 고찰할 때, 신협의 전성기는 한국전쟁 이후부터 서울수복까지이므

---

158) 오스카 G. 브로켓, 전준택·홍창수 옮김, 『연극의 역사』 I, 연극과인간, 2005, 527쪽.

로, 그 시기가 신협에 대한 평가의 중심이 될 필요가 있다. 그렇다면 신협의 의의는 우리 극계에서 고전주의적 또는 낭만주의적 화술을 개화시킨 극단이라는 점에서 평가받을 수 있겠다.

여기서 1930년부터 1960년까지 우리 연극계의 30년간의 화술을 정리해보기로 하자.

[표 10]

	극연 1기	극연 2기	극연 3기 현대극장	극협	신협
감정	절제	부분적 수용	수용의 확대	강화	분출
화술	기계적	과장적	감정적	멜로 사극조 멜로 비장조	호소력 있는 영탄조

이 표와 같이 우리 신극은 1930년대 초반 감정을 절제하다가 해방 이전까지 점진적으로 감정을 수용한다. 그리고 해방 이후부터 서울 수복까지는 감정을 한층 강화하여 비장한 사극조와 영탄조의 화술을 출현시킨다. 따라서 우리 배우들의 화술을 서구에 비교해본다면 서구의 고전주의적 또는 낭만주의적 화술에 가장 근접해 있다고 할 수 있다.

3. 사실주의적 화술의 형성과 전개

휴전 이후부터 1960년대는 4.19혁명, 5.16쿠데타 등 정치사회적 측면에서 다양한 변화가 발생한 시기였다. 사회적 격변과 전쟁 후 밀어닥친 폐허의 현실, 생존의 문제는 곧 국민의 의식 변화로 이어지고, 연극계에도 직접적인 영향을 미친다. 피난지에서 전성기를 누렸던 "신협의 〈은장도〉, 〈줄리어스 시저〉, 〈가야금의 유래〉 등이 휴전 이후 서울에서 실패의 연속"159)인 것이 그 예라 하겠다. 낭만이나 사랑이 생존을 위해 투쟁하며 현실을 극복해야 하는 관객의 의식과 부합될 수 없었던 것이다. 또한 휴전 직후 서울에서 공연된 외국 영화 역시 낭만주의적 작품과 낭만주의적 화술의 쇠퇴를 재촉했다. 다음 유치진의 글을 보기로 하자.

외화를 통해서 소개된 외국의 세계적인 우수한 배우들의 연기와 극술(劇術)이 우리의 관중의 눈과 감상력을 높였기 때문에 종래의 우리의 연기 수준이나 극 수준에 만족할 수 없게 된 점과 다른 하나는 전국 각 극장이 외화에 의해 점령당했기 때문에 연극은 그 상연무대를 잃고 만 것이다. 그리고 국산 영화에 있어서도 연극에 대하여 두 가지 압력을 가하고 있는데 그 하나는 연극인들이 수입이 나은 영화 제작에 전업 내지 품팔이로 동원되기 때문에 그나마 질적으로 얇은 연극의 수준을 올릴 겨를과 인재의 결핍으로 연극은 갈수록 빈혈증이 노정되는 점과 다른 하나는 상술한 외국영화와 같이 국산 영화 역시 연극의 극장 진출을 봉쇄하고 있는 사실을 지적할 수 있다.160)

이와 같은 유치진의 글은 휴전 이후부터 1960년대까지 연극계의 상황을 잘 말해준다. 일반 관객은 외국영화를 통해 새로운 연기를 접했고, 배우들은 수입이 나은 영화로 자리를 옮겨감으로 연극은

---

159) 정주영, 「극단 신협사 연구」, 105쪽 참조.
160) 유치진, 「극계 위기를 극복하는 길」, 『서울신문』, 1958년 5월 25일자.

점차 관객들에게 외면당했던 것이다. 1955년 미(美)국무성의 초대로 3개월간 미국의 도시와 뉴욕의 액터즈 스튜디오(Actor's Studio)를 방문하고 돌아온 이해랑이 사실주의적 화술실현의 선두에 선 것은 새로운 방향 모색이 절실했던 연극계의 상황과 맞물려 있는 것이다.

한편 새로운 연극과 연기의 모색은 대학 연극반 출신의 신진 연극인들에게서 일어났다. 신진 극단의 효시는 1956년 차범석을 중심으로 발족된 제작극회를 들 수 있다. 차범석은 제작극회의 특징을 무엇보다도 '동시대인의 감각에 맞는 창작극의 진흥'161)을 모색하고, 번역극 공연에서도 '명작이나 대작이 아닌 작품일지라도 우리의 생리와 의도에 부합되는 작품'162)을 지향하는 것으로 밝힌다. 이와 같은 차범석의 입장은 낭만주의적 화술의 거부를 시사한다. 낭만주의 화술은 1960년대에 활성화된 창작극, 사실주의에 토대를 둔 신진극작가의 출현163)과 함께 쇠퇴의 길에 들어서는 것이다. 여기에서는 1960년대 화술의 변화를 국립극장, 동인제 극단,164) 드라마센터165)를 중심으로 살펴보기로 한다.

---

161) 차범석, 『한국소극장연극사』, 연극과인간, 123~127쪽 참조.

162) 차범석, 「조직적인 운동을」, 『서울신문』, 1959년 1월 8일자.

163) 1960년대 등장한 신진 극작가로는 박조열, 천승세, 김의경, 이재현, 이만택, 신명순, 노경식, 오태석, 윤대성, 전진호, 오재호, 김기팔, 고동율, 황유철, 서진성, 정하연, 전옥주, 조성현, 김용락, 윤조병 등이 있다(유민영, 『한국현대 희곡사』, 526쪽 참조).

164) 이 시기 대학극 출신의 새로이 결성된 동인제 극단으로는 실험극장(1960.10), 민중극장(1963.1), 산하(1963.9), 가교(1965.3), 광장(1966.3), 자유극장(1966.4) 등이 있다.

165) 드라마센터는 극장 드라마센터 부설 연극학교 출신의 배우들로 구성되었기에 동인제 극단과는 구분된다.

3.1. 사실주의적 화술의 태동

3.1.1. 화술에서의 음량 감소

느린 템포의 영탄조, 음조와 음량이 높은 낭만주의적 화술의 지양이 낭만주의적 화술을 전개한 이해랑과 신협에 의해 먼저 시작되었다는 사실이 흥미롭다. 초기 사실주의적 화술은 '작게 말하기'로 그 양태를 드러냈다.

이해랑 선생이 미국 순방을 마친 후 귀국하여 「욕망이란 이름의 전차」 연습을 할 때의 일이다. (…중략…) 이해랑 선생은 '미취(Mitch)'역을 맡아 연습 중이었는데, 무대에서 대사를 말하는 이해랑 선생의 목소리가 너무 작아서 거의 들리질 않았다. 나는 '선생님, 좀 크게 말하세요.'라고 몇 번이나 말했지만 선생의 목소리는 좀처럼 커질 줄 몰랐다. 나는 다시 한 번 말했다. '선생님, 크게 말씀하시래두요.' 그러자 선생은 이렇게 말씀하셨다. '그러면 사실주의가 아닌데….'[166]

이와 같이 이해랑의 사실주의적 화술에 대한 이해는 다소 단편적이지만, 음조와 음량이 높은 낭만주의적 화술을 교정하고자 시도한 것은 분명하다. 이러한 양상은 김동원에게서도 찾아볼 수 있다. 김동원 역시 1956년 9월 아더밀러 작 〈세일즈맨의 죽음〉에서 그의 표현을 빌리자면 '고도 심리 표현'을 위해 음량을 낮추어 대사를 전개했다.

---

166) 오사량 인터뷰; 정상순, 「스타니슬라브스키 시스템의 한국유입 양태에 관한 연구」, 동국대학교 석사논문, 1997, 58쪽 재인용.

지난번 〈세일즈맨의 죽음〉을 공연하였을 때의 일이다. 이 연극만은 여지껏 내가 연기해오던 스타일과는 달리 심리적으로 아주 자연스러운 연기를 하리라 마음먹고 연습 때부터 온 정력을 기울여 재래의 그릇된 것을 버리기에 노력하였다. 그러나 일 막이 오르고 연극이 시작되자 나의 첫 마디 대사부터 '안 들린다! 크게하라!'는 객석의 고함 소리가 내 고막을 뚫어 나는 당황하지 않을 수 없었다. 나는 하는 수 없이 관객의 요청대로 쓸데없이 내용 없는 소리를 크게 질러 나의 연기 '프랜'은 여지없이 허므러지고 말았다.167)

이같이 사실주의적 화술을 향한 새로운 시도는 성공적이지 못했는데, 김동원은 실패의 원인을 관객의 관극태도와 극장의 조건으로 언급한다. 대극장의 조건과 정원을 초과하여 관객을 입장시키는 당시의 관행을 볼 때, 김동원의 견해는 일면 타당하다. 그러나 사실주의적 연기의 실패 원인은 다른 측면에서도 찾아볼 필요가 있다. 첫째, 번역극이 갖는 번역의 어색함과 정서적 거리감이다. 이 시기 신협의 작품을 살펴보면, 1955년에서 1960년까지 21작품 중 12편의 번역극 중에서 미국의 작품이 절반을 넘는 7작품이었다. 1930년대 극연이 서구의 번역극을 소개할 때도 우리의 감정에 맞지 않는 어색한 번역이 야기한 기계적 화술은 지적의 대상이었다. 한상철은 이러한 문제가 1960년대의 번역극 공연에서도 동일했다고 지적한다.

번역된 말 자체가 일상체가 아니라 문어체라는 것이에요. 문어체에 맞추어서 말 하는 바람에 화술이 너무 격식을 차리거나 자연스럽지

---

167) 김동원, 「소극장운동을」, 『서울신문』, 1957년 9월 2일자.

못하거나 억지스러움이 많았다는 거지. '나의 아버지' 이런 것들이 번역체겠지요. 구어체인 경우에 말은 유창하지만 실제 화술이 유창하지 않았다구요. 왜냐하면 글을 읽을 때는 띄어쓰기라든지, 발성의 리듬이 우리식으로 해서 중간에 적당 한데 가서 잘 띄는데 번역극은 잘 띄어지지 않고 일사천리로 나간다고. 60년대뿐 아니라 70년대까지도 그렇지요. 그런 투는 현재에도 남아 있지 않나요? 배우의 어투가 아니라, 배우가 만든 게 아니라, 번역된 문장이 그런 화술을 만들어냈다고 말할 수 있어요.168)

이같이 평론가 한상철은 배우의 연기력보다는 문장의 구조, 어순의 어색함을 일차적으로 지적하는데, 이에 대해서는 배우 장민호 역시 동일한 입장이다. 다음은 장민호의 구술이다.

제가 번역극을 많이 한 편이니까 말씀드린다면, 번역자마다 다 화술체가 달라요. 화술로 가야 하는데, 문장체로 가는 경우가 많아요. 그걸 가지고, 말이 안 되는 것을 가지고 배우가 말을 한다는 것은 기가 막히게 어려운 거지요. 어떤 번역은 아주 생소해요. 그 생소한 것을 화술체로, 뜻과 감정이 통하도록 수정하는데 오래 걸려요. 부탁하고 싶은 건 번역하는 분들이 이건 문학이 아니라 '언어다', '말이다'라는 것을 인식해주셨으면 하는 겁니다. 문장을 읽고 있는 것이 아닌, 말하는 것이 중요해요. 말이 아닌 것을 말하고 있으니까 되기가 어렵지요. 정말 간곡하게 부탁하는 것은 연극을 할 수 있게 화술체로 번역을 해달라는 겁니다. 해보지 않은 사람은 몰라요. 멋있는 것과 말은 달라요.169)

---

168) 한상철, 본 연구자와의 개인 인터뷰.
169) 장민호, 본 연구자와의 개인 인터뷰.

장민호의 구술에서도 알 수 있듯이 1950년 중반 이후 증가된 번역극은 번역 자체의 서양식 어순과 문장적 번역으로 문제가 있었다. 배우는 인물의 정서에, 또는 김동원이 표현하고자 했던 '심리'에 피상적으로 접근하게 되고 그에 따라 일상적 또는 사실주의적 화술은 지연되는 것이다. 둘째, 기성극단인 국립극장과 신협의 프롬프터를 두는 공연방식 역시 사실주의적 화술의 전개를 지연시키는 이유가 된다. 프롬프터를 두는 공연방식에 대해 '악습'이라고 언급하는 차범석의 다음 글을 보기로 하자.

> 아무리 급한 시일이라 할지라도 초일에 프롬프터가 숨어 있는 배우처럼 열연하는 악습은 국립극단의 위신을 위해서는 추방할 수 없을까? 이 작은 개혁이 우리 연극에는 필요하다.[170]

이와 같이 차범석은 1960년대 초반까지 대사를 불러주는 프롬프터는 무의식적으로 연기를 하고, 경우에 따라 '열연'을 감행했다고 언급한다. 그렇다면 자연 관객은 극중 몰입에 방해를 받고 극적 리듬은 지연되거나 깨어지게 되어 극적 환영이 이루어지기 어려울 것이다. 이에 대한 오현경의 구술은 배우가 포착할 수 있는 시각이기에 주목을 요한다.

> 프롬프터를 두어 공연을 전개한다는 것은 그 자체가 옳다 그르다는 아닐 거예요. 그리고 프롬프터가 주는 대사를 듣는 것도 어느 정도 대사를 외웠어야 들을 수 있는 거지, 전혀 모르면 들을 수도 없어요. 그런

---

170) 차범석, 「시 없는 시극: 국립극단의 〈침종〉을 보고」, 『한국일보』, 1962년 11월 24일자.

데 생각해봐요. 연극이 진행되잖아요. 그럼 배우는 경우에 따라 슬픈 표정이 될 수도 있어요. 그런데 그때 대사를 모르면, 어떡해요? 프롬프터 소리가 들리는 쪽으로 간다구요. 그럼 얼굴을 어떡해? 슬픈 표정 그대로 슬금슬금(프롬프터가 있는 방향으로-필자) 간다구. 달려가서 듣구 와서 다시 슬픈 표정 지을 수는 없으니까.(웃음)171)

오현경의 구술이 중요한 것은 프롬프터의 열연이 관객의 극중 몰입을 방해할 뿐 아니라, 배우의 연기 흐름을 단절시킨다는 점을 언급하기 때문이다. 배우가 대사를 프롬프터에 의존한다면 상대역에 대한 자연스럽고 즉각적인 반응이 불가능하다. 배우가 즉각적인 반응을 방해받는다면 자연스러운 화술을 전개하는 것 역시 어려운 것이다. 셋째, 번역극 위주의 공연과 더불어 새롭게 추가된 어조이다. 그것을 '불쾌한 인토네이션'이라고 지적하는 다음 기사를 보기로 한다.

원각사는 좌석 3백 석을 헤아리는 소극장이다. 그만큼 관객과의 거리가 단축되었다. 배우의 호흡소리가 똑똑히 들릴 정도다. 그리하여 예의 그 '인토네이션'이 아니고도 대사는 충분히 전달될 수 있다. 그런데도 〈원방각〉의 연기인들은 거의 대부분이 그 불쾌한 '인토네이션'으로 대사를 전개시키는 것이다.172)

김기팔이 거론하는 '예의 그 인토네이션'이란 신협의 번역극에서의 어조를 의미한다. 이전 칭송받았던 역사극과 셰익스피어 극에서

---

171) 오현경, 본 연구자와의 개인 인터뷰.
172) 김기팔, 「소극장운동의 문제점」, 『한국일보』, 1959년 5월 29일자.

의 읊는 듯한 영탄조의 화술이 시대의 흐름에 따라 '불쾌함'으로 느껴진 것이다. 또한 번역극 공연에서의 어떤 '억양'도 '불쾌함'으로 느껴진 듯한데, 그 억양의 실제를 장민호와 오현경은 다음과 같이 설명한다.

　－번역극을 할 때, '아 그러십니까'라면 '아 그러십니까'('러'에 강세 －
　　필자) 이렇게 했지요. 50~60년대에는 껌으로 코 붙이고 머리에 노란
　　페인트 칠하고 그런 시대도 있었어요. (웃음) 전부 이거야. (어깨를
　　으쓱하는 제스츄어－필자) '내가 언제 이랬습니까?' 뭐 이랬지요.
　　〈느릅나무 밑의 욕망〉때도 그랬고, 〈욕망이란 전차의 이름〉도 그랬
　　고… 그런데 이해랑 선생님이 차츰 교정을 하도록 하셨죠. 일제시대
　　때부터 번역극 하면 으레 그렇게 했어요. 벽돌가루 갈아서 빨갛게
　　머리에 바르고… 내면성이 없는 결여된 연기지요. 흉내 낸 거지요.
　　연기가 흉내는 아니잖아요. 그것을 배격하는데 몇 십 년이 걸린 거지
　　요. 다 그랬어요. 그게 상식이었어요.[173]
　－번역극조는 이런 거예요. 예를 들면 파란 하늘이 영어로 'Blue Sky'라
　　고 해요. 그러면 영어의 억양이 있잖아요? 만약에 '블루 스카이' 이게
　　영어의 억양이라고 하면, 거기에 따라 '피란 하아늘'이렇게 하는 거
　　죠. 그러니까 '짐 밥 먹었어?' 이거면 '지－이임(굴곡 있게－필자) 밥
　　머겄어－어?' 하는 거죠.(웃음) 그런데 그렇다고 서양 이름인 짐을 '짐
　　아' 이럴 수도 없었겠지요?[174]

---

173) 장민호, 본 연구자와의 개인 인터뷰.
174) 오현경, 본 연구자와의 개인 인터뷰.

이 구술에서 알 수 있듯이 번역극은 화술에서 자의적 굴곡을 가져왔다. 1930년대 극연 번역극에서 배우들의 화술은 '리듬 없이 직선적이고 기계적인' 양태였던 반면 1950년대 번역극은 서양식 억양에다가 우리말을 맞추어놓은 어조가 되는 셈이다. 따라서 신협의 번역극 공연은 사실주의적 화술을 지향했지만 어색한 번역, 프롬프터의 관행, 번역극조의 출현으로 여석기에 의하면 '이른바 신협 스타일이라고 할 수 있는 기성신극적(旣成新劇的) 몸짓이나 말투로 후속 연기인들의 거부감'175)을 사게 되어 '리얼리즘의 한국적 기형'176)이라는 비난을 받은 것이다. 그렇다면, 1950년 중반 이후 신협의 번역극 화술을 단지 불쾌한 인토네이션, 기형적 리얼리즘이라고 일축할 수 있을까? 사실 이것은 방향을 선회하려 하는 배우들이 필연적으로 거치는 과도기적 현상일 수 있다. 신협 배우들이 1962년 번역극인 〈밤으로의 긴 여로〉에서177) 비교적 안정된 사실주의적 화술을 전개하였다는 것은 5년간에 걸친 시행착오의 의미를 대변해준다. 물론 〈밤으로의 긴 여로〉에서는 제작방식에도 변화가 있었다. 장민호의 인터뷰를 제시하여 보다 구체적으로 알아보겠다.

〈밤으로의 긴 여로〉의 연습기간은 거의 한 달이라고 봐야지요. 프롬프터는 없었어요. 그전에 〈햄릿〉공연도 프롬프터가 스탠바이는 되어 있었지만, 프롬프터에 의존하는 배우들은 한 사람도 없었어요. 그때가

---

175) 여석기, 「한국에 끼친 미국연극의 영향」, 『한국연극의 현실』, 동화출판공사, 1974, 119쪽.

176) 정철, 「이해랑 연출활동 연구」, 『한국연극학의 위상』, 태학사, 2002, 589쪽.

177) 〈밤으로의 긴 여로〉는 드라마센터 개관 이후 2회 공연이지만, 배우진이 이해랑, 장민호, 황정순, 최상현, 여운계였다. 하녀역을 맡은 여운계와 둘째 아들을 맡은 최상현을 제외하면, 주연급 배우들은 신협 배우진이라 할 수 있으므로 여석기의 견해대로 신협의 공연으로 보고자 한다.

되면(1960년대–필자) 최소한 배우는 대사를 못 외우면 무대에 설 자격이 없다고 그렇게 생각했어요. 그리고 분장도 머리에 칠한 기억이 없어요. 이해랑 선생님은 당시 스타니슬라브스키에 상당히 심취해 있었고, 그래서 그분이 연출을 하시면 배우들 대사, 동작선 하나하나가 다 도표로 나와 있었어요. 무슨 대사를 할 때 어느 의자에 앉고 무슨 대사를 할 때 무대 상수쪽으로 가고, 아주 동작선을 명료하게 그렇게 과학적으로 그려 가지고 철저하게 하는 분이었죠.[178]

이해랑에 대한 장민호의 평가는 주관적일 수 있지만 공연과 연습 방식에 대한 언급은 여석기의 증언과 일치하므로[179] 객관성이 부여된다. 또한 신협의 번역극에 대해 '기성신극적 몸짓이나 말투로 후대인의 거부감을 샀다'고 평가했던 여석기도 이 공연을 번역, 연기, 연출에서 사실주의적 양식의 최고라고 회고한다.

〈밤으로의 긴 여로〉는 번역을 오화섭씨가 했는데, 번역이 부드러워요. 굳이 원문하고 대조하면 넘어간 부분도 있지만, 번역도 좋았고, 대사도 엄청 많아. 원래 이해랑씨는 연출자이기도 하지만 배우로서 일품이었어. 번역극인데도 불구하고 조금도 냄새가 없어. 분장이나 이런 것도 야단스럽지가 않았어. 지금도 신협의 앙상블로서 신협이 신협의 이름을 붙이지 못하고 드라마센터의 이름을 붙이고 나온 〈밤으로의 긴 여로〉가 연기 앙상블의 최고라고 나는 보지. 아마 번역극의 리얼리스틱한 연극의 최고라고 볼 수 있어. 그때 신협의 연기진이 성숙할 대로 성숙했거든. 연출, 연기, 작품 3박자가 다 좋았어. 신협으로서도 최

---

178) 장민호, 본 연구자와의 개인 인터뷰.
179) 여석기, 본 연구자와의 개인 인터뷰.

후이자 최고의 성과가 아닌가 해.180)

여석기는 이와 같이 〈밤으로의 긴 여로〉는 번역, 연출, 연기 면에서 신협 최고의 사실주의적 화술로 전개된 공연이었다고 극찬한다. 당시의 이근삼의 평을 보아도 여석기의 평가가 단순히 주관적 호평은 아닌 것으로 보인다.

내성적인 본래의 특성을 살려서 이 역을 처리해 나간 최상현의 수고도 그렇거니와 시니컬한 입을 놀리면서도 방향 없이 헤매는 형 역을 한 장민호씨는 그의 취중장면을 포함한 연기에서 과거 어느 때보다도 적격인 모습을 보여주었다. 가정을 갖고자 하는 꿈이 깨져 고독에 잠겨 아편을 마시며 황혼을 맞는 모친 역 황정순씨도 간혹 대사의 억양에 있어 짜임새가 결여되기는 했지만 여전히 침착한 연기로 밀고 나갔다. 5,6년 만에 무대로 돌아온 이해랑씨의 부친역도 무난했고 대학극에서 갓 무대를 밟은 여운계의 코믹한 하녀역도 발성, 동작에 무리가 없어 안심이 되었다. 이해랑씨의 극을 요령 있는 대사의 생략과 치밀한 〈브로킹〉으로 시종 흐뭇한 분위기로 이끌어갔다.181)

이와 같이 이근삼 역시 황정순의 억양을 지적하면서도 전체적으로 무리가 없는 공연이라고 평한다. 1955년 중반부터 1960년대까지 대표적 기성극단인 신협이 사실주의적 화술에 들인 노력은 1962년에 결실을 본 것이다. 따라서 60년 이전 후속 연극인들의 거부감을

---

180) 여석기, 본 연구자와의 개인 인터뷰.
181) 이근삼, 「흐뭇한 분위기에 공감: 드라마센터 2회 공연 '밤으로의 긴 여로'」, 『한국일보』, 1962년 6월 21일자.

샀던 신협의 화술은 '리얼리즘의 한국적 기형'이라기보다는 극중 인물의 '내면'에 집중하려는 의식의 전환기, 사실주의적 화술에 도달하기 위해 낭만주의적 화술을 지양하는 과도기로서 사실주의적 화술의 태동이라 하겠다.

3.1.2. 장식적 어조의 탈피 시도

1956년 발족한 동인제 극단의 효시인 제작극회는 선언문에서 드러나듯이 현대극의 실험이라는 목표 아래 창립되었다. 제작극회는 창단부터 신협의 낭만주의적 화술을 정면으로 거부했다. 차범석의 구술을 보기로 한다.

> 당시는 (1950년대 중반−필자) 극단이라고 하면, 국립극단 하나밖에 없었어요. 신협이었죠. 그런데 우리가 가장 거부감을 가졌던 것은 무엇보다도 연기였어요. 국립극단은 목을 누르며 쥐어짜는 듯한 연기였는데, 그런 연기에서 탈피해서, 자연스러운, 그야말로 리얼리즘, 현실과 같은 연기를 하고자 하는 것이 우리의 시작이었죠.[182]

이와 같이 차범석은 최근까지도 낭만주의적 화술에 대해 '목을 누르며 쥐어짜는 듯한'이라고 표현하며 강한 거부감을 보인다. 동인제 극단은 출발부터 기성배우들의 화술과 다른 선상에 서 있음을 알 수 있는데, 여석기의 구술 역시 그 같은 사실을 뒷받침한다.

---

182) 차범석, 「나의 삶, 나의 연극」, 수요상설강좌, 수요일의 연극이야기, VHS, 2002.4.3, 아르코 예술관.

제작극회가 시작할 때도 우리는'신협 스타일을 배격한다.' 이렇게 나오거든. 신협이 갖고 있던 어떤 냄새, 버릇에서 반발을 가졌다고 봐야 하겠지. 번역극이, 창작도 좀 그런 게 있었는지 몰라도 신협 스타일이 뒤에 오는 젊은 세대들에게(받아들이기 – 필자) 힘든 것이 있었을지도 모르지.183)

여석기는 신진극단이 기본적으로 낭만주의적 화술에 대한 심한 거부감이 있었다고 회고한다. 1950년대 신협은 사실주의적 화술을 지향했지만 번역극과 제작방식의 한계로 굴곡 있는 장식적 어조를 완전히 탈피하지 못했다. 그런데 그 같은 화술은 처음부터 신진연극인들에게 극복해야 할 대상이었다. 반(反)신협을 의도한 화술은 제작극회의 첫 공연인 홀워시 홀 작의 〈사형수〉에 대한 다음의 비평을 볼 때, 상당한 성과를 거두었던 것으로 짐작된다.

종래적 신파가 지니는 무지한 '제스츄어'를 완연히 무너뜨리고 현대극이 지니는 진실한 상태(狀態)의 열연으로 무대의 분위기(雰圍氣)는 관객들을 완전히 흡수(吸收)시키고 말았다. 그리하여 고도한 지성이 빚어내는 감동을 표현해냄으로써 우리나라 현대극은 무대 없는 집회실(集會室)에서 그 첫 걸음을 내디딘 것이다.184)

이 기사는 제작극회의 화술에 대해 중요한 단서를 제공한다. 실제보다 과장된 호평일 수도 있지만 '신파가 지니는 무지한 제스츄어를

183) 여석기, 본 연구자와의 개인 인터뷰.
184) 「제작극회 제1회 발표회 성황: 홀워시 작 사형수 일막」, 『조선일보』, 1956년 7월 28일자.

완연히 무너뜨렸다'는 글은 적어도 과장된 장식적 화술이 지양되었음을 말해준다. 변화의 일차적 원인으로는 낭만주의적 화술에 물들지 않은 젊은 배우들의 연기력을 들 수 있다. 여석기의 표현대로 제작극회는 '신협의 김동원과 이해랑이 처음에 그랬듯이 아마츄어라고 해야 하는 배우들이' 포진되어 있었다. 아마츄어 배우들의 화술은 기성배우들에 비해 기술적 능숙함이 미흡할 수 있지만, 틀이 형성되지 않았다는 점에서 새로운 화술 전개가 보다 수월했던 것이다. 그런데 보다 눈길을 끄는 것은 달라진 연습과 공연방식이다. 무엇보다도 제작극회는 처음부터 프롬프터를 폐지하고 연습시간을 확장했다. 신협이 1950년대 중반 이후부터 1960년까지 한 작품에 2주일 정도의 연습 시간을 할애한 반면, 신진연극인들은 보다 장시간을 연습에 투자했다. 작품마다 차이는 있지만 오현경에 의하면 대학 출신의 동인제 극단의 평균 연습기간은 한 달에서 한 달 반이었다고 한다. 이 같은 변화는 배우들이 자신의 개성을 떠나 인물로의 집중을 가능하게 한다. 제작극회에서 연기로 호평을 받은 최상현의 작품분석에 대한 오현경의 구술을 보기로 하자.

주로 대학극 출신 배우들은 작품분석을 많이 했어요. 학생극때 대사 분석표 내고 성격 분석표를 냈거든요. 전부 챠트를 만들어서 레포트를 내다시피 한 거죠. 기성인이 된 다음에 그렇게까지는 하지 않았지만, 그래도 분석은 많이들 했지요. 최상현씨는 숫자로 본다면 작품을 많이 한 것은 아닌데, 대본이 새까맸어요. 대사에 번호를 매겨가며 기록했다구요. 연출자는 대본에 간지가 있었는데(대본의 홀수쪽은 대사를, 짝수쪽은 백지로 프린트해서 연출플랜을 기재하는 식—필자) 연기자 대본은 간지가 없어요. 그래서 1막이 전개라면, 또는 복선이 있다면, 다일일이 쓸 수가 없으니까 대사에 번호를 기재해 '5번 대사는 7번 대사와 관련됨.'이런 것들을 기록해놨어요. 블록킹도 전부 대본에 기재를 했지요. 대본에 악보를 그리듯이 했어요. 예를 들어, '이 대사는 후미를 올리는 거다'그러면, 올리는 표시를 하고 내리는 거면, 내리는 표시를 했는데, 물론 정해진 표시방법은 없었어요. 다들 각자 각자 하는데, 나중에 보면 다 표시가 비슷비슷해요.(웃음)185)

오현경의 구술하듯 제작극회와 1960년대 동인제 배우들은 배우 개성의 표출보다는 각 장면의 관련성과 복선을 의식하며 인물구축을 중요시했다. 주어진 상황에 대한 이해는 존 해롭(John Harrop)의 견해와 같이 "배우로 하여금 자신의 감정 그리고 희곡이 창출하는 극중 인물의 적당한 반응 중 하나를 선택하도록 하며, 그럼으로써 연기가 요구하는 것에 적절히 반응하도록 통로를 열어놓는다".186) 자연 배우의 개성을 강조하는 장식적인 어조는 사라지고, '말을 하는 듯한' 화술로 전환되는 것이다. 다음 차범석의 최상현에 대한 평가는 다소 주관적이지만 신진배우들의 새로운 화술전개를 재확인시켜 준다.

제작극회 만들면서 하나의 큰 수확을 얻은 게 〈사형수〉 역할의 주인공이었던 최상현, (…중략…) 아주 우울하면서 키가 굉장히 크고 말도 없어요. 그런데 무대에서 연기를 하는데 그 화술이 우리가 바라는 그런 거야. 김동원이나 장민호하고는 댈 것두 못돼. 조용조용 하는데 진짜 시를 읊는 거 같애.187)

---

185) 오현경, 본 연구자와의 개인 인터뷰.

186) John Harrop, Sabin R. Epstein, *Acting with Style*; 박재완 옮김, 『스타일 연기』, 게릴라, 2005, 169쪽.

이와 같이 차범석은 최상현 연기에 대해 극찬을 아끼지 않는다. 물론 소리 지르지 않는 조용조용한 화술이 곧 사실주의적 화술이라고 할 수는 없다. 그러나 이전에 비해 상대적으로 치밀해진 작품분석에 따른 극중 인물로의 집중, '조용조용한 화술'이 의미하는 '장식적 어조의 탈피'는 곧 낭만주의적 화술의 종식과 새로운 화술, 즉 사실주의적 화술을 예고하는 것이다.

3.2. 일상적 어조의 지향(指向)

사실주의적 화술로의 횡보는 1960년대에 들어서 본격화된다. 그런데 흥미로운 것은 배우들이 번역극과 창작극에 따라 화술에 있어서 차이를 보인다는 점이다. 다음 국립극장의 번역극 〈빌헬름 텔〉에 대한 비평을 보기로 한다.

– 통속적인 설득에만 주력을 두고 '디테일'이 무시된 연출은 한결같이 비정상적인 억양을 지닌 연기진의 불균형과 함께 (…중략…) 2막 후반의 「멜히탈」의 넋두리와 울부짖음은 이 연극의 격을 너절한 신파극의 아류에까지 실추시키고 말았다. (…중략…) 한편 연기진에서 각기 질이 다른 연기가 극의 흐름에 융화됨이 없이 산만하고 범용한 성과만을 거두었는데.[188]
– 웅변으로 부르짖거나 눈물로 애소하는 따위의 연기[189]

---

187) 차범석, 구술 채록.
188) 「연기진의 불균형(不均衡) 두 국립극단의 빌헬름 텔 공연」, 『조선일보』, 1960년 6월 15일자.
189) 「희화(戱畵)화 되버린 원작: 국립극단의 '빌헬름 텔'」, 『경향신문』, 1960년 6월 18일자.

이와 같이 기사는 번역극의 화술에 대해 '비정상적인 억양', '웅변으로 부르짖거나 눈물로 애소하는'이라고 표현한다. 그런데 이 같은 화술의 양태는 또 다른 번역극인 〈죄와 벌〉에 대한 비평에서도 발견된다.

> ─한편 노래하는 듯한 대사들이 거슬리는 연기진에서는 (…중략…) 장종선의 장치가 좋은 성과를 보여준다.[190]
>
> ─3막이 끝날 무렵 주인공과 그 어머니의 작별장면에서 관객의 눈물을 헛 계산한 어거지의 3류 비극[191]

이와 같이 기사는 〈죄와 벌〉에서의 화술을 '노래하는 듯한 대사'라고 표현하는데 이러한 양태는 앞에서도 살펴보았듯이 운문적 영탄조인 낭만주의적 화술의 잔재이다. 그런데 '극적인 구축력이 약한 각본'[192]이라는 평을 받은 작품일지라도 창작극의 경우에는 낭만주의적 화술과 사실주의적 화술이 혼재되어 있고 번역극에 비해 '진실하다'는 상대적 호평을 받고 있다. 다음 창작극의 비평을 보도록 하자.

> ─한편 각기 과장된 연기를 보이는 '앙상블'없는 연기진에선 백성희가 진실한 연기를 보이고 있고, 신인 김인태는 연기의 폭은 좁은 대로 호연인 편인데 항상 좋은 무대를 '디자인'하던 장종선의 장치는 입체감 없는 안이한 것이었다.[193] 〈분노의 계절〉

---

190) 「통속적인 무대: 국립극단의 신협의 죄와벌」, 『조선일보』, 1960년 11월 8일자.
191) 「과장(誇張)과 신파조의 웃음: 신협의 번안물 '죄와 벌'을 보고」, 『경향신문』, 1960년 11월 12일자.
192) 「무감동한 무대: 국립극단의 '분노의 계절'」, 『조선일보』, 1960년 9월 29일자.
193) 「무감동한 무대: 국립극단의 '분노의 계절'」, 1960년 9월 29일자.

—연기진에서 최명수가 우리의 기대를 배반하지는 않았다. 그 성대를 적당한 발성법으로 살린다면 좋은 연기자가 될 소질을 보여주었다. (…중략…) 다음은 나옥주의 종달새 같은 연기가 산뜻했고, 최삼의 침착한 연기도 좋았고, 한은진의 관록 있는 연기와 정애란의 몸에 밴 연기가 뛰어났다.194) 〈젊음의 찬가〉

이와 같이 배우들은 기사의 표현에 의하면, 〈분노의 계절〉의 '입체감 없는 무대'와 〈젊음의 찬가〉의 '장치는 과장된 편이고, 조명과 의상은 극을 살리는 데 조금도 도움을 주지 못한'195) 무대에도 불구하고 번역극에서와 같이 낭만주의적, 또는 기사의 표현을 옮기면 '울부짖는', '3류 비극적' 화술에서는 탈피한다. 그 원인은 우리 정서와 문화에 맞지 않는 어색한 번역, 체화되지 못한 극중 인물과 대사로 볼 수 있다. 해방 이후부터 미국을 비롯한 서구의 작품이 다량으로 수입되었다고는 해도, 1960년대까지 번역가에게나 배우에게나 문화와 의식이 다른 서구의 작품이 체화되지 못한 것이다. 동일한 연기력을 갖춘 배우의 경우 1960년대에는 번역극보다 창작극에서 보다 자연스러운 화술을 전개한 것이다. 따라서 창작극 공연을 중심으로 논의하고자 한다. 먼저 1960년대에 출현한 실험극장, 민중극장, 산하, 가교, 광장, 자유극장과 드라마센터의 공연연보를 토대로 공연 작품수를 정리해보기로 한다.196)

---

194) 김진수, 「대사의 묘(妙)를 얻어: 국립극장 공연 '젊음의 찬가'」, 『한국일보』, 1962년 4월 9일자.

195) 김진수, 「대사의 묘(妙)를 얻어: 국립극장 공연 '젊음의 찬가'」.

196) 표의 왼쪽의 숫자는 공연작품수이며, 표는 '예술로'에서 제공하는 각 극단의 공연연보를 참고하였다.

[표 11] 1960년대 극단의 공연횟수

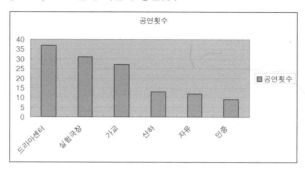

이 표에서 알 수 있듯이 가장 많은 작품을 공연한 극단은 드라마센터, 실험극장, 가교의 순인데, 이 세 극단의 공연을 창작극과 번역극으로 나누어 다시 정리하면 다음과 같다.

[표 12] 창작극과 번역극의 비율

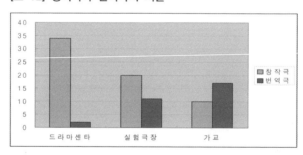

창작극의 비율만 본다면, 1960년대 창작극 공연을 주도한 극단은 드라마센터가 된다. 실험극장 역시 부조리극과 서사극의 실험적 공연으로 인해 창작극 공연이 간과되어 온 면이 있지만 실제 공연에서는 창작극의 비율이 더 높게 나타난다. 이에 여기에서는 드라마센터, 실험극장, 그리고 기성극단이라 할 수 있는 국립극단을 중심으로

글을 전개해보고자 한다.

3.2.1. 토속적 사실주의 화술

국립극단의 창작극 공연 중에서 사실주의적 화술로 당시 호평을 받은 작품은 〈산불〉, 〈만선〉이다. 직접 공연을 관람한 장민호, 안민수, 한상철은 현재까지 자연스러운 화술이 전개된 인상적인 작품으로 다음과 같이 기억한다.

- 〈만선〉 하면 "야 사실하고 똑 같다." 이런 말도 들었지.[197]
- 국립극장 연극을 많이 봤는데, 〈산불〉, 〈만선〉, 이용찬의 〈가족〉 그런 것들은 굉장히 자연스럽고 좋은 연극이었어.[198]
- 국립극단에서의 〈산불〉, 〈만선〉은 아주 드문 거라고 할 수 있지요. 아주 그 시대에서 보기 드물게 사실적이었지요.[199]

당시의 호평뿐 아니라 이와 같은 구술에서 알 수 있듯이 국립극장의 〈산불〉과 〈만선〉은 현재까지도 배우의 화술에 있어서 '사실하고 똑 같은', '자연스러운', '드물게 사실적인' 화술로 기억되고 있다. 물론 구술은 구술자의 주관이 개입되기 마련이지만 장민호, 안민수, 한상철 모두가 공통적으로 사실주의적 화술을 거론하는 것을 보면 최소한 이전과는 구분되는 화술이 전개된 것은 분명하다. 이에 국립극단의 〈산불〉과 〈만선〉을 중심으로 1960년대에 전개된 사실주의

---

197) 장민호, 본 연구자와의 개인 인터뷰.
198) 안민수, 본 연구자와의 개인 인터뷰.
199) 한상철, 본 연구자와의 개인 인터뷰.

적 화술에 대해 알아보고자 한다. 사실주의적 화술의 음조와 억양은 일상적 화술과 유사하므로 화술의 음조와 억양보다는 사실주의적 화술이 전개된 근본적 원인에 초점을 두기로 한다.

① 현실적 소재와 일상적 대사

〈산불〉은 한국전쟁이라는 우리의 현실을, 〈만선〉은 우리의 어촌을 소재로 하면서, 평범한 한국의 촌민을 주요 인물로 등장시킨다. 1950년대에 신협의 등장인물이 고귀한 왕족이었던 반면 인물이 사회의 중하층 계급으로 이동한 것이다. 이 같은 변화는 자연 대사의 변화를 야기한다. 굳이 비교한다면, 역사극의 '-리이까'또는 '-하나이다' 등의 고어적 대사나 '오, 데스데모나 죽어도 이대로 있어다오.' 와 같은 시적 대사의 자리에 소박한 일상적 대사가, 또는 경우에 따라 속어(俗語)가 들어서는 것이다. 다음 〈산불〉의 대사를 보기로 한다.

> 양씨: (홉되로 쌀을 되다 말고) 아니, 이건 한 홉도 못 되는 구먼 그래!
> (하며 최씨를 쳐다본다.)
> 최씨: (거만하게) 그것도 그맘 먹고 퍼 왔어! 우리 살림에 쌀 한 홉이면
> 어디라고…. (하며 외면한다.)(…중략…)
> 양씨: 눈깔은 어디다가 쓰라는 눈깔이야! (이때 모든 사람들의 시선이
> 두 사람에게도 집중된다)(…중략…)
> 최씨: (입가에 조소를 띠으며) 흥! 잘난 이장인가 반장을 맡았다고 세
> 도를 부리긴가? 까마귀 똥도 약이라니까 칠산 바다에 찍 한다더
> 니…(하며 비웃는다.)200)

이같이 〈산불〉은 전쟁 통에서 살아가는 중하층 여인들의 억척스러운 현실을 구어적 대사로 구현하면서 '-구먼 그래', '눈깔이야' 등 산간 삶의 질곡과 투박한 일상을 그대로 담아낸다. 대사 자체가 말하는 듯한, 자연스러운 화술을 유도하며 인물들의 욕구를 치장 없이 묘사하는 것이다. 이 같은 양상은 〈만선〉에서 보다 잘 나타난다. 다음은 평생 가난과 싸우며, 부서만을 알고 살아온 곰치의 대사이다.

곰치: (부르짖듯) 저 징소리를 들어봐! 저 징소리는 죄다 이 곰치를
　　　위해서 울리는 것이여! 죄다 이 곰치 것이란 말이여! (…중략…)
곰치: (더욱 으스대며) 뱃놈이 쉬운 거 아니여! 죄다 가죽만 쓴 뱃놈들
　　　이제, 참말로 뱃놈들인줄 알어? 곰치만은 달러!(…중략…)
구포댁: 자꼬 사람속만 썩혀주지 말고 싸게싸게 말들이나 해보소! 그
　　　래 내가 뭇을 시치미 떼? 은제 시염 돈은 방구를 뀌었어? 꿈 같
　　　은 놈의 목돈은 또 뭇이랑가?[201]

이와 같이 곰치는 자신이 부서떼를 유인한 실력을 자랑하며 늘어놓는데, 곰치의 대사는 '-아니여', '-말이여', '뱃놈들이제' 등 사투리로 구사되어 있다. 이것은 곧 자연스러운 토속적 리듬을 도출한다. 1930년대 극연의 농촌을 배경으로 한 창작극의 대사가 토속적이었으나 배우들은 어감의 구현까지는 도달하지 못한 바 있다. 이에 비해 〈만선〉에 대해 당시의 기사는 "전라도 사투리가 풍기는 정감(情感) 깊은 「뉴앙스」가 가미되어 극의 생명력을 이루고 있다"[202]고 분명히

---

200) 차범석, 『산불(외)』, 범우사, 1999, 13~14쪽.
201) 천승세, 〈만선〉; 유민영, 『한국현대희곡』, 열음사, 1986.
202) 『조선일보』, 1964년 7월 8일.

전한다. 1960년대의 창작극 공연에서 배우들은 대사 자체가 담고 있는 토속적 리듬을 토대로 사실적이고 구어적인 화술을 실현한 것이다. 뿐만 아니라 김방옥이 〈만선〉의 곰치를 '사실상 우리나라 사실주의 희곡에서 최초로 성격다운 성격을 부여받은 인물로'[203) 보듯, 곰치는 작품의 끝까지 인물로서의 일관성을 잃지 않는다. 다음 곰치가 뭍으로 나가자는 아내의 말에 대응하는 장면을 보자. 곰치는 어부로서의 긍지와 자부심을 역설하지만 투박하고 억센 인물의 일관성을 유지한다.

> 곰치: (완강하게 뿌리치며) 미친 소리 마럿! 내가 눈 속에 흙들 때까지 그물을 놓나 봐라! 그물을 놔? 바다를 떠나? 어림없는 소리마라! 기어코, 뜰망배 한나라도 장만하고 말 것잉께!(…중략…)
> 곰치: 그 소리 싹 집어치지 못해? (구포댁의 코 앞에다 손가락 삿대질을 해대며) 내가 여기를 떠? 이것아! 생각 좀 해봐라! 삼대가 다 물속에서 죽었어! 곰치가 그물을 손에서 놓는 날에는 차라리 배를 갈르고 말꺼여![204)

곰치는 삼대에 걸친 천직을 이어가겠다는 인생철학을 '차라리 배를 가르고 말꺼여' 등 어부로서의 투박한 말로 전개한다. 이 같은 인물의 일관성 있는 대사가 연기하는 배우에게 중요하다는 장민호의 구술을 주목하고자 한다.

작가들이 등장인물을 설정하면, 아버지로서의 인격과 아버지로서의

---

203) 김방옥, 「한국 사실주의 희곡연구」, 131쪽.
204) 천승세, 〈만선〉; 유민영, 『한국현대희곡』, 190쪽.

화술이 있어요. 그런데 자기(작가의–필자) 철학을 아버지는 말할 수 없는데, (설정된 극중 인물의 사회적 계급과 지식수준으로 말할 수 없다는 의미–필자) 작가가 인물의 일관성이 없게 작가의 철학을 너무 주입시켜요. 예를 들면 아버지가 중학교 선생이나 동사무소 직원 정도였는데, 갑자기 법학박사가 된 것처럼 말을 한다거나… 작가의 과욕이 아닌가 하죠. 그 아버지로서 아버지의 인격으로서 나오는 것이어야 하죠. 그거 하는 사람도(일관성을 잃은 인물의 철학적 대사를 말하는 배우–필자) 땀나는 얘기고 듣는 사람도 거북하고… 인물의 일관성, 관통성이 있어야 하지 않는가. 배우는 얼마나 힘들겠어요. 창작극은 그런 예가 많아요. 적재적소에 인물에 맞는 그런 화술이 있어야 해요.205)

장민호의 구술과 같이 등장인물이 일관성을 잃고 작가의 대변인 역할을 수행할 때 배우는 혼란스러운 것이다. 배우는 마치 1인 2역을 맡는 것 같은 어려움으로 극적 흐름을 놓치고 그로 인해 상대역과의 일관성 있는 관계나 반응은 단절되기 때문이다. 이에 비해 〈산불〉과 〈만선〉은 앞의 대사를 통해 알 수 있듯이 사실적 소재와 구어적 대사, 일관성 있는 인물구축으로 분명 사실주의극의 수준에 도달했음이 드러나며, 그것은 곧 사실주의적 화술의 구현으로 이어지는 것이다.

② 프롬프터의 폐지와 2차원적 움직임의 탈피

기성극단인 신협이나 국립극장이 1960년대 이전 평균 2주의 연습으로 프롬프터를 두어 공연을 전개하였음은 앞에서 거론한 바 있다.

---

205) 장민호, 본 연구자와의 개인 인터뷰.

그런데 〈산불〉 공연을 시점으로 〈산불〉의 연출 이진순이 프롬프터의 폐지를 주장하면서 국립극장은 공연방식에서 변화를 맞는다.[206) 프롬프터의 폐지는 곧 배우들의 긴장과 강도 높은 훈련을 야기한다. 오전 10시부터 점심시간 없이 오후 6시 전후로 연습이 끝났다는 백성희의 회고와 연습광경에 대해 인상적으로 기억하는 차범석의 다음 구술로 기성극단 연습방식의 변화를 읽어내기로 한다.

　　그때 연습장에 가보니까 초등학교처럼 이렇게 연출자는 이렇게 서 있고, 이렇게 의자 갖다 놓고 학생처럼 다 앉아 있어요. 그래서 책 읽기 연습하더라고.[207)

이 설명은 연습 중 '같이 읽기'에 대한 것이다. 2주에서 한 달로 연습기간이 확장되었다는 것은 배우의 표현뿐 아니라 작품에 대한 전체적 이해와 인물분석에 할애하는 밀도가 상대적으로 증가되었다는 의미이다. 외적 표현에 치중하는 낭만주의적 화술에서 인물의 내적 심리를 보다 섬세히 표현하는 사실주의적 화술전개의 기반이 되는 것이다. 다음 〈산불〉에 대한 평을 보기로 하자.

---

206) 국립극장의 프롬프터 폐지는 다소 증언이 엇갈린다. 백성희는 1962년 〈산불〉 공연 시 이진순에 의해 프롬프터가 폐지되었다고 한다(백성희 인터뷰; 송효숙, [배우 백성희 연구], 동국대학교 석사논문). 반면 장민호는 1967년 국립극장 단장으로 취임하였을 때 국립극장은 프롬프터의 관행이 남아 있었으며, 그에 따라 취임과 동시에 국립극단의 프롬프터를 전폐시켰다고 한다(장민호, 본 연구자와의 개인 인터뷰). 따라서 1962년 〈산불〉 공연 시 프롬프터가 폐지되었던 것은 사실로 보이지만, 1967년까지 모든 공연에 적용되었다고 볼 수는 없을 것이다. 1967년 이후, 국립극장에서 프롬프터는 완전히 폐지되었다.

207) 차범석, 구술 채록.

무엇보다도 백성희, 진랑, 나옥실을 주축으로 한 연기진은 관객에게 다시 없는 감명을 주었다. 과거에는 왜 그랬을까? 하는 의심이 갈 정도로 박력 있는 연기를 보여주었다. 코믹데리후역을 맡은 박상익, 귀덕이역을 맡은 김금지, 또한 크게 발전을 보인 노경자의 공도 사고 싶다.[208]

이와 같이 이근삼은 〈산불〉에서 배우들의 화술을 구체적으로 설명하지는 않지만, 분명 과거와는 차이가 있다고 밝힌다. 과거의 화술은 다시 반복하면 낭만주의의 잔재인 높은 어조의 절규하는 화술인데, 그 같은 화술과 차이가 있었다는 것은 음조와 음량이 일상성에 근접하고 있음을 시사한다. 다음의 또 다른 기사를 보기로 하자.

특히 리얼한 장치의 효과는 극에 실감력을 주었으며 여유 있고 몸에 밴 백성희, 진랑 의 관록 있는 연기를 배경삼아 내면적인 연기를 모색하는 나옥주가 두드러진 역할을 했다.[209]

이 기사는 배우들이 '내면적인 연기'를 모색한다고 거론한다. '내면적인 연기'는 김동원의 표현을 빌리면 인물의 '심리 표현'이다. 낭만주의적 화술이 인물의 심리보다 외적 표현에 치중하였다면, 1960년대 배우들은 표현보다는 인물의 내적 심리로 중점을 옮긴 것이다. 뿐만 아니라 64년 〈만선〉에 대한 "구포댁의 백성희는 정수(精髓)의 경지를 간 듯 했고, 곰치역의 김성옥도 세일즈맨의 죽음 이래의 열연"[210]을 했다는 호평 역시 이전에 비난의 대상이었던 과장된

---

208) 이근삼, 「이 해의 가장 큰 수확: 국립극단의 '산불' 공연」, 『한국일보』, 1962년 12월 29일자.
209) 『조선일보』, 1962년 12월 30일자.

화술을 벗어나 사실주의적 화술이 전개되었음을 뒷받침한다. 또한 흥미로운 것은 프로시니엄 무대인 국립극장과 사실주의적 화술이 조율되는 모습이다. 이에 대한 다음 안민수의 구술은 주목을 요한다.

> 국립극장 연극은 많이 봤는데, 이용찬의 〈가족〉, 천승세의 〈만선〉, 차범석의 〈산불〉그런 것들은 프로시니엄 무대에서 사실주의적 연기에 바탕을 두면서도 펼쳐 보이는 연기에서 완전히 벗어나지는 못했는데, 그렇다고 해서 부자연스러웠다고 말할 수는 없어. 프로시니엄이라는 것을 객석 뒤에까지 확대시킨 개념이었기 때문에 그렇지.[211]

국립극장은 기본적으로 프로시니엄 무대이며, 앞에서 살펴본 바와 같이 1950년대까지 프로시니엄 극장에서 배우들은 관객에게 들려주는 듯한 화술을 전개했다. 그런데 안민수의 구술이 흥미로운 것은 프로시니엄 무대에서 배우들은 마치 무대가 돌출되어 삼면에 관객이 있는 듯, 정면의 관객만을 의식하지 않은 화술을 전개했다는 점이다. 공연 사진에서 배우들의 모습을 보아도 '관객을 의식하는 화술,', '관객에게 들려주기 위한 화술'을 지양하고 있음을 확인할 수 있다. 다음은 공연사진이다.[212]

---

210) 「만선: 국립극장서 공연. 환상(幻想)과 집요(執拗)와 절망(絶望)과…」, 『조선일보』, 1964년 7월 8일자.

211) 안민수, 본 연구자와의 개인 인터뷰.

212) 차범석의 희곡집 『산불』, 부록 발췌.

[사진 9] 〈산불〉의 공연사진

　〈산불〉의 무대는 위의 사진과 기사의 평과 같이 '문명도 의욕도
없는 산간백지에 설정된 무대를 통하여 소박한 매력을 풍겨주며 적
나라한 거의 원시에 가까운 산중 인간들의 생태를'[213] 그린다. 오두
막 역시 짚이나 가마니로 산간지방의 생활상을 토속적이며 사실적
으로 구현한다. 배우들은 아직 몸을 관객에게 향한 채 고개만을 상대
배우를 향해 돌리는 낭만주의적 잔재를 보이기도 한다. 그러나 두
번째 사진에서 상대역을 향해 앉아 있는 몸짓을 보면 변화를 감지할
수 있다. 이것은 관객이 아닌 상대 배우를 향한 배우의 화술 전개를
시사하는데, 이러한 변화는 〈만선〉에서 특히 돋보인다.[214]

---

213) 『조선일보』, 1962년 12월 30일자.
214) 〈만선〉의 공연사진은 디지털 국립극장에서 제공하는 공연사진을 발췌하였다.

[사진 10] 〈만선〉의 공연사진

첫 번째 사진에서 배우는 관객에게 등을 돌려 기둥을 손보기도 하고, 두 번째 사진에서 또 다른 배우는 완전히 관객에게 등을 돌리며 무대 뒤쪽으로 걸어 나간다. 걸어 나가는 배우의 옆에 서 있는 배우들도 관객에게 등을 돌려 무대 뒤쪽으로 가는 배우를 바라보고 있다. 관객이 아닌 상대 배우를 향한, 상대배우와 대화를 하는 화술이 전개되고 있음이 가늠된다. "배우가 서로 대화를 하기보다는 관객을 의식하며 말할 때 극적 리얼리티가 상실된다"215)는 시슬리 베리의 견해를 참고하면, 이같이 관객에게 들려주기 위한 식의 화술이 아닌 배우가 서로 대화하는 화술은 극적 리얼리티를 구현하여 사실성이나 일상성을 강화시킨다. 따라서 국립극장의 〈산불〉과 〈만선〉

---

215) Ciceley Berry, *Voice and the Actor*, p. 18.

에서 배우들의 화술은 토속적 대사, 성격다운 성격을 부여받은 인물, 프롬프터의 폐지, 강화된 작품분석과 인물분석, 2차원적 움직임의 탈피에 힘입어 일상성과 사실성을 획득했다고 하겠다.

3.2.2. 다양한 기조의 사실주의적 화술

〈산불〉과 〈만선〉 이후 국립극장은 연간예산의 반감과[216] 미흡한 시설로 계절휴관을 한다.[217] 이같이 국립극장이 침체에 들어설 때, 공연은 실험극장과 드라마센터를 중심으로 이어졌다. 실험극장은 대학극 출신의 배우들로, 극단 드라마센터는 드라마센터 부설 연극학교 출신의 배우들로 구성되었는데, 먼저 젊은 두 극단과 1960년대 기성 배우와의 기본적인 차이를 살펴보기로 하겠다.

드라마센터의 개관기념 공연인 〈햄릿〉은 흥미로운 작품이다. 일차적으로 '동양 최고 수준의 시설과 설비를 갖춘 소극장'[218] 드라마센터의 개관공연으로 40여 일이라는 "우리 사상 초유의 장기 공연

---

216) "지난 3일 국회를 통과한 이 예산은 결국 국회가 국립극장의 활동에 관해 전혀 등한시하고 있다는 결과를 가져와 보호가 시급한 무대예술은 앞으로 커다란 타격을 받게 되었다. 국립극장은 연간 연극 5회, 오페라 2회, 무용 2회, 그리고 교향악 6회를 상연해왔는데, 이번의 반감된 예산으로 그 횟수가 또 반으로 줄 수밖에 없게 되었다."(「움츠린 국립극장」, 『동아일보』, 1965년 12월 28일자)

217) "우리나라 유일의 무대예술의 전당인 국립극장은 겨울철과 여름철이 오면 부득이 연 2개월의 휴관을 하지 않으면 안 될 서글픈 현상에 직면한다.… 냉방이나 난방뿐 아니라 자가발전 시설 하나 없이 극단 광장의 〈원저의 명랑한 아낙네〉 공연에서는 정전이 되어 촛불로 공연했는가 하면 얼마전 오페라 〈춘향전〉 때는 외국 손님까지 온 자리에서 또 정전, 50분간이나 기다려야 하는 망신스러운 현상을 보여주어야 했다. 국립극장의 미흡한 시설은 당국의 몰이해와 성의없는 방치로 아직까지 구비되지 못하고 있는데, 무성의는 예산을 둘러싼 금년 초의 국회에서의 태도에서도 드러났다."(「국립극장 계절휴관」, 『동아일보』, 1966년 12월 20일자)

218) 서연호·이상우, 『우리연극 100년』, 현암사, 2000, 214쪽.

기록을 세웠다는"219) 의미도 있지만, 기성배우와 신진배우의 연기를 비교해보며 관객의 반응을 알아볼 수 있는 공연이기 때문이다. 당시 〈햄릿〉의 주연은 더블이나 트리플로 햄릿에는 김동원, 최상현, 클로디어스 왕에는 장민호, 남성우, 왕비에는 황정순, 박명희, 천선녀가 캐스팅 되었다. 김동원, 장민호, 황정순으로 이루어진 팀이 소위 기성극단인 신협이었고, 최상현, 남성우, 박명희로 이루어진 팀이 신진파였던 것이다. 먼저 한상철의 인터뷰로 김동원과 최상현의 화술을 비교해보기로 한다.

원로 배우하고 젊은 배우가 나와서 대조가 되었다구. 최상현은 현대적인 연기법이라고 할까, 김동원은 원로니까 옛날식의 어법이었다구. 가령 인기는 김동원씨가 훨씬 있었어요. 연기 스타일이 달라서이기도 하지만, 최상현씨는 아주 리얼리스틱 했다구요. 그러니까 그 대사에 맛이 별로 없었다구. 그냥 플랫하게(flat) 쭉 얘기를 했다고. '사느냐 죽느냐 그것이 문제로다'이 대사라면, 김동원씨는 '사ー느냐 죽ー느냐, 그것이 문제ー로다'(시조를 읊듯이ー필자) 이렇게 억양을 만들면서 말했는데, 여학생들이 무척 좋아했어요. 내가 듣기에는 좀 조작적이었다고나 할까. 많이 디자인이 된 셈인데, 그런데 관객들은 그런 식의 꾸밈을 좋아한다는 생각이 들어요. 그에 비해서 현대식 연기는 꾸밈이 없지. 꾸밈이 없다는 것은 어떻게 보면 맛이 없다는 것이기도 해요.220)

이러한 한상철의 구술은 기성배우와 신진배우의 기본적인 차이를

219) 서연호·이상우, 『우리연극 100년』, 214쪽.
220) 한상철, 본 연구자와의 개인 인터뷰.

단적으로 말해준다. 기성배우의 화술은 자의적으로 음조나 억양에 꾸밈과 굴곡, 수식이 많았던 반면, 신진 배우의 '현대적 화술'은 어조를 수식하지 않는, 굴곡이 없는 화술이었다. 이것은 물론 양식의 차이일 뿐 우열을 의미하지는 않는다. 다음 여석기의 구술을 참고하기로 하자.

한 팀은 옛날에 햄릿을 했지. 그 멤버들이란(신협의 멤버-필자) 말야. 김동원씨는 그때 완전히 자리를 잡으신 분이야. 그리고 새 팀은 새파란 젊은이들이었고… 첫 날 관객으로는 장안의 모모한 사람은 다 모였지. 그런데 공연은 내가 보기에는 구파가 승리를 했어. 새로 나온 사람들이 너무 아마츄어리쉬했어. 연습을 그렇게 열심히 해도 못 따라가. 확실히 최상현의 햄릿은 우리가 통념적으로 알고 있는 귀공자 햄릿하고 딱 들어맞아. 그건 맞는 말이야. 김동원씨의 귀공자는 좀 때가 묻었고.(웃음) 최상현은 풋풋하잖아. 갖다 놓으면 햄릿인데, 배우로서도 괜찮게 했지마는 역시 움직임에서는… 김동원씨는 참 움직임이 날렵해요. 대사가 잘 들리지, 다른 배우보다 훨씬 더 잘 들려. 햄릿은 참 대사가 많잖아. 보통 배우로는 힘이 들어. (김동원은-필자) 그걸 다 소화를 해내. 그리고 다른 사람들도 얘기했지만은 팬싱 장면이 나오잖아. 이것은 김동원하고 최상현씨 하고 보면 비교가 안 돼.(웃음) 김동원은 민첩하게 잘 움직이는데, 최상현은 비교가 안 되는 거야. 뻣뻣했거든. 거투르드는 황정순이 했는데, 그에 비해서 해외에서 온 젊은 아가씨가 (신인 팀의 거투르드-필자) 상대가 안 돼지. 황정순이한테. 그러니까 신협을 단순히 구파라고만 하면 안 돼.[221]

---

221) 여석기, 본 연구자와의 개인 인터뷰.

여석기가 김동원과 최상현 연기의 차이를 '때 묻지 않은'이라고
언급하면서도 김동원의 유연한 몸짓과 정확한 대사전달을 보다 인
상적으로 기억하듯이 기성배우와 신진배우의 화술은 우열의 문제가
아니라 표현의 다름일 뿐이다. 그런데 재미있는 것은 아직 연극에
입문하기 이전 학생으로서 공연을 관람한 전무송의 다음 구술이다.

햄릿을 내가 두 분 (김동원과 최상현-필자) 다 봤는데, 그때는 연극
을 하기 전 그냥 학생이었지. 전체적으로는 똑같은데, 첫날 가서 보니
까 김동원 선생님인데 탁 나오시는데, "야, 멋있다."했지. 그냥 멋있어.
"죽느냐-, 사느냐- 그것이 문제로다-"(시조를 읊듯이-필자) 하는데
멋있어. 대사도 그냥 좋은 것 같애. 그리고 그 다음날 내가 또 왔어.
표 한 장이 또 있었거든. 최상현인지 누군지도 몰랐지. 근데 배우가
어제하고 달라. 젊은 배우야. 근데 목소리도 좋고, 그런데 표현하는 방
법이 어제 김동원 선생하고 다른 거야. "죽느냐, 사느냐, 이것이 문제
다"(감정 없이 일상의 어조로-필자) 그냥 일상 말처럼 하는 거야. 그
런데 그게 더 와서 닿는 거야. 표현 방법이 다른 거지. 그러니까 (전무
송 본인이-필자) 젊어서 그런 건지는 모르지마는 앞에는(김동원-필
자) 뭔가 만든 것 같고, 뒷 분은 (최상현-필자) 느낀 걸 그냥 말하는
것 같고, 그런데 그렇게 생각한 것도 나중 생각이고, 그때는 그런 거지.
김동원 선생님은 읊으시지. 낭독처럼, 그게 시대의 차이가 그렇게 나타
난 거지. 그리고 실험극장 사람들이 군사, 뭐 이런 걸로 나왔는데, 그
배우들 대사가 생활적인 것이 (사실주의적 어조와 음조-필자) 많았
어. 관객들이 누구 햄릿을 더 좋아했는지는 글쎄….222)

---

222) 전무송, 본 연구자와의 개인 인터뷰.

전무송 역시 김동원과 최상현 화술의 차이는 읊는 듯한 화술과 일상적 화술이라고 구술함으로 1960년대 젊은 배우들은 기본적으로 기성배우의 영탄조 또는 장식조를 탈피하고 있음을 뒷받침해준다. 그런데 이와 더불어 주목할 것은 1960년대에 들어서면 관객 역시 변하고 있다는 점이다. 한상철과 여석기의 회고처럼 관객이 영화배우로써도 활약한바 있는 김동원의 낭만주의적 화술을 좋아했다는 것은 사실일 것이다. 그러나 여석기의 경우, 첫 회 공연을 관람했으며, 첫 회 공연은 여석기의 표현대로 '장안의 모모한 관객'이 주를 이루었으므로 젊은 관객이라고 볼 수는 없을 것이다. 다음은 이에 대한 오현경과 정한룡의 구술이다.

　－60년대 관객이라면 거의 대학생이었어요. 실험극장 같은 경우는 레
　　포트 숙제를 내줘서 온 관객들이 많았어요. 다 대학생이었어요.[223]
　－60년대부터 현재까지 변하지 않는 건 관객층이라고 할 수 있죠. 20대
　　초반의 여대생이 현재까지인 거지요. 다음에는 직장 여성으로 확대
　　된 부분이 있지만… 기본적으로 관객이 확대되지 않으니까 힘들지
　　요.[224]

이같이 1960년대의 주요 관객은 일반 대중이 아닌, 지식인이라고 할 수 있는 대학생으로 전환된다. 〈햄릿〉 공연을 관람하며 꾸미지 않은 화술에 보다 호감을 느꼈던 전무송과 같이 아직 전면에 부각되지 않은 학생관객이 1960년대 주요 관객이 되는 셈이다. 그리고 1960

---

223) 오현경, 본 연구자와의 개인 인터뷰.
224) 정한룡, 본 연구자와의 개인 인터뷰.

년대의 주요 관객이 될 이 새로운 관객층은 낭만주의적 화술의 멋을 인정함에도 불구하고 장식적 화술보다는 사실주의적 화술에 더 점수를 주고 있다. 1960년대 신진 배우들이 기본적으로 낭만주의적 화술과 다른 각도에서 연기에 접근하고 있듯이, 본격적인 세대교체는 관객층에서도 일어났고, 배우와 관객 모두는 새로운 연기양식, 다시 말하면 사실주의적 화술을 지향했던 것이다.

① 다양한 기조의 창작극

1964년 창립한 드라마센터는 1965년부터 1971년까지 매해 신문사의 신춘문예 희곡당선작을 공연했다.[225] '극작가 캐내기'를 표방한 사업의 일환이었는데, 그 의미를 다음 김정옥의 글과 1960년대부터 창작극에 관심을 두어 1970년대 창작극 공연을 주도한 연우무대의 대표 정한룡의 구술을 통해 알아보기로 한다.

–종래의 신춘문예에 입선된 희곡들이 희곡 원래의 목적인 무대 상연이라는 각광을 받지 못하고 잊어짐으로써 신인발굴이라는 신춘문예의 목적이 적어도 희곡분야에서는 흐지부지 되어온 감이 없지 않았으며 또한 창작극 빈곤이 오늘의 연극부진의 주요한 원인이라는 것

---

225) 1965년부터 1969년끼지의 신춘문예 당선작 공연은 1965년 〈성야〉(오혜령, 경향신문), 〈비행장 옆 자선병원〉(하경자, 조선일보), 〈철새〉(노경식, 서울신문), 1966년 〈동의서〉(고동율, 경향신문), 〈담배내기〉(오재호, 동아일보), 〈들개〉(전진호, 조선일보), 〈동굴설화〉(원갑희, 중앙일보), 1967년 〈출발〉(윤대성, 동아일보), 〈회방〉(김지현, 서울신문), 〈웨딩드레스〉(오태석, 조선일보), 〈소매치기〉(?, 중앙일보), 1968년 〈동굴〉(김승규, 동아연극상 대상), 〈임금놀이〉(이일용, 조선일보), 〈산울림〉(?, 서울신문), 〈호수에 가을비 내리다〉(?, 동아일보) 〈박제된 인간〉(김창화, 중앙일보), 1969년 〈청혼합시다〉(이철, 동아일보), 〈갈색 머리카락〉(김종달, 조선일보), 〈쫓겨난 사람들〉(김영무, 중앙일보)이 있다.

을 생각한다면 이러한 공연기획은 우선 환영을 받을 만하다.[226)

―60년대 창작극 하면 미친놈 소리 들었지요.(웃음) 그때는 어차피 아
마츄어적인 속성을 가졌는데… 수지타산을 맞추고 그런 개념이 없
었어도… 그렇다고 해도 창작극 해서 깨지면 그 다음 공연을 할 수가
없었지요.[227)

1960년대 창작극은 정한룡의 회고와 같이 흥행에서 기대를 할 수
없는 공연이었고, 특히 신진작가들의 작품은 지명도 면에서도 관객
의 흥미를 유발하기 어려웠다. 이러한 상황에서 드라마센터가 1960
년대 창작극을 주도했다는 것은 김정옥의 지적과 같이, 희곡 원래의
목적을 상기시키며 우리 연극부진의 주요 원인 중 하나인 창작극의
빈곤을 타개하려는 시도인 동시에 오혜령, 노경식, 오재호, 전진호,
윤대성, 김창활, 김승규, 이철 등을 공연으로 데뷔시켰다는 점에서
의미가 있다. 그렇다면 신진작가들의 창작극 특징은 무엇이었을까?
작품 자체는 극의 짜임새나 개성 있는 인물의 구현에서 다소 독창성
이 떨어진다. 상투적 구성과 관념적 대사를 지적하는 당시의 비평을
보기로 하자.

―전반부에서의 성격묘사라든가 대사처리의 신선한 감각 등으로 해서
호감이 갔지만, 후반부에서 애인이 비행기 사고로 죽었다는 설정 등
은 너무나 상투적인 것으로 느껴졌으며 (〈비행장 옆 자선병원〉 하경
자 작)

---

226) 김정옥, 「소재에 신선미, 신춘문예 입선희곡 공연을 보고」, 『조선일보』, 1965년 1월
    28일자.
227) 정한룡, 본 연구자와의 개인 인터뷰, 2007년 2월 8일, 대학로 정원 까페.

－신부나 수녀의 고뇌가 구상화되지 못하고 개념으로써 노출된 데 그 친 감이 없지 않다. (〈성야〉 오혜령 작)

－극적인 짜임새도 너무 산만한 느낌이 들었다. 극적인 구성이 제대로 되어 있지 않다든가, 극적 동기가 설정되지 않았다는 등 흠잡을 곳도 허다했지만 (〈철새〉 노경식 작)228)

이같이 신진작가들은 작가의 주제를 희곡적 문법에 담는 데는 아직 미흡했다. 심지어 〈극작가 캐내기〉 3회 〈소매치기〉는 '질적으로 너무 떨어져서 당선작으로 뽑은 이유를 알 수가 없다'229)는 혹평을 받기도 했다. 그러나 극작술의 한계와는 별도로 주목할 것은, 작품의 전반적인 기조(基調)가 다양화되었다는 점이다. 그 다양화 중 하나는 가벼운, 소극적(笑劇的) 작품이 출현한다는 점이다. 이전의 조국애, 비극적인 사랑, 사회구조와의 갈등 등 비극적이고 진지한 소재들이 개인 간의 사소한 갈등으로 전환되고, 희극적인 인물이 중심인물로 등장한 것이다. 대표적 작품으로는 〈극작가 캐내기〉 1회 공연의 〈비행장 옆 자선병원〉, 2회 공연의 〈동의서〉, 〈담배내기〉를 들 수 있을 것이다. 다음의 평을 보기로 하자.

－〈비행장 옆 자선병원〉은 자선병원에 들어온 노인들과 애인을 기다리는 간호원, 그리고 노처녀인 교수를 등장인물로 해서 인정의 교류를 희극적인 터치로 그려나가고 있다.230)

---

228) 김정옥, 「소재에 신선미, 신춘문예 입선희곡 공연을 보고」, 『조선일보』, 1965년 1월 28일자.
229) 「신춘문예 당선합동 공연」, 『서울신문』, 1967년 5월 6일자.
230) 김정옥, 「소재에 신선미, 신춘문예 입선희곡 공연을 보고」, 『조선일보』, 1965년 1월 28일자.

- 〈동의서〉 (…중략…) 이혼을 한다고 큰소리를 치면서도 막상 남편과 헤어지지 못하는 한 여인의 심리를 희극적인 각도에서 그린 작품이다.[231]
- 〈담배내기〉 (…중략…) 이러한 사건들이 지극히 소극적으로 다루어져 있으며 거기에는 약간 자질구레한 장난기마저 없지 않다.[232]

1960년대 '가벼운 코메디는 당시로서는 귀한 것이었다'[233]는 여석기의 말과 같이, 기사가 거론하듯 가벼운 터치로 그려낸 신진작가의 소극(笑劇)은 희곡에서 분명한 변화임에 틀림없다. 다음 〈동의서〉의 작가 고동률의 당선소감은 그 같은 젊은 세대의 의식변화를 잘 대변한다.

하지만 한국적인 눈물은 싫어요. 우리는 너무나 오랜 동안 지쳐버렸으니까요. 좀 더 우리 주변에는 생기에 찬 무엇이 필요하겠어요.[234]

더 이상 '한국적인 눈물이 싫다'는 고동률의 글은 이전 낭만주의적 작품의 전반적인 분위기의 거부뿐 아니라, 젊은 작가들의 작품이 기성작가의 사실주의적 창작극과도 구분됨을 시사한다. 〈산불〉과 〈만선〉이 우리 촌민에서 벌어지는 삶의 질곡을 소재로 하는 무게감 있는 작품이었던 반면, 신진작가의 작품은 소도시를 중심으로 인간의 심리를 가볍게 그려내는 소극에 가까운 것이다. 이 같은 작품

---

231) 임영웅, 「아쉬운 재기, '신춘문예 희곡 공연을 보고'」, 『경향신문』, 1966년 2월 9일자.
232) 김정옥, 「신춘문예 당선희곡공연」, 『조선일보』, 1966년 2월 8일자.
233) 여석기, 본 연구자와의 개인 인터뷰.
234) 고동률, 〈동의서〉, 『신춘문예당선집』 7권, 중앙출판사, 1973, 172쪽.

분위기의 전환은 화술에서도 전환을 야기한다. 사실주의적 대사라는 면에서는 앞서 살펴본 〈산불〉이나 〈만선〉과 동일하지만, 소극은 그 특성상 또 다른 어감과 템포를 요구하기 때문이다. 〈동의서〉의 대사를 보기로 하자.

> 처: 아이구머니! (간막을 열어젖히고) 가세요, 나가요!
>
> 털보: 아웅!
>
> 처: 어휴, 지긋지긋해. 가세요.
>
> 털보: 하지만 그리운 임!
>
> 처: 뭐요? (좌측으로 건너오며) 썩 나가세요. 나가요!
>
> 털보: 용건을 마치면.(…중략…)
>
> 털보: 당신은 위선자야.
>
> 처: 당신은 악마야
>
> 털보: 당신은 도둑고양이.
>
> 처: 당신은 곰!235)

이 장면에서 등장인물은 이혼을 하는 상황까지 치달으며 서로 말싸움을 벌이고 있다. 그런데 대사는 비극적이라기보다는 경쾌하게 서로 던지듯 주고받도록 구성되어 있다. 자연 빠른 템포를 필요로 하여 불필요한 억양의 꾸밈이나 수식은 사라진다. 또한 흥미로운 것은 다양한 기조의 테스트는 배우의 화술이 일정한 어조로 고정되는 것을 방지하며 자연스러운 화술을 전개하는 데 영향을 미친다는 점이다. 일반적인 견해이기는 하지만, 이에 대해 다음 시슬리 베리의

---

235) 『신춘문예당선집』 7권, 182~183쪽.

글을 참고하기로 하자.

　　배우는 자신의 말투, 억양보다는 다른 억양과 말에 익숙해질 필요가
있다. 다양한 텍스트는 지나치게 세련된 액센트나 개성적 인물구축을
위해 지나치게 독특해진 화술로 인해 고정되어진 화술을 교정하는 역
할을 하기 때문이다. 이것들은 연기에 오히려 한계를 주는 셈이다. 물
론 배우가 이러한 한계를 인식하고 적절한 대응을 하는 경우는 다르지
만, 세심한 균형이 필요하다. 배우는 자기 자신의 말에서 시작하여, 명
쾌함을 발전시켜야 하고 인물이나 텍스트가 요구하는 데 부합하여 자
기 의지대로 그것을 조정할 수 있어야 한다.236)

　　배우는 배우 이전에 자신으로서의 화술 습관이 있고 맡아왔던 역
에 따라 무의식적으로 억양, 음조, 어조가 고정되는 경향이 있다.
그런데 1960년대 이전까지 우리 극계의 공연 작품은 다수가 비극적
이거나, 진지한 또는 심각한 기조가 주를 이루었다. 이에 따라 기성
배우는 무의식적으로 진지한, 심각한 어감의 화술습관이 배어 있었
다는 다음 한상철의 구술을 보기로 한다.

　　구시대의 화술이라면 감정을 많이 넣는 것이 그렇다고 할 수 있겠어
요. 지나치게 이모셔널하고(emotional), "아버지"라면 그냥 아버지가
아니라 "아버지"(호흡소리가 많이 들어가며, 음절의 끝을 약간 올리는
감정적 화술－필자)라든가.237)

---

236) Ceceley Berry, *Voice and the Actor*, p. 44.
237) 한상철, 본 연구자와의 개인 인터뷰.

이러한 한상철의 구술과 같이 기본적으로 기성배우는 감정적인 어조가 습관이 되어 화술을 전개했는데, 신진 배우들도 그 영향에서 완전히 자유로울 수는 없었다. 다음은 전무송의 구술이다.

영향을 받지요. 그때는 미완성이니까(신진 배우들이 – 필자) 다 멋있고 근사하게 보였지요. 나를 예로 들면, '아, 예 안녕하세요'라면 목을 척 깔고 하는 (진지하고 심각한 어조 – 필자) 그런 것들을 흉내 냈어요. 그러다가 차츰차츰 자기화들을 하는 거죠.[238]

전무송의 구술을 보면 신진배우들은 음조와 억양에서는 비교적 낭만주의적 화술을 빨리 탈피했지만, '어감' 다시 말하면 '말의 감정'에 있어서는 기성 배우들의 진지하고 심각한 분위기에서 완전히 자유롭지는 못했던 것이다. 이에 고정된 화술습관은 다양한 텍스트를 통해서 자유로워질 수 있다는 시슬리 베리의 견해는 참고할 필요가 있다. 새로운 분위기, 새로운 인물은 그에 적합한 어조와 음조를 필연적으로 요구하므로, 배우가 익숙해졌던 억양이나 어감의 교정에 직접적인 영향을 미치고, 텍스트가 요구하는 대로 유연하게 대처할 수 있는 화술이 전개될 기반을 마련해주기 때문이다. 1960년대 신진 작가들의 사실주의적 창작극은 다양한 기조로 기존 낭만주의적 화술의 감정적 어감을 탈피하게 하여 사실주의적 화술의 전개에 기여하는 것이다.

---

238) 전무송, 본 연구자와의 개인 인터뷰.

② 연습기간과 체계적 분석의 강화

실험극장, 드라마센터가 기성극단과 비교해서 갖는 큰 차이점은 늘어난 연습기간이다. 1960년대 국립극단의 20여 일의 연습은 1950년대 후반 2주의 연습관행에 비한다면 확실히 변화된 모습이다. 그런데 실험극장과 드라마센터는 국립극단의 두 배인 40일에서 한 달 반 이상의 기간을 연습에 할애한다.[239] 오현경에 의하면 "연습과정은 작품분석과 장면분석, 인물분석, 대사분석으로 이루어졌다".[240] 중요한 점은 이 같은 면밀한 대사의 분석이 사실주의적 화술을 전개하는 필수 조건이라는 것이다. 사실주의적 화술은 "단순히 억양과 음조, 어조에서 일상과 유사한 화술로가 아닌, 인물의 목적에 대한 면밀한 분석과 행동의 동기를 찾아낼 때 완성된다".[241] 인위적인 화술을 초래하는 근본적 원인 중 하나는 "의미를 파악하지 않는 기계적 대사의 암기"[242] 때문이기도 한 것이다. 1960년대 동인제 배우들이 어느 정도의 깊이로 대사를 분석했는지는 알 수 없지만, 1950년대 프롬프터의 대사를 받아 연기했던 기성배우에 비한다면, 상대적

---

239) 오현경, 본 연구자와의 개인 인터뷰.

240) 오현경, 본 연구자와의 개인 인터뷰.

241) 스타니슬라브스키는 기계적인 대사 암기가 믿음을 (신빙성) 파괴하고 인위적인 음성연기를 창출한다고 믿었다. 스타니슬라브스키는 '구어(spoken language)를 귀중히 여기라'고 종종 말하곤 했다. 그는 에너지를 내재하는 언어와 음성표현이 정서를 움직이게 한다는 것을 알았다. 목적에 의해 액션이 동기가 부여될 때, 단어는(a word) 말의 모습을 갖춘 액션(verbal action)이 된다. 그러므로 스피치는 캐릭터와 정서에 영향을 준다. 스타니슬라브스키는 배우가 논리적으로 그리고 확신을 갖추어 대사를 전달하기 위해서는 대사를 분석해야만 한다는 것을 알았다. 그는 말하는 것이(speaking) 연기라는(action) 것을 인식했다. 스타니슬라브스키는 또한 말의 모습을 갖춘 액션(verbal action)은 신체적 행동에 의지한다는 것도 알았다(Jerry L. Crawford, *Acting in Style*, 260쪽 참조).

242) *Acting in Style*, 260쪽 참조.

으로 한층 면밀한 대사 분석이 이루어졌음은 분명하다.

또한 1960년대 이전 읊는 듯한 화술의 전개로 비일상적으로 느려진 템포는 실험극장의 경우 배우들의 장시간 '토론'과 더불어 빨라졌다. 현재의 시점에서 배우들의 적극적, 또는 치열한 토론은 특기할 만한 사항은 아닐 것이다. 그러나 1970년대까지 연습할 때 장시간을 요구하는 토론은 일반적이지 않았다. 당시 연극계의 일반적 풍토를 정한룡은 다음과 같이 기억한다.

> 연출자가 갖추어야 할 항목에 대해서 들은 이야기예요. (1970년대 – 필자) 연출자가 무조건 배우보다 한 살이 더 많아야 한다. 그리고 배우랑 길게 얘기하지 마라. 우리나라의 연장자 우대 분위기도 있었겠지요. 요즘에 와서는 그런 것들이 많지 않지만 예전에는 있었어요. 예전에는 연출자가 전권을 휘두르고 그랬지요. 토론하고 찾아내면서 연기가 정리가 되지 않았나 합니다.243)

정한룡은 1970년대까지도 배우들은 작품에 대해 열면 토론을 전개하기보다는 연출자의 해석이나 지도에 의지하는 편이었다는 정보를 주는 동시에 또 다른 중요한 언급을 한다. '토론'이 연기의 정리를 가져온다는 것이다. 토론은 배우가 주관적 해석에서 벗어나 연기를 객관화시키고, 연기의 타당성을 찾아가는 과정이다. 외형적 표현에서 빗겨나 인물의 극적 동기의 탐색, 상대배우와의 조율은 곧 사실주의적 화술을 전개하는 중요 발판이 된다. 실험극장의 경우, 연출이 전권을 휘두르는 것은 구조적으로 불가능했음을 주목하자. 동인제

---

243) 정한룡, 본 연구자와의 개인 인터뷰.

극단의 성격 자체가 동인들의 공동출자로 극단을 운영하며, 동인들 내에서 연출을 선정하기 때문이다. 오현경은 1960년대의 일반적 풍토와 실험극단과의 차이를 다음과 같이 설명한다.

그 당시는 연출이 다 연기를 지시했어요. 작은 동작까지도 지적했거든요. 예를 들면 "거기서 고개 들어." 이런 식도 있어요. 왜 그런지 설명을 할 때도 있지만, 안 할 때도 있어요. 그게 나쁘다 좋다는 아니지요. 나름의 이유가 있으니까. 그에 비하면 실험극장 경우는 그렇지는 않았어요. 왜냐하면 다 고만고만하니까. 연출이 후배일 경우도 있는데… 그렇다고 연출을 무시하거나 그런 건 아니고, 연출이 있기는 분명히 있는데, 존중할 건 하고, 거기에 배우들이 이러면 어떻겠냐, 저러면 어떻겠냐, 같이 아이디어를 제공하는 거죠.[244]

기본적으로 스타가 부재하는 동인제 신생극단에서 배우들의 적극적인 토론은 인물에 대한 배우의 객관적 해석과 극중 인물로서의 표현으로 중점을 옮기는 요인이다. 물론 표현에 있어서 배우의 개성은 반영되지만 배우의 개성을 전면에 내세우는 것이 아닌, 공동으로 분석하여 도출한 인물의 목표와 성격, 심리에 토대를 둔 연기를 전개하는 것이다. 자연 배우의 개성이나 느린 템포의 낭만주의적 화술은 지양된다. 그에 대한 보다 구체적인 변화를 다시 오현경과 전무송의 구술로 알아보기로 하자.

─실험극장은 기성배우들에 대한 거부감에서 시작한 것은 아니예요.

---

244) 오현경, 본 연구자와의 개인 인터뷰.

그렇게 하지 말자(기존의 화술, 즉 낭만주의적 화술—필자) 그런 것이 아니고, 분석을 하다보니까 연기가 달라졌겠지요. 인물분석은 배우라면 다 해요. 그런데 연습시간이 짧으면 아무래도 덜 하게 되잖아요. 연습기간이 길면 더 하게 되구요. 잘하고 못하고를 떠나서, 그러다 보면 보다 깊이 내면연기를 하고, 그냥 겉만 보여주는 것이 아니고 (인물의 외적행동에 치중한 연기—필자) 속을 채워서 (인물의 외적 행동을 야기한 내적 동기의 탐구—필자) 인물을 만들어가지고 하다보니까 억양과 템포도 달라져요. 빨라지죠. 우린 그래도 '지이-임, 머했-어'(번역극조—필자) 이렇게는 안했어요. 그냥 '짐 머했어?' 이렇게 했지.245)

—실험극장 같은 경우에는 젊은이들이 모여서 싱싱하게… 어른들의 템포 느리고 이런 것들을 현대감각에 맞게 빨리 하고 그런 것이지요. 연기 스타일 자체가 템포가 빠르고 과장이 덜 하고 그런 거지요. 옛날 어른들은 좀 느린 것들이 있지요.246)

이같이 실험극장의 화술에 대해서는 외부의 시선인 전무송 역시 빠른 템포를 증언하므로 인물의 외적 행동을 이루는 내적 동인에 대한 탐구가 억양과 템포의 변화를 야기한다는 오현경의 구술은 객관성이 부여된다. 내적 동인의 탐구는 기본적으로 배우가 스스로에게 '왜'를 자문하는 과정이다. 예를 들면 앞에서도 제시했듯이 번역극적, 또는 낭만주의적 억양이 '파아—란 하아—늘' 혹은 '지이임'이었다면, 배우는 스스로에게 또는 연출자에게 왜 '파아—란 하아—늘'이

---

245) 오현경, 본 연구자와의 개인 인터뷰.
246) 전무송, 본 연구자와의 개인 인터뷰.

라고 억양을 붙여 말해야 하는지를 설명할 수 있어야 한다. 타당한 이유가 없다면, '파아-란 하아-늘'은 '파란 하늘'이 되어야 한다. 이 같은 불필요한 억양의 삭제는 곧 대사의 템포를 한층 당겨주는 역할을 하여 사실주의적 화술의 전개를 공고히 한다.

한편 드라마센터의 연습과정은 어떠했을까? 극단 드라마센터의 배우는 드라마센터의 부속 연극학교 출신들이었다. 그에 따라 주목할 것은 발성에 대해 비교적 전문적인 교육이 이루어졌다는 것이다. 발음이나 대사의 볼륨 조절 훈련을 넘어서 노래훈련도 진행되었다. 전무송은 다음과 같이 밝힌다.

> 연기 훈련법은 수업시간에 화술이라는 시간이 있었어요. 우리 때는 전영호 아나운서가 있었는데 그분이 화술을 가르치고 발성은 바리톤 하시는 분이 있었어요. 우리 때는 연극을 통해서, 연극의 발성이 있어야 한다고 연구한 사람이 없었어요. 그래서 음악적인, 성악적인 발성을 공부했어요. 전영호한테는 발음, 악센트, 띄어읽기 등을 배웠어요. 문장에서 핵심이 무엇이냐, 예를 들면, '아버지가 방에 들어가신다'에서 무엇이 중요하느냐에 따라서 액센트를 어디에 넣으라는 식의 훈련을 받았어요.[247]

전무송이 구술하는 성악적인 발성훈련은 자연스러운 화술을 위한 기초훈련이다. 노래훈련은 물론 화술을 위한 훈련과 동일하지는 않지만 '깊은 호흡'을 전제로 한다. 깊은 호흡이 화술에서 정서를 섬세하게 표현하는 요인이라는 시슬리 베리의 다음 글을 참고하기로 하자.

---

247) 전무송, 본 연구자와의 개인 인터뷰.

갈비뼈 아래 부분, 특히 뒤쪽과 횡경막이 내려가면서 등과 복부에서 호흡을 이용할 수 있다면, 몸 전체로 소리를 낼 수 있게 되어 울림에 커다란 도움이 된다. 물리적인 신체가 소리로 화(化)하는 것이다. 그리고 척추 전체가 하강하여 호흡의 회로와 하나가 되어 소리의 일부가 되는 것도 느낄 수 있을 것이다. 만약 호흡이 신체의 윗 부분에로만 제약이 된다면, 소리는 자신의 일부만을 이용하는 셈이다. 사실, 아주 작은 호흡으로 목에 있는 에너지만을 조절하면서 소리를 낼 수도 있다. 그렇지만 그러한 소리는 자신의 마음속에 있는 것을 최대한 표현하는 데 부적합하며, 물리적이고 정서적인 울림도 갖지 못한다. 앞에서 밝혔듯이 물리적인 울림은 이해, 느낌, 정서적 울림을 열어주어 그 소리를 내는 배우가 듣는 사람의 이해를 증가시킬 수 있다.[248]

깊은 호흡이 전제되는 노래훈련은 호흡을 목에 머물게 하지 않고 횡경막과 등과 복부로 내려가게 하며, 공명 기관을 자극하여 물리적이면서도 정서적인 울림을 야기한다. 스타니슬라브스키가 배우의 외적 기술의 수련을 경시하지 않으며, '배우가 음성의 전음계를 사용하는 방법을 배우기 위해 성악을 공부해야 한다고'[249] 믿은 이유는 이같이 깊은 호흡이 배우의 내적 정서를 최대로 표현하는 데 도움이 되기 때문일 것이다. 물론 배우가 발성에 대한 적합한 훈련을 받았다고 해도 화술은 별개일 가능성은 있다. 그런데 드라마센터의 신인배우들에 대한 다음의 평을 보기로 하자.

---

248) Ciceley Berry, *The Actor and His Text*, pp. 21~22.

249) Jerry L. Crawford, *Acting*(*Op. cit.*), p. 260.

─괄목할 것은 신인연기자들의 진전─물론 기교(技巧)상으론 아직 원
숙하지는 못하더라도 소박한 대로 진솔한 연기들은 앞날이 기대된
다.250)

─여공비역의 김애리사는 연기자로서의 충분한 소질을 보여주었지만
약간 겉멋에 치우친 연기를 보여주었고, '애기 박' 역의 전무송은 신
인답지 않은 묻인 감각의 연기를 펼쳐놓아 작가가 생각한 인물을
배반한 듯이 느껴졌다. 그러나 '큰박' 역의 신구, '억쇠' 역의 최동욱,
빨치산 역의 서도장, 등은 3회 공연을 통해서 장족의 발전을 보여준
것은 의심할 여지가 없으며 이러한 성장주들로 해서 극단 '드라마센
타' 또한 극계의 성장주임에 틀림없다.251)

이 비평은 연기를 구체적으로 언급하기보다는 다소 막연히 '충분
한 소질', '성장주'라고 언급하므로 실상 화술이 어떻게 이루어졌는
지는 정확히 알 수 없다. 그러나 임영웅이 연기에 대해서 '진솔한'이
라는 표현을 하고, 김정옥이 김애리사의 연기를 유독 '겉멋이 치우
친'으로 구분하는 것을 보면, 김애리사를 제외한 다른 배우들은 '겉
멋'이라는 틀에서 비교적 벗어나 내적 정서를 표현했다고 하겠다.
다음 연습과정에 대한 전무송의 또 다른 구술 역시 최소한 낭만주의
적 어조는 지양되었음을 말해준다.

60년대 공연은 그런 식은(20일의 연습─필자) 아니었죠. 길면 2개월,
짧으면 한 40일정도. 평균 한 달 반이라고 봐야 돼. 처음에는 대본을

---

250) 임영웅, 「괄목(刮目)할 신인들: 드라마센터의 수치」, 『경향신문』, 1965년 4월 5일자.
251) 김정옥, 「살려진 주제와 시적 밀도, 드라마센타 공연 수치」, 『조선일보』, 1965년 4월
6일자.

읽어요. 그리고 작품 분석을 하고 시대적인 것을 분석하죠. 그 다음에는 상황으로 들어가요. '이 상황은 어떤 이야기이다'하는 식의 분석이죠. 그게 끝나면 캐릭터 분석이겠지. 그러면서 배역을 정해. 그러면서 분석이 되어 있는 것을 자기가 만들어내지.[252]

이 글을 요약하면 연습의 순서는 작품 전체의 주제와 내용, 사회적 배경, 장면의 주제와 내용, 그리고 인물분석이다. 인물을 전체 작품과 관련하여 분석하는 것이 중요한 이유는, 존 해롭이 언급하듯 "위기와 절정을 파악함으로 배우의 호흡조절을 도울 뿐 아니라 각 인물의 개별적인 행위가 작품의 전반적인 패턴의 특정 순간에 어떻게 기여하는지를 이해하도록 하기 때문이다".[253] 다시 말하면, 인물분석이 작품 전체의 분석 내에서 이루어져 단편적인 인물의 이미지 표현이 지양되고 내적 정서가 보다 치장 없이 도출되는 것이다. 또한 드라마센터 젊은 연출가들의 '즉흥극'을 도입한 연습방식 역시 '틀' 있는 화술을 벗어나게 하는 원인으로 들 수 있다. 다음은 즉흥극 연습에 대한 안민수의 구술이다.

즉흥극이나 그런 것을 했던 것은 나중에 허규씨, 유인형이 훨씬 더 그런 편이었어. 그것은 기본적인 거점만 마련해주고 나머지는 배우들이 하게끔 하는 건데. 젊은 사람일수록 그런 즉흥적 방식을 연습에 도입했어 [254]

---

252) 전무송, 본 연구자와의 개인 인터뷰.
253) 박재완 옮김, 『스타일 연기』, 게릴라, 2005, 171쪽.
254) 안민수, 본 연구자와의 개인 인터뷰.

즉흥연기 훈련은 샌드니에 의하면 '배우의 문자에 대한 종속을 깨뜨림으로써 극에 창조적인 활기를 불어넣을 수 있는'[255] 훈련 방법이다. 또한 표현에 치중하는 것이 아니라, '극중 인물에 안전하게 자신을 내던짐으로써 무의식을 불러일으키는 법을 배우는'[256] 장점을 갖는다. 표현에 치중하는 것이 아니라 인물과 인물이 처한 상황에 몰입함으로써 의도하지 않았던 행동이나 소리의 자연스러운 외적 표출을 유도하는 훈련 방법 중의 하나인 것이다. 그 같은 연습은 안민수의 구술과 같이 1960년대 후반 젊은 연출가를 중심으로 이루어졌다. 젊은 연출가의 변화된 연습방식은 낭만주의적 화술을 깨고, 사실주의적 화술이 구현되는 시대의 변화를 보여주는 것이다.

③ 3차원적 움직임의 강화

실험극장은 1960년 1회 공연부터 1961년 4회 공연까지 동국대학교 소극장에서, 1962년부터 1969년까지 2회 공연을 제외하고 모두 국립극장에서 공연했다. 앞에서 언급했듯이 국립극장은 프로시니엄 무대로써 관객을 향해 제시하는 연기양식을 유도한다. 그러나 국립극장의 〈산불〉과 〈만선〉에서 배우들이 관객을 향해 펼쳐 보이는 2차원적 움직임에서 탈피했듯이, 실험극장 역시 프로시니엄 무대에서 3차원적 움직임을 시도한다. 다음 실험극장의 공연사진을 통해 배우들의 움직임을 확인하기로 하겠다.[257]

---

255) 미셸 샌드니, 윤광진 옮김, 『연기훈련』, 예니출판사, 1997, 135쪽.

256) 미셸 샌드니, 윤광진 옮김, 『연기훈련』, 134쪽.

257) 『동아일보』, 1964년 5월 14일자.

[사진 11] 실험극장의 〈리어왕〉과 신협의 〈오이디프스 왕〉

먼저 사진 〈리어왕〉을 보면 배우들이 전체적으로 관객을 향해 있는 것을 알 수 있다. 그런데 중요한 것은 상대적인 변화이다. 신협의 〈오이디프스 왕〉의 공연사진과 비교해보기로 하자.258) 신협의 〈오이디프스 왕〉은 프로시니엄 무대에서 배우의 낭만주의적 움직임과 화술을 잘 보여주는 하나의 예이다. 배우들은 모두 관객을 향해 정면으로 전시(展示)하는 연기를 전개하고 있다. 또한 실험극장의 〈리어

258) 1967년 4월, 국립극장; 김동원, 『미수의 커튼 콜』, 285쪽 사진 인용.

왕〉에 비해 배우들은 꼿꼿이 서 있음으로 다소 경직되어 보이는데, 이 같은 몸은 화술에 있어서도 자연 경직된 또는 고정된 양식을 야기한다. 신협의 낭만주의적 화술을 지적하는 다음 여석기의 비평은 그러한 일면을 잘 보여준다.

　　고양된 정서(情緒)의 순화를 무대 위에 살리기 위해서는 리얼리틱한 무대화만 갖고서는 아무래도 미흡하다. 특히 마이크를 통한 노래를 포함하여 코러스의 처리가 안이하다. 그리고 전체의 제의적 분위기를 북돋는 방향에서 연기가 이루어져야 할 터인데도 불구하고 주인공(김동원)의 열연(熱演)은 열연에 그치고 말았고 결말의 부분에서는 거의 신파조에 흐르는 감이 없지 않았다.259)

　이러한 여석기의 평과 공연사진을 볼 때, 김동원의 화술에는 기존의 낭만주의적 화술의 잔재가 남아 있음을 짐작할 수 있다. 이에 비해 실험극장의 〈리어왕〉은 동일한 프로시니엄 무대임에도 불구하고 한층 부드럽고 자연스러워 보이는데, 이러한 양상은 창작극 공연에서도 동일하다. 다음은 창작극인 1965년의 〈청혼소동〉과 1966년의 〈아들을 위하여〉의 공연사진이다. 배우의 움직임은 유연할 뿐아니라 3차원적으로 이행하고 있다.260)

---

259) 여석기, 「미흡한 양식화 신협공연 오이디프스」, 『동아일보』, 1967년 4월 20일자.
260) 『실험극장 10년지』, 사진 인용, 〈청혼소동〉, 〈아들을 위하여〉.

[사진 12] 〈청혼소동〉

[사진 13] 〈아들을 위하여〉

이 두 공연은 모두 국립극장에서의 공연인데, 사진에서 보듯 관객을 향해 서 있는 배우는 거의 없다. 배우들은 2년 전 공연인 〈리어왕〉에 비해서도 한결 더 관객을 의식하지 않은 채 상대배우를 향해 있고, 어정쩡하게 구부린 등이나 다리에서 알 수 있듯이 몸의 자세도 일상적이고 사실적이다. 배우들이 프로시니엄 무대의 공연임에도 불구하고 관객을 향하기보다는 상대를 향해 3차원적으로 이행해가는 것이다. 이러한 배우의 몸짓은 관객에게 들려주기 위한 화술이 아닌 상대배우와 대화를 하는 화술이 전개되고 있음을 시사한다.

관객에게 들려주기식의 화술이 지양되는 것은 드라마센터의 공연에서도 나타난다.261) 드라마센터는 원형무대의 구조를 가진 당시로서는 획기적인 중형극장이었다. 먼저 사진을 통해 극장의 내부를 보기로 하자.262)

[사진 14] 드라마센터 극장

사진에서 보듯 무대는 객석 맨 앞줄과 어떤 거리가 존재하지 않는다. '배우가 무대 맨 앞에 앉으면 관객과 코가 닿을 정도'라는 김동원의 회고와 같이 배우의 대사는 일상적 음량으로 말해도 관객에게 충분히 들리는 구조이다. 뿐만 아니라 오현경에 의하면 '객석의 경사가 완만하기보다는 급하게 만들어졌기 때문에, 관객의 숨소리

---

261) 드라마센터 무대는 매인 스테이지를 중심으로 양 옆으로 사이드 스테이지가 있고, 이것이 계단으로 연결되어 백 스테이지가 객석 뒤에 마련되어 있다.

262) 유민영, 『한국 연극 운동사』, 태학사, 2001, 391쪽 사진 인용.

까지 들렸다'고 한다. 원형의 무대와 객석과 거리감 없는 구조는 자연 배우들에게 음량에 대한 부담을 덜어준다. 앞에서 언급한 바와 같이 배우는 "볼륨을 높일 때 음정을 높이는 오류를 범하기가 쉽다. 그때는 목은 더욱 긴장하고, 일상적인 회화적 억양은 사라지게 되며 그 결과로 의미는 전달하지 못하고 압력만 커지게 되어, 모든 저음들은 밋밋하게 만들어진다".263) 그런데 관객과 가까운 거리인 극장은 배우들이 음량에 대한 부담감을 덜고 일상적, 회화적 억양으로 사실주의적 화술을 전개하도록 돕는다. 다음 공연사진을 보기로 하자.264)

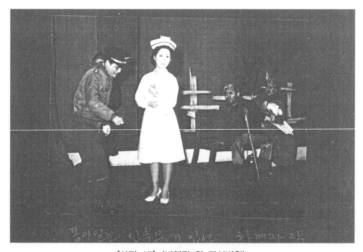

[사진 15] 〈비행장 옆 자선병원〉

263) Ciceley Berry, *Voice and the Actor*, p. 39.
264) 드라마센터의 공연사진은 드라마센터 소장의 팸플릿과 공연사진 모음집에서 발췌한 것이다. 사진은 순서대로 〈비행장 옆 자선병원〉과 〈수치〉이다.

[사진 16] 〈수치〉

　사진에서 보면 당시로서는 획기적인 원형무대이었음에도 불구하고, 배우들의 움직임은 무대 정면의 관객을 향해 있다. 안민수는 '초창기 드라마센터의 연극은 아레나 무대였음에도 불구하고 프로시니엄 무대에서와 같이 사실적이기는 하지만 소위 낭만주의 시대의 블록킹 방법에서 크게 자유스럽지는 못했다'[265]고 구술한다. 안민수의 구술과 같이 〈수치〉의 여배우는 멋을 부리는 듯한 낭만주의적 자세이며, 그에 따라 화술 역시 '멋을 부리는' 어조였음을 추측할 수 있다. 그러나 드라마센터의 후반기라 할 수 있는 다음의 두 공연은 분명 차이가 있다. 앞서 제시한 국립극장의 공연에서처럼 배우가 몸은 관객을 향한 채 고개만을 옆으로 돌리는 모습이 점차 사라지기 때문이다.[266]

---

265) 안민수, 본 연구자와의 개인 인터뷰.
266) 사진은 순서대로 〈나도 인간이 되련다〉(사진의 여배우는 고은정)와 〈인간적인 진실로 인간적인〉이다(사진의 여배우는 이영애).

[사진 17] 〈나도 인간이 되련다〉

[사진 18] 〈인간적인 진실로 인간적인〉

사진에서 두 여배우의 모습을 보면, 상대 배우를 향해 사실적으로 몸을 돌리고 있으며 특히 두 번째 사진에서의 여배우는 완전히 관객에게 뒷모습을 보여주고 있다. 2층에 있는 남자 배우의 뻗친 손은 고뇌하는 인물을 유형적으로 표현하고 있지만, 전체적으로 보면 2차원적 움직임에서 벗어나 입체적인 3차원적 움직임을 전개하고 있다. 극장의 구조 자체가 높은 음량을 필요로 하지 않기에, 3차원적 움직임과 더불어 화술을 전개해도 관객들에게 충분히 전달되기 때문이다.

이제 1960년대 국립극단, 실험극장, 드라마센터의 화술을 정리해보기로 하자. 첫째, 1960년대에는 성숙한 사실주의적 희곡과 다양한 기조의 창작극이 대거 출현한다. 이에 따라 구어적·토속적 대사와 성격다운 성격을 부여받은 배우는 이전에 비해 상대적으로 자연스러운 화술을, 사실주의적 화술이라 할 수 있는 독특한 말투, 사투리 등의 일상적 화술을 전개한다. 둘째, 신진 작가의 다양한 기조의 희극적 창작극은 이전의 지나치게 독특해진 화술로 인해 고정된 화술을 교정하는 역할을 한다. 이에 따라 배우들의 화술은 일정한 틀에 입각한 화술을 지양하며 한층 자연스럽고 사실적으로 바뀐다. 셋째, 연습기간의 확장, 프롬프터의 폐지는 '기계적인 대사 암기가 창출하는 인위적인 화술'을 지양하고 템포를 빠르게 함으로써 일상에 가까운 화술을 가능하게 한다. 또한 호흡과 발성훈련의 본격적 도입은 배우가 내적 정서를 최대한 표현하게 하는 밑바탕이 된다. 넷째, 프로시니엄 무대에서의 3차원적 움직임은 배우가 관객에게 들려주기 식의 화술이 아닌 상대배우와 대화하는 듯한 화술을 유도한다. 특히 드라마센터의 원형무대는 음량에 대한 부담감을 감소시킴으로써 일상적·회화적 억양을 지지한다. 그렇다면 우리 극계에서 사실주의적 화술의 시작은 1960년대라 하겠다. 1960년 이전까지는 서구 고전주의적, 또는 낭만주의적 희곡과 화술이 우세했지만 1960년대에 들어서 성숙한 사실주의 창작극이 출현했기 때문이다. 이에 따라 국립극단은 토속적 사실주의 화술을 전개한다. 또한 드라마센터는 다양한 기조의 희곡을 수용하고 이전에 비해 상대적으로 체계적인 발음훈련과 발성훈련을 도입하여 자연스러운 화술을 모색한다. 또한 실험극장은 자유로운 토론을 기반으로 인물의 내적 정서에 접근하고 행동의 타당성을 찾아감으로써 사실주의적 화술을 전개한다. 따라서 연기의 관점에서 본다면, 1960년대는 '사실주의적 화술의 형성기'인 것이다.

4장 화술의 양식화

　우리 연극의 1960년대가 사실주의적 화술의 형성기이면서 실험적 양식이 미세하게 태동한 시기였다면,[1] 화술의 본격적 실험의 시기는 1970년대이다. 1970년대에 화술에 전면적 도전이 있었고 화술의 해체와 양식화가 이루어졌기 때문이다. 1960년대 태동했던 실험극은 1970년에 이르러 새롭게 출현한 소극장과 자유극장, 민예극장, 드라마센터를 중심으로 본격화된다. 1958년 개관한 우리나라 최초의 소극장인 원각사가 1960년에 화재로 소실된 이후, 1970년대에 들어서까지 연극을 위한 극장은 실상 국립극장과 드라마센터였다. 이 같은 상황에서 1970년대 까페 떼아뜨르, 3.1로 창고극장, 실험소

---

[1] 1960년대 실험적 화술연기의 미세한 태동은 실험극장에서 엿보인다. 연출가 허규는 서사극에 관심을 두어 서사적 화술을 시도했다. 안민수에 의하면 '감정을 배제한 화술'이었으며, 오현경에 의하면 '배우들이 서로 대화하는 것을 의식적으로 피하고 관객을 향해 대사를 전개하는 양상'이었다고 한다. 그러나 미세한 변화임에는 분명하지만, 거론할 만한 양식이 실험되었다고 하기는 어려워 보인다.

극장, 세실극장, 공간사랑의 출현은 공연 장소의 양적 팽창과 더불어 다양한 양식의 연극을 태동시켰다. 여석기는 "까페 떼아뜨르와 3.1로 창고극장의 원형무대, 100석 남짓한 좌석의 소극장은 무대 구조의 변화로 인해 연출의 새로운 시도와 관객과의 친화성을 도모하기 적합했다"[2]고 회고한다. 까페 떼아뜨르와 3.1로 창고극장의 화제작이 김동훈의 모노드라마 〈롤러스케이트를 타는 오뚜기〉, 추송웅의 모노드라마 〈빠알간 피이터의 고백〉, 실험극장의 〈에쿠우스〉였듯이, 소극장 중심의 연극은 재현적 미학을 전제로 하는 사실주의적 무대와 연기의 탈피가 이슈였다.

배우들의 연기, 특히 화술에서의 실험은 드라마센터와 허규의 민예극장, 김정옥의 자유극장을 중심으로 본격적으로 나타났다. 드라마센터의 화제작이었던 〈초분〉, 〈태〉, 〈하멸태자〉는 화술 자체에 대한 전면적 도전이라 할 수 있다. 동랑의 실험적 화술에 대해 당시의 기사는 '말보다는 소리를 통한 표현'[3]으로, 한상철은 '극도로 절제되고 제한된 소리'[4]로, 이원경은 '기이한 동작과 생활언어가 아닌 대사처리'[5]로 설명한다. 한상철은 이를 두고 우리 극계의 '씨어트리컬 이노베이션'[6]이라 평하기도 했다. 한편 허규의 민예극장과 김정옥의 자유극장 역시 전통극의 수용을 화두로 삼아 사실주의적 화술의 탈피를 시도한다. 허규는 〈놀부뎐〉에서 해설부분에 아니리 창법을 적용했고 〈물도리동〉에서는 판소리, 가곡, 가사, 무가, 탈춤 등

---

2) 여석기, 『한국연극의 현실』, 동화출판공사, 1974.7, 217~221쪽.
3) 「최초로 외국연극 연출한 '알라망'의 유덕형씨」, 『신아일보』, 1972년 1월 24일자.
4) 한상철, 「새로운 연극미학의 추구」, 『공간』, 1980년 5월, 121쪽.
5) 이원경, 「최근의 연출경향」, 『한국연극』, 1976년 2월, 7쪽.
6) 한상철, 본 연구자와의 개인 인터뷰.

우리 민족의 연극유산을 수용했다. 또한 김정옥은 자유극단의 대표작 〈어디서 무엇이 되어 다시 만나랴〉에서 장치와 의상을 추상화했고, 〈무엇이 될꼬 하니〉에서도 종래 사실주의극의 구성을 해체하려고 시도했다. 이러한 양상 모두는 기존 사실주의적 연기양식에서의 이탈을 시사한다.

물론 드라마센터, 민예극장, 자유극장은 나름의 한계를 갖는다. 드라마센터의 경우는 새로운 화술을 실현했지만 작업 초기에 무대장치나 표현방식이 서구 전위극에 경도되어 있었고, 민예극장과 자유극장은 전통의 수용을 시도했으나 전통의 차용과 변형이라는 테두리를 크게 벗어나지 못했기 때문이다. 그러나 1970년대를 김방옥은 '각종 실험극과 우리 것을 되찾자는 전통극의 현대화 바람'[7]으로, 이미원은 '새로운 르네쌍스라고 할 정도로 새로운 전환기'[8]로 바라본다. 김방옥과 이미원의 견해와 같이 1970년대는 화술에 전환이 일었던 시기이며, 그 선두에는 드라마센터, 민예극장, 자유극장이 있었다. 여기에서는 1970년대에 기존 화술에 도전하며 새롭게 등장한 화술의 양태를 드라마센터, 민예극장, 자유극장을 중심으로 살펴보고자 한다.

---

7) 김방옥, 『「약장수」, 「신의 아그네스」 그리고 마당극』, 문음사, 1989, 5쪽.
8) 이미원, 「한국 현대극의 전통 수용 양상(I)」, 『한국연극학』, 1994, 193쪽.

1. 전통적 운율의 수용시도

1970년대 새로운 화술 실험의 선두에 선 주자로는 1960년대 초반부터 서사적 공연을 시도한 허규와 1970년대 들어 전통에 관심을 둔 김정옥을 들 수 있다. 드라마센터의 유덕형과 안민수가 실험의 결과로서 우리 전통의 운율이 배인 화술을 얻었다면, 허규는 의식적으로 전통적 운율을 화술에 접목하려 했다는 점에서 구분된다. 1973년 5월에 창단된 허규의 민예극장이 '민족극 예술극장'의 약칭이라는 것, 극단의 창단 이슈가 "민족 고유의 극예술을 창조하기 위한 독창적인 연극 기호의 창안"9)인 것은, 전통연희와 연극과의 접목이 민예극장의 화두라는 것을 잘 말해준다. 이에 비해 김정옥의 자유극장은 창단 시 뚜렷하게 전통의 현대화를 표방하지 않았지만, 작품의 결과적 측면에서 전통적 요소의 일면을 찾아볼 수 있다. 김미도는 민예극장과 자유극장의 작품 중 '70년대 전통을 현대화한 대표작으로 민예극장의 〈허생전〉, 〈물도리동〉, 〈다시라기〉, 자유극장의 〈어디서 무엇이 되어 만나랴〉, 〈동리자전〉, 〈무엇이 될꼬하니〉'10)를 들고 있다. 또한 이미원은 민예극장과 자유극장의 작품 중 '민예극장의 대표작으로 〈물도리동〉과 〈다시라기〉를, 극단 자유의 대표작으로 〈어디서 무엇이 되어 만나랴〉와 〈무엇이 될꼬하니〉'11)를 꼽는다. 이에 여기에서는 김미도와 이미원이 거론한 작품을 참고하여 화술에 변화를 가져온 민예극장의 〈허생전〉과 자유극장의 〈어디서 무엇이 되어 만나랴〉를 중심으로 전통의 재창조에 따른 화술의 변화를

---

9) 제1회, 민예극장, 「고려인 떡쇠」, 공연 팸플릿, 1973.12.

10) 김미도, 『한국현대극의 전통 수용(2)』, 연극과인간, 2006, 48~84참조.

11) 이미원, 「한국현대극의 전통수용양상(1)」, 『한국연극학』, 1994.12.

알아보고자 한다.

오영진 작(作) 〈허생전〉(허규 연출, 실험극장, 1970.11)은 당시에 '고전의 인물을 가지고 현실비평을 시도'[12]한 작품으로 평가받았다. 1960년대 드라마센터의 극작가 캐내기를 통해 등단한 신진작가들의 창작극이 '더 이상 한국적 눈물은 싫다'는 고동률의 선언과 같이 부분적으로 서구적 희극의 분위기를 담았다면, 오영진의 작품은 철저히 한국적 해학에서 출발하는 것이다. 여석기는 이 같은 시도를 성공적이라고 평가했다.

즉, 풍자와 해학을 어떻게 한국적으로 육화(肉化)시켰느냐 하는 점에서 그는 (오영진—필자) 가장 성공한 것 같다. 때로 지나치게 희극화한 대목이 연출(허규)에 의해 오히려 강조된 흠이 없지 않았으나 〈맹진사댁 경사〉로 데뷔한 이 전통희극작가(우리 연극에서는 稀貴한)의 재치가 도처에 나타나 있다. 어쩌면 그것 때문에 극의 뼈대가 손상을 받았다고 해도 과언이 아닐 정도로 그의 희극성은 충일(充溢)해 있었고 남의 것을 빌려온 흔적이 거의 없다는 점에서 아직도 작고한 이 작가를 따를 만한 사람은 없다.[13]

여석기는 〈허생전〉이 과도한 희극성으로 극의 구조를 손상했다고 지적하지만, '남의 것을 빌려온 흔적이 거의 없다'고 하며 한국적 해학을 담은 극작이 성공적이었다고 평가한다. 이것은 〈허생전〉의 전통적 농담과 재미를 담아내는 대사에서도 확인된다. 다음 을과

---

12) 『연극평론』 3호, 1970년 겨울; 『70년대 연극평론 자료집』 I, 파일, 1989, 58쪽.

13) 여석기, 「70년대 한국연극: 문제작을 말한다」, 『연극평론』, 1979; 허생전, 『70년대 연극평론 자료집』 I, 58쪽.

갑이 주고 받는 대화를 보기로 하자.

갑: (을에게) 쌀값두 묻지 말것이며?

　　－갑, 을 사이에 문답식 대화가 계속된다.

을: 돈을 지녀서도 아니되고….

갑: 추워두?

을: 곁불을 쪼이지 말 것이며.

갑: 날씨가 무더워두?

을: 버선을 벗지 말 것이며.

갑: 담배 필땐?

을: 볼이 오목 파이도록 빨지 말것이며.

갑: 막걸린?

을: (대감에게) 수염을 쭉 빨지 말아얍죠.14)

이것은 을과 갑이 양반의 행동거지를 말하는 장면인데, 실상 갑과 을의 대사는 한 사람이 전개해도 무방하다. 오영진은 굳이 이 대사를 갑과 을로 나누었는데, 그것은 '보는 재미'와 반복적 문답식 대사에서 오는 '듣는 재미'를 증가시킨다. 또한 역사극의 고귀한 신분이 아닌, 서민계층 등장인물의 대사는 농담으로 인한 재미뿐 아니라 '-하나이다', '-사옵니다' 등의 극존칭 이미를 벗어남으로써 말과 몸짓에서 흥겨움을 유도한다. "〈허생전〉이 연극적으로 평가될 수 있다면 희극적인 융화에 있어서 연출과 연기진이 호흡을 같이했다는 사실"15)이라는 평이 있듯이, 작품 자체의 한국적 해학은 나름의

14) 〈허생전〉 공연대본, 아르코예술관 소장.

성과를 성취했다. 따라서 허규가 희극적 흥겨움을 극대화시키기 위해 자진모리 가락을 〈허생전〉에 수용하려 시도한 것은 필연이었을 것이다. 허규는 공연에서 전통연희를 재료로 삼아 어떻게 현대적으로 도입하였는가를 다음과 같이 설명한다.

〈허생전〉
① 탈춤에서 굿거리 장단과 염불 장단을 연극에 활용했다.
② 양주산대의 춤사위 중 깨끼를 군중장면에 응용했다.
③ (1막에서 중점적으로) 대사를 자진모리 장단에 맞추어 리듬화하면서 판소리의 아니리적 효과를 시도했다.
④ 등·퇴장을 탈춤 동작으로 율동화했다.

〈놀부전〉(최인훈 작, 허규각색, 김영렬 연출, 민예극장, 1974.5/1977.6)
① 소극장에서 굿의 연극적 효과(해설자를 무당으로)
② 대사를 자진모리 장단에 맞추었다.
③ 등·퇴장과 기타 마임을 양주산대 춤사위를 원용했다.16)

이 글은 전통적 요소를 공연에서, 특히 배우의 화술에서 어떻게 접목시켰는가에 대한 중요한 정보를 주는데, 그것은 〈허생전〉의 1막과 〈놀부전〉에서 자진모리 장단을 수용하였다는 점이다. 전통 가락을 수용한 화술의 구체적 양태를 알기 위해 자진모리 장단과 1막의 대사를 함께 기재해보기로 하겠다.

---

15) 이상일, 「한국적 발상의 가능성: 허생전과 어디서…」, 『70년대 연극평론 자료집』 I, 213쪽.
16) 허규, 「한국 전통극의 현대극에 정립 시도와 과제」; 윤용선, 「허규의 다시라기 분석 연구」, 동국대학교 석사논문, 2002, 11쪽 재인용.

갑: 동갑 자초지동 다시 한 번 찬찬히 얘길 좀 해 보시지? 그래 무선
　　선관(仙官)의 조화가 있어 이 집 □가놈이 백당되어 나왔으며 옥에
　　갇힌 몸이 무슨 재주루 가봇쪽 같은 진사 감툴 떼냈느냐 말일세.

이 악보는 자진모리 장단의 리듬이다. 전체적으로 리듬은 경쾌하
고 흥겨운데, 화술에 자진모리 장단을 수용하였다면 화술은 다음과
같이 전개되었을 것이다.

[악보 2]

〈놀부전〉 역시 자진모리 장단을 수용했다면, 화술은 이와 유사한
양태로 전개되었을 것이다. 또한 굿거리 장단을 배우의 움직임에
응용하였다면, 배우의 화술 역시 굿거리 장단에 맞추어 전개될 가능
성이 높다. 굿거리 장단을 토대로 배우의 화술을 추정해보면 다음과
같나.

그렇다면 이와 같은 전통가락의 수용은 양식으로서 어느 정도 완
성되었을까? 여석기, 이상일, 한상철의 평을 함께 보기로 한다.

─현대극으로서의 이 작품이 전통적 양식화에 어떻게 대응하려고 들
  었느냐 하는 데 대해서는 그때 그 공연을 보면서 우리는 확신을 갖지
  못했던 것으로 기억한다. 일부 판소리 사설조의 대사나 연출이 보여
  준 타령조 장단의 동작은 눈에 띄는 것이기는 했으나 그것이 어떤
  양식적 통일을 구축한 것이라고 생각되기 어려웠다.17)
─기본적인 톤으로써 전통 음악의 리듬과 민속극이 몸짓이 가미된 무
  대에서 특히 군정처리에 그런 시도가 집중되어 있어서 오히려 그런
  몸짓에 대해 이화적인 사또나 이완 등의 일반극에 노련한 연기는
  빛나지는 않는다. 분명히 예지할 수 있는 것은 한국적 리듬이나 몸짓
  에 따라 연출되는 무대 구상(構想)에 있어서는 일반극의 연기력으로
  서는 감흥을 줄 수 없는 문제점이 제기된다는 것이다.18)
─그러나 그 공연 (놀부전 초연─필자) 역시 몇 가지 결함이 있었고
  그 결함의 일부는 이번 공연에서도 (놀부전 재연─필자) 마찬가지였

---

17) 여석기, 「70년대 한국 연극: 문제작을 말한다」, 『연극평론』; 『70년대 연극평론 자료집』
  I, 57~58쪽.
18) 이상일, 「한국적 발상의 가능성: 허생전과 어디서…」, 『연극평론』; 『70년대 연극평론
  자료집』 I, 213~214쪽.

는데, 그것은 소리와 문학성을 아직 완벽하게 조화시키지 못하고 있는 점이었다. 사실 판소리는 창과 사설의 완벽한 결합이고 그 둘의 완벽한 조화와 세련이 곧 판소리를 예술적 경지로 올려놓는 것인데, 사설이 새로운 경지를 개척함으로써 소리 역시 새롭게 창조되어 나와야 했던 것이었다. 이번 공연에서 중반 이후 약간 지루한 감을 주지 못한 것은 소리가 극적인 계기를 포착, 이를 지원해주지 못하고 동일 패턴의 반복으로 단조로움을 면치 못했기 때문이다. 이는 판소리가 지닌 다이내믹한 특성을 완전히 살리지 못한 때문임과 동시에 동적인 것과 정적인 것의 미묘한 결합과 연결에서 미숙했기 때문이다.[19)]

이와 같이 여석기, 이상일, 한상철 모두는 공통적으로 한국적 가락·한국적 몸짓을 수용하려 한 허규의 시도를 인정하면서도 완성도면에서는 미흡함을 지적한다. 부분적으로 한국적 가락을 차용한 화술이 눈에 띄는 것은 사실이지만, 극적인 통일성을 가지며 작품 전체를 관통하는 하나의 양식으로까지는 완성되지 못했다는 것이다. 전통의 수용은 차용(借用), 또는 변형의 단계를 크게 벗어나지 못한 것이다. 한편 김정옥의 자유극장 역시 허규 작업의 한계와 유사한 양상을 보인다. 다음은 자유극장의 대표작 최인훈 작(作)의 〈어디서 무엇이 되어 만나랴〉(김정옥 연출, 극단자유, 1970)의 대사이다.

온달: 아무리 늦어도….
여자: ….

---

19) 한상철, 「패러독스와 아이러니: 극단 민예극장 공연 놀부뎐」, 『공간』, 1979.3; 『70년대 연극평론 자료집』 II, 334~335쪽.

온달: 눈감고도 아는 길인데….

여자: ….

온달: 길을 잘못 들어서

여자: (웃는다)….

온달: 여기가 어딘지…?

여자: 내일 밝는 날에 보시면 아시겠지요.

온달: 네.

여자: 사냥은 덫으로만 하십니까?[20]

이 대사는 김미도의 견해와 같이 "주로 우리말의 자연스러운 3음보, 4음보, 율격을 따라 대사 자체에 고도의 음악성이 내재"[21]되어 있다. 대사의 음악성은 분명한데, 그렇다면 실제 공연은 어떠했을까? 글과 말은 다를 수밖에 없을 터, 희곡에 내재된 음악성, 또는 시적 압축성이 배우의 화술에도 반영되었을까? 다음의 평을 보기로 하겠다.

나는 이 공연에서 처음으로 극문학의 시적 감각을 연극을 통해 체험했다. 연극 자체로서는 잘 다듬어진 것이 아니었고 온달 역할이나 평강 공주 역할의 주인공을 기억하지 못한 것을 보면 연기력들이 뛰어난 것도 아니었던 모양이다. 오히려 문학적 상상력을 무대가 깼다고 불만스러웠던 기억도 있다. 그러나 극시처럼 사로잡던 대사의 마력과 그

---

20) 〈어디서 무엇이 되어 만나랴〉, 『옛날 옛적에 훠어이 훠어이』(최인훈 전집 10), 문학과지성사, 1998, 12쪽.

21) 김미도, 「1970년대 한국연극의 전통수용양상(2): 극단 자유의 경우」, 『한국 현대극의 전통 수용』, 연극과인간, 2006, 58쪽.

대사를 따라가며 스스로 눈을 감고 상상력으로 키워나갔던 무대형상은 감격적이 아닐 수 없었다.[22]

이상일은 책을 통해 읽었던 대사가 배우들의 화술로 인해 오히려 그 감동이 반감되었다고 전한다. 당시 온달 역을 맡은 추송웅은 본인이 인정하듯이 마산 사투리에서 자유롭지 못했기에 화술에서 최인훈의 압축적 대사가 시적으로 전달되기 어려웠을 것이다. 이에 대해 대부분의 평은 의견을 같이한다.

─그러나 무대 위에서 추송웅(온달)과 채진희(공주)에 의해 발성된 대사는 책으로 읽었을 때의 그 시적 품위를 전달시켜 주지 못하고 있다. 따라서 극 전체의 분위기를 승화시켜주지 못했다. 다만 이들 생의 신비감을 고양시키는 데 초점을 둔 연출(김정옥)의 감각이 어느 정도 구제를 해준다. 우리나라 연극이 일상성에서 초탈된, 승화된 세계를 형상화하는데 배우의 발성 자체에서부터 얼마나 큰 '핸디캡'을 안고 있는가는 아니 느낄 수 없다. 그러나 의상은 독창적이었다. 반면 무대장치, 특히 줄을 내리고 친 것은 새로움을 위한 그 자체의 창안은 좋지만, 이 극의 공간처리로서는 별로 적절하지 못했다.[23]
─온달 어머니 역의 박정자는 무슨 역을 해도 불안감을 주지 않는 연기자로서 푸근한 연기를 보여주었고 대사 역의 김수일은 극 주제를 인도, 그외 대사를 차분히 들려주었다. 평강공주 역의 채진희는 자라고 있는 연기자로서 새로운 가능성을 보여주었고 온달 역의 추송웅은 공주의 환상 속에 기다린 독백을 좀 더 깨끗이 전달해 주었더라면

---

22) 이상일, 「어디서 무엇이 되어 만나랴」, 『70년대 연극평론 자료집』 I, 59~60쪽.
23) 한상철, 「자유극장 공연 어디서 무엇이 되어 만나랴」, 『중앙일보』, 1973년 9월 11일자.

하는 아쉬움이 없지 않다.24)

−(전통의 현대화가) 전통적인 춤과 리듬을 하려고 노력을 했지요. 시
도는 있었지만….(필자 질문: 추송웅 배우는 마산 사투리가 심한 것
으로 알고 있는데, 대사가 詩的일 수 있었는지 의문입니다.) 지금 얘
기한대로 추송웅씨가 그걸 한다는 것은 어렵지요. 그래서 내 기억으
로는 김정옥 선생이 전통을 시도했다는 것은 별로 기억이 없어요.
오히려 오태석이나 허규 쪽이 더 하지요. 성공과는 별도로 시도는
했어요. 그런데 연기에서는 전통을 수용해서 새로운 연기를 만들어
냈다고 하기는 힘들지요.25)

이와 같이 배우들의 화술은 배우에 따라 거부감 없이 편안하게
전개되기도 했지만, 희곡을 읽었을 때 기대되는 만큼에는 미치지
못했다. 당시 기사의 "전체적으로 대사의 전달이 잘 안 되는 것은
한국 배우의 통폐"26)라는 기본적인 발성에 대한 지적도 김정옥의
실험이 배우의 화술에 있어서 전통의 현대적 재창조에는 아직 못
미쳤음을 시사한다. 전통을 현대화하고자 하는 실험의 한계를 보여
주는 것인데, 그 근본적인 원인은 무엇일까? 한상철의 글을 주목하
기로 하자.

이러한 결함의 원인은 무엇일까? 그것은 여러 가지로 지적되겠지만
가장 중요한 것은 전통적인 연극을 현대적으로 재창조하겠다는 의식
이 너무도 강하게 작용한 때문이라고 보여진다. 이 말은 그러한 전통의

---

24) 『한국일보』, 1970년 11월 23일자.
25) 정한룡, 본 연구자와의 개인 인터뷰.
26) 『조선일보』, 1970년 11월 22일자.

재창조는 역설적이게도 그런 의식이나 강박관념에서 완전히 벗어날 때, 오히려 그런 의식을 의식적으로 배제하고 반대로 오늘의 나의 삶과 그 삶의 양식만을 보다 깊이 생각하고 반성할 때, 비로소 자연스럽게 이루어질 것이라는 것을 뜻한다. 전통은 우리가 찾아야겠다고 찾아지는 것이라기보다는 전통이 오히려 우리를 갑자기 붙잡는 것이며 그럴 때 비로소 전통은 순수한 활력을 되찾을 수 있을 것이다.[27]

이와 같이 한상철은 한계의 원인을 연출가가 새로운 문법으로 표현하겠다는 의식이 '너무도 강하게 작용한 때문'으로 보고 있다. 전통을 현대적으로 재창조하겠다는 지나치게 강한 의도가 조화로운 작품구축에 방해요소가 되었다는 것이다. 한편 정한룡은 또 다른 각도에서 문제의 원인을 지적한다. 다음은 정한룡의 구술이다.

전통에 관심이라는 것이 실제로 잘 드러나기 위해서는 어렸을 때부터 의식의 일부로 남아있어야 하는 게 아닌가 합니다. 예를 들어 30이 넘어 관심을 갖게 될 수는 있지만, 그럴 경우 한계는 있겠지요. 현재 정말로 창(唱)을 즐길 수 있는 사람이 몇이나 될까 하는 생각도 듭니다. 박제된 모양만 있다가 사라지는 게 아닌가 안타까움이 많지요.[28]

이와 같이 정한룡은 전통적 가락이나 전통의 몸짓은 연출가의 또는 연기자의 의식뿐 아니라 체화되어 몸의 일부로 자리할 때 재창조가 이루어짐을 강조한다. 물론 허규는 오현경에 의하면 1970년대에

---

27) 한상철, 「전통극의 재창조: 물도리동의 경우」, 『주간조선』, 1979.6.11; 『70년대 연극평론 자료집』 I, 360~362쪽.

28) 정한룡, 본 연구자와의 개인 인터뷰.

들어서기 이전 "실험극장 초기부터 북이나 전통적 몸짓에 관심을 두었다".29) 그러나 전통적 춤이나 소리가 문자 그대로 기술(技術)임을 기억할 때, 정한룡의 지적과 같이 장시간의 체계적인 훈련이 부족할 경우 한계는 불가피하다. 그것이 1970년대 전통의 현대화 작업에서 배우의 화술이 주목할 만한 성과를 이루기 전의 단계, 시도의 단계에 머무르게 한 요인이라 하겠다. 그러나 '전통극의 현대화'라는 시도는 중요한 의미를 갖는다. 이에 대해서는 다음 서연호의 글을 주목하기로 한다.

> 이전까지 이러한 시도가 전무하다는 점을 감안하면 과감한 시도이고 값진 실천이었다. (…중략…) 도덕성이 황폐해지고 인간성을 훼손당해 하는 한국적 상황 안에서 다소 퇴영적인 인상이나 반응을 감내해가면서까지 그는(허규-필자) 고집스럽게 '우리적인 것과 우리적인 사고'를 발굴하고 재창조했다.30)

이와 같은 "우리적인 것과 우리적인 사고를 발굴하고 재창조했다"는 서연호의 글은 실제 공연보다는 전통의 현대화라는 작업 자체에 의미를 부여한 것일 수 있다. 그러나 전통의 현대화가 미완성의 단계에 머물렀다고 해도 민예극장은 한상철의 견해와 같이 "수많은 재야극단 중에서 가장 뚜렷하게 극단의 성격을 명시하고 실천해온 유일한 극단이며, 특히 모든 단원들이 한국 고유의 춤과 노래를 익히고, 전통극의 여러 가지 연극적인 특징들을 살려내고, 전통과 현대를

---

29) 오현경, 본 연구자와의 개인 인터뷰.
30) 서연호, 『우리 시대의 연극인』, 연극과인간, 2001, 45~46쪽.

잇는 가교의 역할을 해왔다".31) 따라서 서연호가 언급하듯 '당시 허규의 이런 작품을 통해서 한국의 전통적인 말과 소리와 몸짓과 색채들은 비로소 연극으로 총체화되는 계기를 갖기 시작했다'32)는 점에서 의미를 부여할 수 있다.

2. 공간언어적 화술의 출현

1970년대 동랑 레퍼터리33)는 허규의 민예극장이나 김정옥의 자유극장과는 다른 각도에서 실험극의 구심점 역할을 담당했다. 서연호와 이상우의 글이다.

1970년대가 한국 연극의 최대 화두가 '전통'과 '실험'이라고 한다면, 이러한 연극적 화두에 가장 끈질기게 매달린 연극 집단으로서 동랑 레퍼터리 극단을 떠올리지 않을 수 없다. 동랑 레퍼터리극단은 한마디로 1970년대 한국 연극의 큰 흐름인 '전통'과 '실험'의 태풍 중심에 있었다고 해도 과언이 아닐 것이다. 물론 전통의 원용과 실험의 시도에서 가장 괄목할 만한 성과를 보인 것도 동랑 레퍼터리였다.34)

이와 같이 동랑 레퍼터리는 각종 실험극과 우리 것을 되찾자는 전통극의 현대화 바람이 일었던 1970년대에 실험극의 선두주자로

---

31) 한상철, 「전통극의 재창조: '물도리동'의 재공연을 보고」, 『주간조선』, 1978.6.11.
32) 서연호, 『우리시대의 연극인』, 367쪽.
33) 1962년 드라마센터는 극장을 지칭하며, 1964년 극장 소속의 '극단 드라마센터'를 창단하였고, 극단 드라마센터는 1974년 극단 '동랑 레퍼터리'로 개칭한다.
34) 서연호·이상우, 『우리 연극 100년』, 현암사, 2000, 236쪽.

괄목할 만한 성과를 보였는데, 그 중심에는 미국 유학파인 유덕형과 안민수가 있었다.35) 유덕형과 안민수는 1960년대 미국 전위극에 직접적으로 노출되어 있었으므로, 1960년대 미국 연극계에 대해 짚어 보는 것이 두 연출가의 실험 배경을 파악하는 데 도움이 될 것이다.

1960년대 미국에서는 리빙 씨어터, 그로토프스키, 오픈 씨어터를 중심으로 문학성보다는 볼거리에, 이야기 구성보다는 짙은 은유에 의존하는 공연이 나타났다. 마가렛 크로이든은 이들 연기의 특징을 '소리, 신음, 투덜거림, 비명, 낭송에 의도적인 침묵과 의식적인 신호를 균형 있게 대치'36)시키는 양상으로 설명한다. 이러한 경향은 언어에 의존하는 기존 연기양식에 대한 거부를 시사한다. 또한 연출가가 더 이상 희곡의 충실한 해석자가 아닌, 창조적 연출가로 자리를 옮겨감을 의미한다. 다음의 글을 보기로 하자.

20세기에는 공연의 비언어적 측면이 강조되었다. 이론가들은 비언어의 중요성을 강조한다. 브레히트, 아르또, 그리고 그로토프스키는 비언어적 방식의 중요성을 다루었다. 그리고 아르또는 완전히 언어를 제거한 것으로 보인다. 연극인들은 작품에서 비언어적 요소를 강조한다. 그것을 가능하게 한 것은 연출가의 중요성이 커져갔기 때문이다. 연출가는 무대 작업에서 '작가'로서 부상하며 극작가의 라이벌이 되었다. 그리고 많은 연극인들은 문학 장르인 드라마보다 열등한 위치에 있었던 것들을 독립적인 영역으로 구분하고자 하는 욕구가 강해졌다. 그것

---

35) 유덕형은 미국 트리니티 대학과 예일 대학원에서 연극학(조명학 전공)을 공부했으며, 안민수는 미국 하와이 대학에서 연극학을 전공하고, 캐네디 극장에서 무대감독으로 실무를 쌓았다.
36) 마가렛 크로이든, 송혜숙 옮김, 『20세기 실험극』, 현대미학사, 1994, 123쪽.

이 언어가 점했던 제 1의 위치를 거부하게 했고, 연극 작품의 비언어적 영역을 강조하게 했다.[37)]

이와 같이 이전까지 극작가와 희곡이 공연에서 절대적 우위를 점 했다면 실험극에서는 연출가가 우위를 점해 희곡, 배우, 조명, 음향 등 무대 요소 모두는 하나의 재료로써 연출가의 작업에 창조적으로 활용된다. 미국 댈러스 연극센터에서 전위극에 노출되었던 유덕형 과 동서의 문화적 교류가 활발했던 하와이에서 연극경력을 쌓은 안 민수가 이 같은 조류와 조우하는 것은 자연스러운 일이다. 유덕형의 대표작 〈초분〉과 안민수의 대표작 〈태〉, 〈하멸태자〉를 서연호가 '실 험의 태풍의 중심'이라 평한 근본적 이유는, 우리 극계에서 그간 희 곡의 해석자였던 연출가가 창조적 연출가로 자리를 이동했기 때문 이며, 그것이 곧 화술에서도 창조적 변화를 가져왔기 때문이다.

2.1. 양식화와 음악화

2.1.1. 생략과 압축의 대사

유덕형 연출, 오태석 작 〈초분〉은 기승전결의 구조를 따르지 않음 으로 전반적으로 모호하고 혼돈스럽다. 등장인물 역시 구체적 인간 이라기보다는 상징적이고 모호하여 입체적으로 구축하기에 어려움 이 따른다. 그러나 생략, 은유, 비약을 특징으로 하는 희곡은 연출가 의 상상력을 자극하는 장점을 갖는다. 다음은 〈초분〉의 첫 장면이다.

---

37) Campbell, O. N., "The Role of Language in the theatre", *Quarterly Journal of Speech*, Vol. 68, No. 4, 1982; Jacqueline Martine, *Voice in modern Theatre*, Routledge, 1991, p. 27.

임자: 뭣들이요?

네장정: 미역 밭에 열병이 돌고 있다.

임자: 열병이요?

네장정: 미역이 썩는다.

(…중략…)

임자: 어디로 가요?

네장정: 순회선으로.

임자: 뭍으로 가오?

네장정: 미역이 썩고 있어.

임자: 못 가오.[38]

임자와 네 장정이 서로 대화를 주고받는 장면인데, 네 장정의 혼잣
말과도 같은 대사는 오태석 특유의 생략과 비약(飛躍)의 극작 문법을
잘 보여준다. 이 같은 희곡은 생략과 비약의 특징으로 텍스트 자체가
그 틈을 채워줄 다른 표현을 요구한다. 음향, 조명, 빛의 적극적 개입
과 일상적 화술 이외의 새로운 표현이 필요한 것이다. 〈초분〉의 또
다른 장면을 보기로 한다.

세장정: 비늘을 떨쳐라! 숙부여 혼백에 비늘이 돋는다.

비늘을 떨쳐라! 발에 비늘이 돋는다.

정강이에 비늘이 돋는다. 잔등에 비늘이 돋는다.

몸에 비늘이 돋는다. 숙부여! 동기간을 살려라!

비늘을 떨쳐다고! 정수리에 비늘이 돋는다.

---

38) 〈초분〉의 대본은 동랑 레퍼터리의 공연대본을 인용한다. 22쪽 아르코예술관 소장.

이 역시 생략과 비약으로 주문을 외우고 있는 듯한 세 장정의 대사이다. 희곡 자체가 운문적이고 합창과 같은 형식으로 쓰여져 비일상적 화술이 야기됨을 알 수 있는데, 다음 한상철의 평을 보면 〈초분〉은 초연에서 주목할 만한 성과를 얻지 못한 것으로 보인다.

가장 두드러진 것이 작품의 성격과 공연의 스타일간의 위화감이다. 그 원인은 희곡에서 그 자체가 안고 있는 장애물을 극복하지 못함으로써 이 작품이 목적했던 신화에 「브레이크」가 걸렸고 배우의 산문조 대사 전달로 혼을 불러일으키지 못했기 때문이다.[39]

이와 같이 한상철은 희곡의 운문적 운율을 살리지 못하고 산문조의 대사를 전달한 배우들의 연기를 지적한다. 새로운 리듬과 억양을 모색했지만, 어떤 하나의 형식으로 완성되어 조화를 이루지 못함을 의미하는데, 〈초분〉에 배우로 참가한 전무송 역시 그 같은 사실을 인정한다.

초분은 서로 겹쳐서 말하는 것도 있고, 둘이 앞을 보면서 얘기 하는 것도 있는데…. 예를 들면 이랬어요. "처언~구백 – 이시~입 녀~언"(1920년을 띄어서 시조를 읊는 듯이–필자) 그 다음에 "왔다, 왔다" (짧게 끊어서 빠르게 스타카토 식으로–필자) 그렇게 대사를 했는데 (웃음) 여하튼 그 연극 끝나고 사람들이 말은 들리는데 무슨 소린지 모르겠다 이거야. 그렇게 말했으니까 몰랐겠지.(웃음) 화술이 중요한 게 아니라 상황, 예를 들면 그 분위기, 그런 것들을 중요시한 거지요.

---

39) 한상철, 「제한된 무대의 무한한 확장」, 『중앙일보』, 1973년 4월 13일자.

기승전결을 떠나서.. 공포가 있다면 소리와 빛과 그런 것을 통해서 공포를 느끼게 하는 거지요. 리얼리즘 연극은 말로 공포를 느낀다면 ('표현의 주된 수단이 화술이라면'의 의미-필자) 그런 점이 다른 거지요.[40)]

배우가 작품에서 상황과 인물의 정서를 언어가 아닌 리듬, 음조, 템포로써 즉 화술의 물리성으로 표현하고자 시도했다고 해도, 의미는 전달되어야 한다. 또한 화술을 극소화시킨다고 해도, 화술을 전면적으로 버리지 않는 한 배우의 말은 들릴 필요가 있다. 따라서 배우의 말이 이해되지 않았다는 것은 성공적인 실험이라기보다는 상황의 분위기 전달에 그쳤다고 볼 수 있다. 이에 대한 여석기의 지적을 보기로 한다.

이 탐욕스런 연출자는 작품 속에서 너무나 끌어내려 들었고 또 그러나 끈덕진 집념이 그로 하여금 고도로 창조적인 무대를 구축케 하는 데 원동력이 된 것임은 틀림없다. 그러나 이와 같은 연출자의 해석을 투과시킨 극본 자체는 뼈대가 지나치게 노출되어 연출자의 말을 또 한 번 빌리면 「명료해진 것은 작품이 아니라 그 작품의 배경을 이루는 상황」에 그쳤기 때문에 리얼리티의 추구가 미흡해질 수밖에 없었다.[41)]

여석기의 지적과 같이 배우의 화술은 작품의 상황과 분위기를 드러내는 데는 성과를 보았지만, 이야기 전달에는 기여하지 못했고

---

40) 전무송, 본 연구자와의 개인 인터뷰.
41) 여석기, 「미흡한 리얼리티의 추구: 초분」, 『여성동아』, 1975.6; 『70년대 연극평론 자료집』 I, 17~18쪽.

예외적으로 이야기를 전달하려는 장면에서도 작품과의 통일성을 이루지 못한 것이다.

예외적으로 메시지를 전달하려고 든 매우 어색한 대목, 이를테면 소자가 하는 「여러분의 침묵이 그를 죽인 것입니다.」 운운의 대사에서 전체의 통일성을 깨는 데만 기여했을 뿐 메시지 전달은 도리어 우스운 것이 되어 버렸다. 그리고 이번처럼 (그리고 대부분의 유덕형 연출작품에 있어서) 심미적, 양식적으로 통일된 무대에서 대사(말하여지는 부분)만은 그의 손아귀에 들어있지 못하다는 것은 아까운 노릇이다.[42]

이렇게 볼 때, 작품 자체는 평론가 이반의 비평대로 '작품의 소재나 전체적 짜임새, 특히 극형식은 완전히 제의적으로 형성되어 있어 관객들에게 원시제의의 마당에서 느끼는 감동을'[43] 주었지만, 실험적 화술의 창조는 시도에 머물렀다고 하겠다. 그러나 연출가 유덕형의 새로운 실험은 한상철의 견해와 같이 '배우를 일개 기능적인 도구로서가 아니라 자신의 몸 전체로 새로운 체험과 맞닥뜨려 자신의 한계를 스스로 깨뜨리게끔 함으로써 배우의 연기영역을 한층 높은 단계로 끌어올리는'[44] 시도였기에 의미를 부여할 수 있다.

이에 비해 안민수의 작품은 다소 방향을 달리한다. 안민수의 대표작, 〈태〉(오태석 작)와 〈하멸태자〉(안민수 번안)는 운문적으로 구성되어 있다. 다음은 세조와 성삼문의 대화이다.

---

42) 여석기, 「미흡한 리얼리티의 추구: 초분」.
43) 이반, 『70년대 연극평론 자료집』 I, 63쪽.
44) 한상철, 「제한된 무대의 무한한 확장」, 『중앙일보』, 1973년 4월 13일자.

세조: 그러면 어찌 내가 왕위에 오를 때 막지 못하고 나를 섬기다가
　　　배반하느냐.

성삼문: 대세를 어찌할 수 없으므로 후일을 도모하고 있었을 뿐이다.

세조: 너는 내가 주는 녹을 먹고 오다가 지금 배반하니 반복무상한 자
　　　가 아닌가.

성삼문: 나는 나으리 녹을 먹은 적이 없다. 상왕(上王) 단종(端宗)이
　　　계신데 나으리가 어찌 나를 신하로 삼을 수 있나?[45]

　〈초분〉이 인물 간에 대화를 나누는 장면이면서도 혼잣말과 같은
모호한 표현방식을 사용했다면, 〈태〉에서의 인물은 '대화'의 형식을
유지한다. 〈초분〉에 비해 대사의 비약과 생략이 약하여, 희곡만으로
이야기의 흐름을 쉽게 이해할 수 있다. 그러나 산문적이라고 하기에
는 운문적이고, 역사극에 흔히 등장하는 고어(古語)적 리듬이라고
보기에는 간결하고 절제적이다. 비약과 생략보다는 전무송의 표현
을 빌리면 '절제와 응축'[46]이 〈태〉의 특징이라 하겠는데, 이 같은
양상은 안민수 번안의 〈하멸태자〉에서도 찾아볼 수 있다. 다음은
〈하멸태자〉의 첫 대사이다.

미홀: 동궁, 선왕지달 대왕이 승하하신 지 쉬혼 여덟.
　　　어찌하여 그대 얼굴에 수심이 걷히지 않느냐.

가희: 내 아들 하멸, 산 자는 언제고 죽는 것이 아니겠느냐.
　　　부디 심기를 보존하고 이 어미를 생각해다오.[47]

---

45) 〈태〉, 동랑 레퍼터리 공연대본, 아르코예술관.

46) 전무송, 본 연구자와의 인터뷰.

47) VHS. 〈하멸태자〉 서울 예대 소장.

아들이 아버지를 잊기를 당부하는 가희왕비의 대사인데, 원문과 비교해보면, 핵심적 내용은 유지하면서 원문을 압축하였다는 것이 드러난다. 원작의 왕비 대사를 보기로 한다.

> 왕비: 햄리트야. 한밤과 같이 음울한 그 상복을 벗어버리고,
> 덴마크 국왕 전하를 정답게 우러러 보도록 하려무나.
> 이렇게 언제까지나 눈을 내리뜨고 지하에
> 묻히신 부왕만을 찾는 일은 이제 그만 거두어라.
> 너도 알고 있듯이 이는 흔히 있는 일, 산자는 누구나
> 죽어 천명을 마치면 저승으로 가는 법이니라.[48]

〈하멸태자〉는 이 대사 중 '부왕을 찾는 일을 이제 그만 거두어라.'라는 핵심적 내용을 토대로 6행의 대사를 2행의 대사로 압축한다. 〈하멸태자〉의 미국공연을 관람한 존 네빌(John Neville)은 '연출가가 꽃꽂이를 하듯이 불필요한 장면을 거두어내었다'[49]고 평한 바 있다. 존 네빌의 표현을 빌리면 안민수는 '꽃꽂이를 하듯' 장면의 가장 중심이 되는 인물의 행동만을 대사에 압축시킨 것이다. 압축적 대사는 배우의 화술에 있어서도 압축된, 또는 절제된 어떠한 양태를 요구할 것이다. 〈태〉의 첫 장면에서 그 같은 양태의 단서를 찾아보고자 한다.

단종의 소리
형상이 맞는 음질로 어느 것이나 좋다. 이를테면 전파에 의한 소리

---

48) W. 셰익스피어 원작, 이덕주 역주, 『햄리트』, 형설출판사, 2002, 55쪽.
49) John Neville, "Hamlet—Korean style", *Dallas Morning News*, 1977년 3월 12일자.

도 무방.50)

이 짧은 지문은 압축적 화술에 대한 단서를 제공한다. 텍스트는
단종의 '양위교서'라는 대사에 대해 형상에 맞는 어떤 소리도 좋다고
설명한다. 그 형상이란 곧 인물의 정서이며, 배우의 화술은 인물의
정서를 표현할 수 있는 어떤 성질도 무방하다는 것이다. 먼저 '양위
교서'에 대한 배우의 화술을 전무송의 구술과 안민수의 글을 토대로
악보화해보기로 하자.51)

[악보 4]

배우는 '양·위·교·서' 네 음절을 같은 음으로 하나하나 길게 끊어
서 삼키듯이 전개한다. 그런데 삼키듯 전개하는 것뿐 아니라, 그 다
음은 뱉는 듯이 대사를 전개한다. 단종의 처절한 마음을 관객이 언어
의 의미가 아니라 소리의 물리성을 따라 느끼도록 상징화, 양식화,
부호화하고 있는 것이다. 〈하멸태자〉에서 미휼왕의 화술은 한층 더
양식화된다. 다음의 악보를 보기로 한다.

---

50) 〈태〉, 동랑 레퍼터리 공연대본, 아르코예술관.
51) 전무송, 연구자와의 개인 인터뷰; 안민수, 『연극적 상상 창조적 망상』, 아르케라이팅
   아트, 2001, 182쪽 참고.

[악보 5]

악보에서와 같이 미휼왕의 화술은 일상적 음조와 억양을 벗어난
다. 소리의 성질 역시 〈태〉의 '양위교서'와 같이 응축되었다가 내뱉
는 듯한데, 〈태〉에서 부분적으로 시도되었다면, DVD를 통해서 볼
때 〈하멸태자〉에서는 전체적으로 시도되고 있음이 확인된다. 당시
이같이 양식화된 화술은 가부키식의 화술과 유사하다는,52) 또 한편
으로는 연출가는 모든 재료를 창조적으로 활용할 수 있다는 논란을
일으켰다. 주목할 것은 어느 쪽의 의견이든 〈초분〉에서와 같이 배우
의 화술이 내용의 전달에 방해가 되거나, 작품의 통일성에 부합(附合)
되지 못한다는 지적은 없다는 점이다. 다시 말해서 화술의 양태에
관한 이론(異論)이 있을 뿐, 화술 양태 자체의 완성도 면에서는 지적
이 보이지 않는다는 것이다. 다음 안민수의 1980년 작품 〈초혼〉에서
도 화술의 양식화는 완성도 면에서 일정 성과를 이루었다. 언어의
의미가 완전히 소거되어 소리의 물리성만으로 관객과 교류하는 화
술의 양태를 보기로 한다.

---

52) 여석기·한상철·이상일, 「이번호의 문제작」, 『연극평론』, 1976년 겨울, 61쪽.

[악보 6]

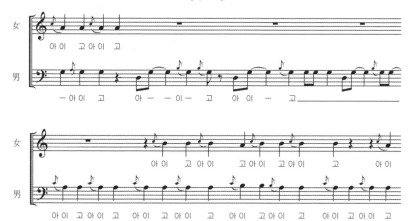

　　이 악보와 "단 한마디의 대사도 없이 처음부터 끝까지 열여섯 명
의 남녀 출연자가 터뜨리는 곡소리가 반복 되풀이"53)되는 작품이라
는 기사의 설명에서 알 수 있듯이 화술은 완전히 양식화 또는 음악화
되어 있다. 작품에 대해서는 "음악보다도 장엄한 아름다움을 맛보게
했다"54)는 평 외에 뚜렷한 찬반의 비평은 보이지 않지만 주목할 것
은 언어의 정보전달 기능을 버리고 소리의 감정, 높이, 리듬, 템포로
메시지를 전달하는 최초의 시도라는 점이다. 이렇게 볼 때, 1970년대
동랑 레퍼터리 실험극에서 화술은 생략과 비약으로 시작하여 양식
화까지 도달하였다고 하겠다.

---

53) 「안민수작 초혼」, 『한국일보』, 1980년 10월 23일자.
54) 「보는 이의 넋까지 무대로」, 『서울신문』, 1980년 11월 7일자.

2.1.2. 공동창작의 연습방식

동랑의 연기는 그 독특함으로 인해 연출가의 창조성에 초점이 모아지는 경향이 있다. 무대요소를 연출가의 재료로 활용하는 유덕형과 안민수의 경향 때문이다. 그러나 배우와의 공동창작을 기본으로 하는 동랑 레퍼터리의 연습방식 역시 양식화된 화술을 창출하는 주요 요소라는 것을 기억할 필요가 있다. 동랑 레퍼터리의 실험극 연습기간은 전무송과 오현경이 구술하듯 6개월에서 1년이 기본이었다. 1930년대 극연은 3주, 1950년대 신협은 2주, 1960년대 동인제 극단이 4~6주였던 것에 비한다면, 연습기간은 최소 3배에서 6배가 된다. 1960년대 연습방식이었던 작품분석과 인물분석 이외의 또 다른 과정이 포함되었는데, 그에 대한 정보를 〈초분〉, 〈태〉, 〈하멸태자〉에서 배우로 활동한 전무송의 구술로 알아보기로 한다.

〈초분〉같은 거는 대사를 외우는 게 아니라, 의식의 세계라든가… 그러니까 말이 중요한 게 아니라 사건이 벌어졌잖아. 그러면 그 사건이 흐름이 있잖아. 그 이야기를 의식과 몸짓을 다 동원해서 해야 하는, 그러니까 동과 정과 의식과 모든 거를 동원해서 표현이 되야 된단 말야. 대본을 놓고 연출, 배우 다 모여서 의논을 해가면서 한 거지. 아침 8시에 나와서 무브먼트, 동작, 이걸 그냥 할 게 아니라 예를 들어, 그때는 동작의 기본을 탈춤에 두기도 하고, 콩푸, 무술에서 품새? 품새라 그러나? 그런 품새를 익혀서 동작을 만들어 내는 거야. 그러니까 아침 8시에 모여서 무술의 동작을 익히고, 점심 먹고, 의식세계 토론도 하고, 가만히 앉아서 의식세계도 들여다 보고, 선이라고 하나? 스튜디오 불도 다 끄고 몇 시간씩 앉아있기도 했지. 그러면서 이런 상황인데 이런 말을 한단 말야.(대본분석의 과정 – 필자) '어떤 의식 속에서 이런 말이 나오느냐' 그리고 '어떤 상황에서 이런 말이 나오느냐' 이걸 찾아보자 이거였지. 그러면 연출이 배우의 의식과 작가의 의식을 다 조율하고… 무술을 익혀서 그걸 이용해서 동작을 만들어내고 그랬지요. 다들 움직임의 선, 힘을 어떻게 적용을 할 것이냐, 이거야. 어떻게 이런 것을 이용해서 동작을 만들어낼까를 연구한 거지요.55)

전무송의 구술은 〈초분〉과 기존의 사실주의 공연 연습방식과의 차이점을 알려주기에 주목을 요한다. 사실주의 작품의 연습과정이 대사의 내적 동인을 토론으로 찾아가는 과정이었다면, 〈초분〉은 내적 동인을 토론과 '움직임'으로 찾아보고 '몸'으로 표현하여 움직임의 리듬과 힘을 대사에 적용했다는 것이다. 예를 들면,'비늘을 떨쳐라'라는 대사를 분석한다면, 이 말을 하게 되는 인물의 의식과 상황을 분석하고, 그것을 '화술'이 아닌 몸으로 표현해보고, 몸에서 발산되는 리듬과 동작을 대사의 리듬에 적용하는 방식이다. 이 같은 공동 창작 방식은 안민수의 〈태〉에서도 동일하다.

〈태〉는 안민수 연출지를 만나서 그걸 하는데, 안민수 연출자는 모든 동삭과 생각에 핵(核)이 있다는 거야. 그 근본적인 핵을 찾아보자 이거야. 그러니까 일상적인 동작은 걸어가면 걷는 거고, 기분 나쁘면 나쁜 건데, 작업의 핵심은 '기분 나쁜 것의 핵'이 뭐냐 이거야. 그걸 찾아보자는 거지. 그러니까 말도 일상적인 말이 아니야. '죽이고 싶다'면 (안민수 연출가는 – 필자) '그 핵이 뭐냐?' 이러거든. 그러니까 응축된 어

55) 전무송, 본 연구자와의 개인 인터뷰.

떤 표현을 하는 거야. '나는 너를 죽이고 싶어'(저음으로 쥐어짜듯이 - 필자) 할 수도 있고, '죽이고 싶-어 - 어'할 수도 있고, 답이 뭔지야 아무도 모르지. 눈감도 생각해보기도 하고, 걸음걸이도 마찬가지야. 발을 떼지 않고 걸어보기도 하고, 그래서 어떤 배우는 하다가 못해 나가는…. 열심히 찾아보는 배우도 있고. 그래서 「태」라는 작품을 그렇게 시작한 거야. 적어도 6개월 이상이야. 그러니까 평균 1년 이상이야. 우리는 공연날짜를 잡아놓고 한 것이 아니라, 그냥 하다가 됐다 싶으면 공연했어요.56)

이와 같이 〈태〉의 연습방식도 연출가와 배우와의 공동창작이었다. 물론 안민수는 인물이 갖는 정서, 또는 행동의 핵(核)이라는 거점을 제시한다. 그러나 6개월이 넘는 시간 동안 여러 배우들이 내어놓는 '아이디어'와 '창조적 발상' 역시 창조를 위한 중요 재료가 된다. 핵을 찾는 과정에서 발췌한 화술을 공연으로 이어간 한 장면에 대한 전무송의 회고를 보기로 하자.

내가 〈태〉를 할 때는 신숙주를 했는데, 예를 들면 사육신을 처형장에 끌어다놓고 죽이잖아. '박팽년, 이개, 하위지, 죽여라'하는데, 그 '죽여라'의 핵을 표현할 때 내가 쇳소리를 냈지. 일반적으로 부르는 것이 아니라, '대역신 박팽년, 그의 부 박중림, 아우 박기년, 박대년, 박영년, 족멸하라'(점차 음조를 높이며 템포를 빠르게, 응축되었다가 폭발하는 듯이 - 필자) 이랬거든. 안민수 연출자가 거기까지 올려놓는 거야.57)

---

56) 전무송, 본 연구자와의 개인 인터뷰.
57) 전무송, 본 연구자와의 개인 인터뷰.

이 같은 화술은 '죽인다'의 핵(核)을 그대로 표출하는, 다시 말하면 인물의 내적 충동이 언어의 의미에 의존하기보다는 소리의 물리성에 의존하며 외적으로 표출되는 하나의 일례이다. 배우 전무송은 연습과정에서 '죽여라'를 말하는 신숙주 정서의 핵을 표현할 때, '쉿 소리'로 해석했고, 연출가 안민수는 그에 더하여 점차 음조를 높이며, 마지막을 폭발하는 듯이 대사를 처리하도록 요구한 것이다. 배우와 연출가가 공동으로 창조해낸 화술의 일례이다.

또한 1년에 가까운 연습기간은 배우들의 앙상블에도 긴밀한 영향을 미칠 수밖에 없다. 이에 대해 외부의 평가를 보기로 한다. 다음은 오현경의 구술이다.

드라마센터는(동랑 레퍼터리를 의미—필자) 조금 달라요. 신구, 민승원, 전무송 등인데 연극을 무지하게 열심히 했어요. 우리가 볼 때 신선한 게 있었죠. 거의 6개월을 연습했어요. 연습을 하면서 수정해나가고 그런 방식이었던 거 같아요. 그런 방식이 좋다 나쁘다 뭐 그런 건 아니예요. 그런데 배우들이 매일 그렇게 만나면 앙상블이 잘 될 수밖에 없어요. 똑같이 잘하는 연극이라고 해도, 다른 어떤 맛이(장시간의 연습을 하는 극단의 경우—필자) 있어요. 드라마센터가 신신했던 것은 사실이고 또 그렇게 열심히 연습한 것은 분명해요.58)

오현경의 시각은 외부의 시각이기에 객관성을 부여해줄 수 있는 중요한 구술이다. 전쟁의 상황으로 배우들이 숙식을 함께 했던 신협에 대해 '좋든 나쁘든 신협만의 앙상블이 있었다'는 여석기의 평을

---

58) 오현경, 본 연구자와의 개인 인터뷰.

기억하기로 하자. 배우들이 장시간을 같이 보내는 연습방식은 배우들이 생각을 공유하도록 유도하고, 서로의 스타일을 조율해가며, 동랑 레퍼터리만의 앙상블 또는 화술의 통일성은 구축하게 한다. 이에 동랑의 실험극에서 화술의 양식화는 연출가의 능력뿐 아니라, 장시간의 연습기간, 그에 따른 배우들의 창조적 참여 역시 중요 원인이라 하겠다.

2.2. 무대요소와의 결합

동랑의 화술이 흥미로운 것은 양식화 또는 음악화뿐 아니라, 화술 자체가 배우의 움직임, 빛, 색과 결합하여 새로운 언어를 구축한다는 점이다. 공연 당시 우리 극계의 비평은 색다른 화술표현, 조명의 적극적인 사용, 공간 속의 선과 색깔의 조화 등 연기와 무대요소를 따로따로 구분하여 그 특수성을 언급한다. 그러나 동랑 배우들의 화술은 여러 무대요소와 결합하여 조형적 공간을 창조한다. 따라서 〈질서〉와 〈하멸태자〉에서 배우들의 화술이 움직임, 빛, 색 등의 무대요소와 어떻게 조우하는지를 밝혀보고자 한다. 분석의 대상이 되는 DVD는 미국 라마마 극단의 초청으로 국외에서 공연된 〈질서〉(초분)와 〈하멸태자〉이므로 국내의 초연과는 다를 수 있다. 〈질서〉와 〈하멸태자〉의 다음 공연사진은 모두 DVD에서 필자가 발췌한 것이다. 신문기사에 실린 사진으로는 배우의 율동적 움직임을 피악히는데 한계가 있기 때문이다. 동랑 배우들의 화술은 배우의 율동적 움직임과 분리될 수 없기에, 움직임의 율동을 지면상으로 표현하기 위해 필름처럼 나열하였다. 다음의 몇 사진은 〈질서〉의 첫 장면이다.

이 장면의 처음은 들릴 듯 말듯 한 성가곡과도 같은 코러스의 합창으로 시작한다. 사진에서 보듯 조명은 옆에서 가늘게 들어와 배우의 몸을 극히 일부분만 보여주므로 공간은 절제된 모습이다. 이때 배우의 화술 역시 '극도로 절제되고 그것마저 톤과 피치가 없이'[59] 전개되는데, 그 소리는 다음과 같다.

[악보 7]

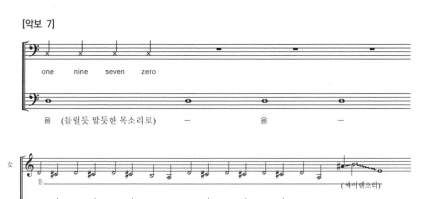

악보에서와 같이 어떠한 톤도 피치도 없는 화술은 절제된 빛, 절제된 움직임과 결합한다. 두 번째 사진처럼 배우들이 서로 마주보았을 때의 화술역시 마찬가지이다. 단조롭게 '1, 9, 7, 0'이라는 숫자를

---

59) 한상철, 「새로운 연극미학의 추구」, 『공간』, 1980.5, 121쪽.

말하고 있을 뿐이다. 이러한 화술은 마지막 사진에서 배우들이 서로 엇갈려 있을 때까지 반복된다. 이후 배우들이 천천히 움직여갈 때 뒤에서 들리는 성가곡과도 같은 코러스의 소리가 점차 커지는데, 커지는 소리는 배우의 움직임과 더불어 동적인 공간을 구축한다. 재미있는 것은 코러스의 합창이 점차 커질 때 무대 후면 상수 쪽의 빛이 환해지며 소리와 함께 공간의 확장에 기여한다는 것이다. 아래의 사진을 보기로 하자. 무대는 다음과 같이 구성되었다.

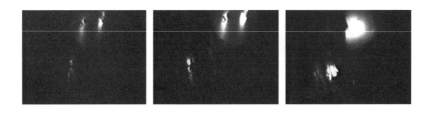

공연의 무대는 그물과 밧줄이 얽힌 동굴 같은 것으로 무대 후면에 또 하나의 무대를 마련, 구름위에 꿇어앉은 코러스가 하늘을 상징하고 그 밑에 악사들을 두어 바다를 상징하게 했다. 극의 막바지 열반을 표상하는 대목에서 뒷 무대가 드러나도록 했다.[60]

사진에서 밝은 빛은 곧 무대 후면에 마련된 또 하나의 무대, 구름 위의 하늘로 설정된 곳에서의 빛이다. 이곳의 빛이 확장되면서 배우의 톤과 피치 없는 소리는 코러스의 거친 숨소리, 북소리와 겹쳐지며, 공간의 '확장'에 기여한다. 그 다음 빈 무대에서 들리는 코러스의 날카로운 소리는 배우의 숨소리와 더불어 점점 커지며 무대 위에

60) 「한국연극의 새 가능성 제시」, 『동아일보』, 1974년 2월 25일자.

등장한 천과 함께 공간을 움직이는 조형으로 만들어간다. 천의 모습을 보기로 하자.

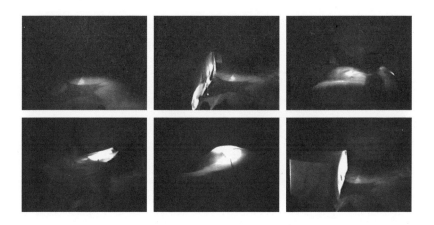

천에 비추는 빛에서 알 수 있듯이 조명은 옆과 뒤에서 들어와 입체감을 강조한다. 여기에 너울거리는 천은 움직임에 따라 빛을 받는 곳이 달라져 그 자체로 하나의 율동을 만들어내는 것이다. 이 같은 율동에 조우하는 배우들의 화술은 아래의 악보와 같다.

[악보 8]

소리는 단지 배우들만의 소리가 아니라 음향과 이중, 삼중의 합창을 만들어내고, 그로 인해 절제되면서도 응축된 원초적 언어를 만들

어낸다. 그것이 새로운 언어를 찾고 있는 동시대 연출가 그로토프스키와 피터부룩의 공명(共鳴)을 야기한 것이다.

  '사실 연극이 국제성을 갖는 데는 언어가 가장 큰 장벽이 되고 있죠. 그리고 국제성을 추구하는 연극인들은 언어를 깨부숴 소리로 바꾸고 소리가 동작을 보충하는 쪽으로 가고 있습니다.' 워크숍 과정을 통해 '언어와 소리' 관계에 있어 새로운 전개가 얻어진 듯하고 워크숍을 참관한 '그로토우스키'(세계적인 연기이론가) '피터부룩'(세계적인 연출가) 등으로부터 공명을 얻기도 했다.[61]

이같이 뉴욕공연의 〈질서〉에서 배우의 화술은 한국 초연 시의 미흡한 양태와는 다르게 원초적 소리를 구현하면서 조형적인 공간과 조우한다. 공간과 조우하는 화술의 모색은 안민수의 〈하멸태자〉에서도 동일하다. 차이점이라면 화술의 해체라기보다는 화술의 양식화·음악화의 양상을 갖는다는 점이다. 첫 장면을 보기로 하자.

 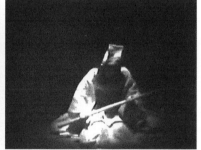

---

61) 「한국연극의 새 가능성 제시」, 1974년 2월 25일자.

이 장면에서 빛은 앞과 옆에서 들어와 하멸의 몸을 하나의 조각처럼 보이도록 한다. 무대 정면에 앉은 하멸의 소리는 정지된 듯, 흐르는 듯, 낮은 곡(哭)소리를 시작하는데, 그 같은 소리는 움직이지 않는 하멸과 더불어 정적 공간을 구축하는 데 일조한다. 아래의 악보를 통해 첫 장면에서의 화술을 보기로 하자.

[악보 9]

이 악보에서 보듯, 코러스의 '아이고'라는 합창은 미묘한 변주를 하며, 하멸의 곡(哭)과 서로 교차되는데, 곡(哭)이 그렇듯이 단조롭기는 하되 리듬감은 살아있다. 또한 코러스의 소리와 겹치기도, 때로는 하멸만의 소리가 독창과 같이 전개되기도 하여, 소리 자체는 입체감을 갖는다. 그 다음 장면은 미휼과 가희가 등장하여 하멸을 설득하는 장면이다. 다음 사진으로 미휼과 가희의 등장부터 욕망의 춤까지를 보기로 하자.

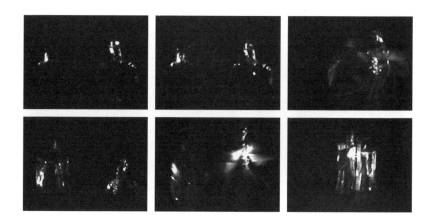

제일 윗줄의 사진에서 보듯, 빛은 극히 절제되어 무대 옆에서 들어온다. 그에 따라 미휼과 가희는 얼굴의 옆모습만이 보인다. 이 장면에 대한 다음의 평을 보기로 한다.

배우들은 그들 자신의 동양적 전통, 의식적인 춤, 그리고 마임, 마스크, 다채로운 의상을 입었으며, 그것은 매력 있는 음악으로 지원을 받았다. 대부분 중요한 장면들은 낯선 연기양식으로 공연되었다. 그것은 이해할 수 있도록 고안된 것이며, 더불어 환상적인 결과를 주었다. 때때로 흑과 백이 마법과 같이 혼합되기도 했다. 그래서 나는 작품에서 눈을 뗄 수가 없었다.62)

이와 같은 평에서 알 수 있듯이 실제 공연에서 일상적이지 않은 낯선 몸짓의 그로테스크함은 조명과 어울려 흑과 백의 마법과 같은 인상을 주었다. 이 장면을 주도하는 미휼의 화술은 낯설고 강한 억양

---

62) Jan Spiendijk, "'Hamlet' op zijn Koreans uitgoboold in Mickery", *De Talegraph*, 1977.4.14.

과 고음으로 시작된다. 앞에서 제시한 악보를 다시 보기로 하자.

[악보 10]

악보에서 알 수 있듯이 미휼은 일상 음조의 3배 이상의 높은 음에서 시작하며, 미끄러지듯 흘러내리며 대사를 전개한다. 분명히 말이라기보다는 노래에 가까운데, 이같이 일상을 벗어난 기괴한 억양은극히 절제된 빛과 그로테스크한 미휼의 모습과 결합한다. 하멸의고뇌와 하멸을 승복시키고자 하는 미휼의 극적 행동을 이미지로 표현한 것이다. 그 다음 '미휼과 가희의 욕망의 춤' 장면은 빛과 음향,배우의 움직임만이 조우하는데 무대 옆에서 들어오는 빛에 따라 두인물의 모습이 보이기도 숨겨지기도 한다. 이때 화려한 의상은 빛을받는 부분에 따라 다양한 색채를 무대 위에 보여주어, 그 자체로두 인물의 뒤엉킨 욕망을 시각적으로 드러낸다. 화술은 양식화에그치는 것이 아니라 음악과도 같은 하나의 양식으로, 움직임은 안무로 완성된 것이다. 다음은 이에 대한 비평이다.

　　장면은 실질적으로 빈 무대 위에 만들어진다. 움직임이 흘러감에 따라 언어의 장벽은 느껴지지 않는다. 전체의 작품은 세심하게 안무화되었다. 모든 움직임은 극도로 섬세하게 그리고 정교하게 뚜렷이 윤곽을 보여주며, 하멸태자는 즉시 드라마, 오페라, 발레가 된다. 연출가는꽃꽂이를 하듯이 불필요한 장면을 거두어내고 곧바로 드라마의 기본적 정서적 보편성으로 뛰어든다. 배우들은 고상하며 우아하고 거대한 힘을 가지고 투사할 능력이 있다. 광란적 음악도구들은 상징적으로 무대 구축에 일조한다. 그리고 특수 효과를 위한 빛의 사용은 충격적인 것이다.63)

이 평은 배우들의 움직임은 단순한 움직임이 아니라 안무화된 것이며, 안민수는 꽃꽂이를 하듯 작품의 에센스만을 선택하여, 움직임과 소리가 어우러지는 언어를 구축한다고 전한다. 외국 공연에 대한 예우(禮遇)적 극찬이라고 해도, 1960년대까지 연극에서 "연기의 동조자가 되기보다는 방해자가 되기 쉬거나"64) 배경으로서 분위기만을 표현하던 조명이 하나의 언어로 사용되어 움직임과 소리에 결합된 것이다. 다음 사진으로 배우의 율동적 움직임과 화술과의 조우를 보기로 하자. 아래는 〈질서〉의 한 장면이다.

63) John Neville, "Hamlet‒Korean style", *Dallas Morning News*, 1977.3.12.
64) 「부각(浮刻)된 비극」, 『동아일보』, 1962년 11월 19일자.

사진에서 확인되듯, 배우들은 원시부족 고유의 춤을 추고 있는 듯하다. 무아지경에 빠진 듯한 배우들의 제의적 움직임은 목탁소리, 북소리의 음향과 더불어 원초적 무대를 구현한다.

삼각팬티만을 걸친 어부들이 강렬한 동작과 소리를 연창하고 '소자', '단자', '군자', '임자' 등이 벌이는 원초적이고도 시적인 무대는 유씨의 강점인 시각예술 쪽의 연출을 통해 '제의적 동작, 극소화시킨 대사, 탁월한 시각효과, 뛰어난 음악의 보기 드문 공연이다'(『소호 위클리 뉴스』지)는 호평을 받은 것이다.[65]

DVD를 통해서 원초적이고 밀도 있는 배우의 움직임과 소리를 볼 때 제의적 동작, 극소화시킨 대사, 탁월한 시각효과, 뛰어난 음악 이라는 평가는 동의할 수 있다. 또한 이때 배우들이 연창했던 "북망 산이 여기로다."라는 대사는 죽음이 축제의 일부가 되기도 하는 동양적 가치관을 반영하듯, 점점 빨라지는 배우들의 움직임과 더불어 강렬한 반복으로 주술성을 획득한다. 다음 악보를 보기로 하자.

[악보 11]

65) 「한국연극의 새 가능성 제기」, 『동아일보』, 1974년 2월 25일자.

이 대사는 원초적 리듬뿐 아니라 숨소리, 다소 흐느끼는 듯한 소리가 가미되어 기사의 평과 같이 '서양 연극이 지닌 문학성, 논리성, 사상성과 동양연극이 지닌 음과 색과 그리고 선(線)과 율동이 자아내는 선(禪)과 같이 신비한 경지가 미묘한 조화를 이루게'66) 한다. 한국 초연 때 일부 혹평을 받은 '아무 내용도 없는 공허하고 시끄러운 무대'67)를 제거하고 미국 공연의 재연을 통해 초연의 결함을 보완한 것이다.

이에 비해 〈하멸태자〉의 역동적 장면은 날카롭고, 무용적이며 그로테스크하다. 먼저 장면을 보기로 하자. 아래의 사진은 광대놀음이 끝난 후, 하멸과 미흌과 지달이 같이 등장하여 하멸의 갈등을 극대화시킨 장면이다. 역동적인 움직임이 속도와 함께 한층 빨라져, 움직임을 포착한 사진이 뚜렷하지는 않지만, 움직임과 소리의 관계를 가늠할 수는 있다.

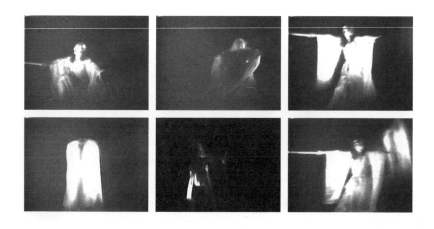

---

66) 「한국 전래의 예술전수, 초분 등 세계무대 소개」, 『중앙일보』, 1975년 9월 24일자.
67) 한상철, 「동랑 레퍼터리 극단의 초분」, 『중앙일보』, 1975년 4월 19일자.

이 사진에서 보듯, 하멸은 옆에서 들어오는 빛과 앞에서 비추는 빛을 받고 있다. 그런데 빛은 시간의 흐름에 따라 조도와 강약이 달라진다. 다시 말하면 조명이 고정된 것이 아니라, 짧은 장면에서도 배우의 움직임에 따라 같이 움직이고 있다. 움직이는 빛은 하얀 하멸의 비단 의상에 부딪히면서, 또 다른 빛을 발한다. 하멸의 어깨부터 무릎까지 길게 늘어진 소매의 너울거림 역시 빛과 움직임이 엮어내는 역동적 공간과 결합한다. 의상과 빛, 움직임이 만나 공간 그 자체가 춤을 추듯 변화하는데, 그것이 곧 사건과 그 이후를 암시하는 이미지를 구축하는 것이다. 다음은 이에 대한 글이다.

연기 스타일은 수많은 음모와 움직임을 반영한다. 이 같은 움직임은 사건에서 밀도를 가져오며 그 이후를 암시한다. 그리고 정교하게 균형 잡힌 리듬있고 절제된 이미지를 강력하게 부각한다. 음악은 작품을 관통하고 있으며, 아주 정제되어 완성도를 높인다. 동시에 견고하게 어떤 절제를 따르고 있다. 매혹적이고 일반적이지 않은 체험이었다.[68]

이와 같이 〈하멸태자〉에서 배우들의 몸짓과 구축된 이미지는 시각적으로 화려할 뿐 아니라, 작품의 음모와 사건을 암시한다. 그리고 음악과 화술이 완성도를 더하고 있다. 이 장면에서 배우의 화술은 다음 악보와 같다.

---

68) Jan Paul Bresser, "Hamlet fascinerend op z'n Koreaans", *De Volkskrant*, 1977.4.14.

[악보 12]

이 장면은 어떤 면에서 오페라와도 같다. 먼저 하멸이 빠른 리듬으로 달리듯이 대사를 음악적으로 전개한다. 그 같은 리듬은 절제된 빛과 더불어 하멸의 고뇌와 광기를 단적으로 드러낸다. 그 이후 미휼이 등장하여, 강렬하고 밀도 있는 저음으로 악보에서와 같이 장음과 단음이 섞인 대사를 강렬하게 전개한다. 이때 미휼은 무대 옆에서 들어오는 빛으로 몸의 일부분만을 드러내면서 기사의 표현을 빌리면, '극이 전개될수록 연기와 음악으로 뛰어난 조화를 이루어'[69]낸다. 연이어 그 다음 하멸의 대사와 화술을 보기로 하자.

---

69) 「동양과 서양의 매혹적인 조화」, 『중앙일보』, 1977년 4월 1일자.

[악보 13]

잔인하고 융흉하고 음탕하고 염치없는— 에 잇 복 수 다 —

 악보에서와 같이 하멸은 점점 템포를 빨리하여 소리를 한 음씩 높여가는데, 이같이 증폭되는 소리는 몸을 돌릴 때 휘날리는 의상이 빛을 받아 무대를 가득 채우는 격렬한 시각적 율동과 그 맥을 같이한다. 이 같은 표현은 윌리엄 해리스의 견해처럼 "인물의 정서적 상태와 관련된 것인데 그것이 스타일화된 움직임으로 번역되어 음악으로 강화"[70]된다. 〈질서〉의 화술이 원초적 리듬에 초점을 맞춘 반면 〈하멸태자〉에서 배우들의 화술은 내적 충동의 극대화된 외적 표현을 모색하면서, 양식화 또는 음악화된 양태로 무대의 조형성과 조우하고 있는 것이다. 이제 〈질서〉의 임자 죽음 장면과 〈하멸태자〉의 오필녀의 죽음 장면에 따른 무대 장치와 소리의 조화를 살펴보겠다. 다음은 〈질서〉에서 열반에 든 임자의 모습이다.

---

70) Willam Harris, *The Soho Weekly News*, 1977.4.7.

사진에서 보듯, 관객석 쪽으로 뻗은 길고 팽팽한 천은 기하학적이
며, 그 자체로 긴장감을 부여한다. 완전한 어둠 속에 무대 중앙에서
객석까지 뻗은 천은 원근감을 부여하여, 공간을 입체적으로 만든다.
이때 무대에서 들리는 음향은 어떤 악기라고 이름 붙일 수 없다.
드럼, 북 등 동서양의 각종 타악기와 놋그릇, 톱, 콩 등 소리가 날
수 있는 모든 재료를 사용했기 때문이다. 배우의 화술 역시 한국적이
라거나 동양적이라고 이름 붙일 수 없이 비명, 싸이렌 소리, 거친
숨소리 등으로 뒤엉켜 있다. 다음의 악보를 보기로 하자.

이같이 복합적으로 뒤엉킨 화술은 상징화되고 추상화된 무대의
기하학적 이미지와 더불어 동적이면서도 정적인, 원시적이고 제의
성 강한 공간을 구축한다. 이 같은 화술의 의미를 한상철의 글로
정리해보겠다.

첫째로 음악, 무용, 미술이 지닌 종합예술인 연극에서 차지하는 비중이 크다는 것을 새로이 인식시켰고, 둘째로 인간의 육체를 하나의 언어로 재생시키는 결정적 역할을 했으며 셋째로 주로 번역극에 의한 서구적 방법론에만 의존하던 극계를 우리 것으로 돌리게 하는 계기가 되었던 것이다. 그러나 무엇보다도 중요한 업적은 한국 고유의 예술을 세계무대에 펼침으로써 문화회복을 기했고, 그것이 동서 문화가 접목되는 하나의 방법으로 제시되었다는 점에서 높이 평가할 만하다.71)

이 글에서 알 수 있듯이 〈질서〉에 나타난 배우들의 화술은 언어의 장벽을 깨고, 동서 문화가 접목되는 하나의 방법론을 제시했다는 의미를 둘 수 있다. 다음으로는 〈하멸태자〉의 오필녀의 익사 장면을 보도록 하겠다. 윌리엄 해리스는 이 장면을 "물을 표현하는 데 가장 일반적인 장치를 적용한 것인데, 기존의 연극에서 보여주는 어떤 장면보다도 훌륭하게 천과 빛의 조화를 이룬 장면"72)으로 꼽는다. 먼저 공연사진으로 율동하는 공간을 확인하겠다.

71) 한상철, 「한국전래의 예술전수: 초분 등 세계무대 소개」, 『중앙일보』, 1975년 9월 24일자.
72) Willam Harris, "A Good Week: Beavers, Koreans and Lily", *The Soho Weekly News*, 1977.4.7.

　　빛은 무대 후면에서 강하게 비추어져 오필녀는 그림자만이 보일 뿐 표정은 알아볼 수가 없다. 또한 그 다음에서 알 수 있듯이 조명은 무대 옆에서 들어오는데, 너울거리는 하얀 비단은 조명을 받아 반짝이면서 천의 흐름에 따라 빛을 반사하기도 어둠 속에 잠기기도 한다. 그 같은 공간은 오필녀의 보이지 않는 표정으로 인해 관객의 상상력을 자극한다. 관객은 오로지 무대 위에 구현된 색, 선, 율동으로써 오필녀의 정서를 상상 속에서 구축하며, 드러난 배우의 표정과 말이 주는 한계를 넘어서서 극중 인물의 정서를 확장하여 받아들이는 것이다. 이 장면에서 오필녀의 노래는 완전히 작곡된 음악이지만 기재해 보기로 한다.

오필리어의 죽음

이 노래는 가사를 알지 못하는 외국인에게도 율동하는 천과 함께 오필녀의 정서를 생생하게 경험하게 했다. 뉴욕 포스트(New York Post)의 평이다.

언어보다는 움직임과 소리에 의존하는 것이었다. 하멸태자에서 우리는 내용을 알고 있었으므로 그것이 더 스펙터클을 의미 있게 하는데 도움을 주었다. 언어의 장벽에도 불구하고 작품은 단지 감질나게 흥분되는 시각적, 청각적 경험인 것이 아니라 정서적인 것이었다. 거투르드와 클라우디어스 간의 육체적 열정, 햄릿이 오필리어에게 하는 학대, 작품에서 극 중 극 이후의 그 소란스러움은 소리와 춤과 댄스-마임의 표현적인 혼합으로 인해 생생함을 던져주었다. 실크의 흔들리는 물결의 중앙에 오필리어의 익사 장면은 뇌리를 떠나지 않을 것이다.[73]

헨리 휴즈는 "이처럼 간략하고 명확하게 햄릿의 성격을 묘사한 작품이 없었으며 셰익스피어의 연극세계를 또 다른 차원에서 해석하고 연출한 보기 드문 훌륭한 무대"[74]였다고 평한 바 있다. 이러한 평을 이끌어낸 요인은 동랑 배우들의 화술이 이와 같이 움직임, 선, 색의 율동과 결합되어 존 내빌의 표현을 빌리면, "원작의 향기를 손상하지 않고 압축"[75]하였기 때문이다. 이에 동랑의 화술은 아르또가 추구하고자 한 '시적 공간'과 상통하는 '조형적 공간'을 구축하는 한 요소로서 파악할 필요가 있다. 다음의 글을 보기로 하자.

---

73) Sylviane Gold, "'Hamlet' via Korea", *New York Post*, 1977.3.25.
74) 「구미에 뿌리내린 한국연극의 오늘」, 『한국일보』, 1977년 5월 31일자.
75) John Neville, "Hamlet—Korean style", *Dallas Morning News*, 1977.3.12.

아르또는 스피치가(speech) 무력해진다는 사실과 유럽 연극들이 언어를(language) 어떻게 말할지를 모른다는 점에서 절망했다. 사랑과 의무 같은 인간적 주제를 다루면서 심리적으로 역할 분석을 강조함으로써 연극은 그 종교성과 신비적 힘을 잃고 단순히 의식의 측면만을 해명하고 말을 주고받는 것만을 독려한다는 것이다. 반면 동양의 연극은 그러한 심리적인 문제를 다루지 않는다. 형이상학적 측면에 중점을 두어'무대 공연언어에 기여하는 복잡한 제스츄어, 기호, 자세 그리고 공명을'전체적으로 사용한다. 아르또는 이것을 '순수한 연극'이라고 했고, 그것은 새로운 접근을 요구한다고 보았다. 순수한 연극은 시적 언어를 '시적 공간'으로 대체하는 것이었다. 순수한 연극은 작가와 텍스트의 패권다툼이라기보다는 미쟝센과 연출가의 역할에 있어서 새로운 접근을 의미한다.76)

이와 같이 아르또가 언어를 대체하고 지향했던 새로운 언어는 '무대의 언어', 즉 '조형적인 공간의 언어'이다. 따라서 공간언어의 정의가 "소리, 정경, 제스처, 사인, 음악, 조명들이 분리될 수 없는 혼합체로서 조화되어 연기자나 관객이 말의 도움 없이 감정교환을 할 수 있는 상황을 창조하는 언어"77)라면, 동랑의 화술에 보다 적합한 표현용어는 공간의 연기에 기여하는 '공간언어적 화술'이라 할 수 있다. 그렇다면 이 같은 공간언어적 화술은 어떻게 평가할 수 있을까? 먼저 동랑이 실현한 무대요소의 적극적 활용이 우리 극계에 미친 파장을 보기로 하자. 다음은 정한룡의 구술이다.

---

76) Jacqueline Martine, *Voice in modern Theatre*, Routledge, 1991, p. 59.

77) Margaret Croyden, *Lunatics, Lovers, and Poets: The contemporary Experimental theatre*, 1974; 송혜숙 역, 『20세기 실험극』, 현대미학사, 1994, 93쪽.

〈초분〉은 일반인들한테라기보다는 연극인들한테 굉장한 충격을 준 거지요. 특히 조명은 그 당시에 배우가 (관객에게-필자) 잘 보이도록 하는 것이 기본이었는데, 갑자기 깜깜하게 만들어서 관객이 피곤할 정도였지요. 연극계에 굉장한 파장을 일으켰어요. 내 기억은 이후 2년간은 젊은 연극인들에게 영향을 주었지요. 젊은 연출가들 작품을 보면, 아주 (무대가-필자) 새까맸어요. 개인적으로 내가 그런 공연을 좋아하거나 싫어하거나 그런 것을 떠나서, 그런 여파가 거의 2년은 갔어요. 공연을 보러 가면 아주 깜깜하고 피곤해서 보기가 힘들 정도로. 그렇게 어둡게, 그랬죠.[78]

〈초분〉이후 동랑이 보여준 조명의 새로운 사용법은 젊은 연출가들에게 상당한 영향을 미쳤다. 현재로서는 사이드 조명의 사용이 특기할 만한 사항은 아니지만, 당시에 조명은 주로 무대 위에서 비추는 것이라는 생각이 일반적이었고, 그로 인해 동랑의 강렬한 조명은 연극계에 깊은 인상을 심어주었던 것이다. 그렇다면 동랑의 화술은 어떤 의미를 갖는 것일까? 동랑의 공간언어적 화술의 의미는 당시 극계의 상황과 연관하여 생각해볼 필요가 있다. 한상철의 구술이다.

(1970년대 이전에-필자) 연극은 사실주의라고 주장했고, 그렇게 많이 믿기고 했고, 마치 그런 스타일 하나밖에 없다고 생각하기도 했고, 사실주의가 연극의 정수라고 생각하기도 했지요. 대표적인 예로 이해랑씨가 아닐까 합니다.[79]

---

78) 정한룡, 본 연구자와의 개인 인터뷰.
79) 한상철, 본 연구자와의 개인 인터뷰.

낭만주의적 화술이 하나의 양식이듯이 사실주의적 화술 역시 하나의 양식이다. 그런데 1960년대 형성된 사실주의적 화술은 10년간 우리 극계에서 유일무이한 연기양식으로 간주되고 연기의 정수라고 생각되었다. 이 때문에 동랑 레퍼터리의 양식화, 음악화된 공간언어적 화술이 의미를 갖는다. 사실주의적 화술이 양식의 정수, 또는 유일한 것이라는 견해가 주를 이루었던 당시의 극계에 도전하여, "문자 언어에 압도당한 연극이 연극 본연의 색과 빛, 동작, 제스쳐 그리고 공간이라는 연극언어로 말할 수 있어야 함을 보여줌으로써 연극언어의 확대, 연극양식에 대한 이해를 증진시키는 데 기여했기"[80] 때문이다.

---

80) 김숙현, 「1970년대 드라마센터의 연출 특성 연구」, 동국대학교 박사논문, 2004, 157~159쪽 참조.

5장 각자의 몫

이 글은 1900년대에서 1970년대까지 화술을 중심으로 한국 연기의 변천양태를 탐구해보았다. 한국의 연기양태는 우리의 특수한 정치·사회·문화적 여건과 공연조건을 바탕으로 우리 나름의 독특한 양상으로 전개되었다. 이를 정리하면 다음과 같다.

1) '화술'이라는 새로운 연기는 1902년 판소리에서 파생한 창극에서 태동한다. 판소리에서는 고수 한 명이 창(唱)으로 연기를 전개한 반면, 창극에서는 배우들이 역할을 분담시키며 대화창을 모색한다. 이후 1908년 신연극으로 등장한 〈은세계〉에서 연기는 또 다른 모습으로 변모한다. 기존 대화창으로 진행된 연기에 '화술'을 수용하여 노래와 '화술'이 혼용된 연기가 나타난 것이다. 물론 당시의 '화술'은 완성된 어떠한 양식은 아니었고, 그로 인해 '알아듣지도 못할 연설'이라는 혹평을 받기도 한다. 그러나 '노래'하던 배우가 노래와 언어

를 혼용하여 연기한다는 것은 우리 연기사에서 혁명에 준(准)하는 변화이다. 이후 '노래'가 아닌 '화술'로 전개될 우리 신극 연기의 태동이기 때문이다.

2) 태동하고 있던 '화술'을 보다 완연한 모습으로 무대에 출현시킨 우리 신극의 첫 주자는 1910년대의 신파극이다. '화술'의 양태는 일본 가부키식이라는 비난을 받을 만큼 강한 억양과 낙차 큰 음조였다. 초기 신파극은 레퍼터리나 연습방식, 공연방식에서 일본 신파극을 모범으로 인식하였기에 일면 필연적인 결과이기도 하다. 신파극의 기성적 화술은 1910년대 초중반 이후 레퍼터리를 가정비극으로 전환함에 따라 미세하게 변화한다. 신소설 각색 공연에서 대사와 극중 인물이 우리 고전 소설적 인물과 한국적 정서에 근접해가기 때문이다. 이에 따라 화술은 미세하나마 가부키식의 기이한 어조를 벗어난다. 당시의 사회적 상황으로 배우의 화술은 여전히 일본어의 억양과 리듬에 강한 영향을 받았지만, 알아듣기 어려웠던 기성이 최소한 알아들을 수 있는 양상으로 전환된 것이다. 따라서 화술의 외형적 모습에서는 아쉬움을 남기지만, 1910년대 신파극에는 우리 연극 최초로 '화술'만으로 전개되는 연기를 무대에 선보임으로써 신극 연기의 한 장을 열었다는 의미를 부여할 수 있다.

3) 일본어에 가까운 화술이 또 다시 변화하는 것은 1920년대 동우회와 토월회의 공연에서였다. 1919년 3.1운동 이후 민족의식에 대한 자각, 연극의 사회적 기능 강조에 따른 근대적 대본의 대두, 그와 더불어 출현한 근대적 인물이 변화의 주요 원인이다. 근대적 인물은 인습에 갈등을 느끼고 저항하며 주변 환경에 대한 감수양식이 고전 소설적 인물보다 한층 더 복잡해진다. 그로 인해 대사 자체가 배우의 화술에서 보다 정교한 어감을 필연적으로 요구하게 되는데, 어감의

다양화가 곧 화술에서의 리듬감 생성으로 이어진 것이다. 이로 인해 1920년대 동우회와 토월회의 화술은 당시에 '자연스럽다,' '일상생활과 같다'는 호평을 받는다. 그런데 보다 면밀히 당시의 공연방식을 살펴보면, 일상생활과 같은 화술이라는 당시의 평은 '사실주의적인,' 또는 '일상의 말과 같은'이라고 해석하기에는 다소 무리가 있다. 무엇보다도 천여 명이 입장하는 극장의 조건은 전시적 연기전개를 기본적으로 요구하기 때문이다. 또한 프롬프터를 두는 공연관습 역시 관객에게 사실과 같다는 환영을 창출하기 어렵기 때문이다. 이에 1920년대 동우회와 토월회의 '자연스럽다'는 화술은 한국어의 자음과 모음훈련이 도입되었다는 사실과, 동우회와 토월회가 일본 신파극이 아닌 신극의 영향을 받았다는 사실을 고려할 때, 이전 일본적 어조에서 한국적 어조로 이행하였다는 의미에서의 '자연스러움'이라는 결론이 도출된다. 1910년대 신파극이 일본의 어조이기는 하되 '화술'의 연기를 무대에서 선보인 공로가 있다면, 동우회와 토월회는 일제강점기라는 시대적 한계에도 불구하고 일본적 어조의 화술을 한국적 어조의 화술로 전환시킨 성과가 있는 것이다.

4) 1930년대 극연은 사실주의 계열의 번역극과 창작극을 레퍼토리로 선정하여 '현실의 문제'를 관객에게 인식시키고 이성에 호소하고자 감정을 절제하는 화술을 선보인다. 아쉬운 것은 배우들의 화술은 감정적인 어조에서 벗어났지만, 극연의 활동 1기에 번역극이 전체 공연의 85%를 차지하면서 어색한 번역과 정서적 괴리감으로, 단조로운 기계적 화술로 귀결된다는 점이다. 또한 열악한 공회당역시 극연 배우들의 화술을 한층 경직된 양상으로 유도했다. 극연 1기의 화술은 감정이 절제된 단조로운 리듬의 기계적 화술이며, 이러한 양상이 최초의 번역극조라 하겠다. 1930년대 중반 극연 활동

2기는 창작극이 전체 공연의 62%를 차지한다. CD에서 확인할 수 있듯이 구어적 대사의 출현과 상대역에 대한 반응의 생성이 극연 1기의 기계적 화술과 가장 크게 구분되는 변화이다. 그런데 극연 배우들은 2기에서 곧 재미있는 연극을 모색하며, 화술에 감정과 희극성을 수용하기 시작한다. 배우가 지나치게 관객에게 어떤 이미지를 남기고자 노력할 때 긴장감으로 인해 전 음역을 활용하기 어렵다는 사실을 고려할 때, 일상의 말과 같은 화술이 전개되었을 가능성은 낮아진다. 또한 전시적 연기를 전제로 하는 대극장 부민관에서의 공연을 감안할 때, 일상적 화술이 전개되었을 가능성은 더 낮아지는 것이다. 이에 극연 2기의 화술을 굳이 서양의 연극사조에 견주어 본다면 관객에게 펼쳐 보이는 낭만주의적 화술에 근접한 양태라 하겠다. 1930년대 후반에서 해방 이전까지 극연좌와 현대극장이 극연 2기와 갖는 차이점은 전통극과 역사극에 따라 대사의 음악성이 한층 강화된 것이다. 우리 창극의 풍부한 운율을 살린 대사가 운문적 화술을 야기하고, 종결형이 아닌 시적 어미처리가 문장의 끝을 올려 운문적 여운을 남기는 화술을 도출시킨 것이다. 또한 감정 부각을 필연적으로 요구하는 현대극장의 감정적 등장인물은 극연 2기에 수용된 감정을 더욱 강화시키는 요인이 된다. 감정을 부각시키는 화술은 대극장 공연에서 고정된 스타일, 또는 양식화로 수렴되었다.

5) 해방 이후부터 1950년대까지는 극예술연구회의 후신이라 할 수 있는 극협과 신협이 우리 연극계의 중심이 된다. 해방 이후 극협은 사회적 정세와 밀접한 관련을 맺으며 역사극을 주요 레퍼토리로 선정한다. 왕족의 등장인물과 고어적 대사는 자연 고어적 리듬의 사극조를 도출하고, 쇼비니즘의 강조는 어감에 감정을 한층 강화시킨다. 이 같은 고어적 리듬의 사극조, 감정적 어조는 17세기 프랑스

고전주의 연기양식과 유사하다. 잘 알려진 바와 같이 서구 고전주의 연기는 형식화되고 관습화되어 일상으로부터 유리된 우아한 낭송적 화술을 기본으로 한다. 이러한 양상은 극협의 후신인 신협에 이르러 예술성 지향과 결합되어 전성기를 구가한다. 또한 서양 번역극인 셰익스피어의 운문적 대사는 곧 한국 시조의 리듬과 조우하여 영탄조라는 독특한 화술을 출현시킨다. 이에 따라 화술의 템포는 기본적으로 느려지고 정원의 3~4배 이상이 입장하는 관극관행으로 음량은 한껏 커지게 된다. 이 같은 양상은 연설조의 화술과 우아한 몸가짐이 필수적으로 요구되는 서구 낭만주의 연기양식과 가장 유사하다. 이에 해방 이후부터 1950년대까지를 서구와 비교하자면, 서구 고전주의와 낭만주의 연기양식이 혼용된, 또는 낭만주의적 연기양식이 우세한 양상이라 하겠다.

6) 1960년대는 정치, 사회, 문화, 예술에 있어서 격변의 시기이며, 이에 따라 1960년대는 연극을 둘러싼 모든 요소들이 큰 변화를 맞는다. 무엇보다 1960년대에는 희곡분야에서 리얼리즘의 완성이라는 평가를 받는 사실주의 희곡들이 출현한다. 이전의 시적인 대사의 자리에 소박한 일상적 대사가 들어서고, 경우에 따라 속어가 등장하는데, 이것이 사실주의적 화술이 전개되는 주요인이 되었다. 변화는 희곡뿐 아니라 연습방식과 공연방식에서도 동시 다발적으로 나타났다. 대학극 출신의 동인제 극단들은 더 이상 스타의 개성에 따른 화술이 아닌, 극중 인물을 표현하는 데 집중하며 앙상블을 중요시하게 된다. 그에 따라 장시간의 연습이 필연적으로 뒤따랐고, 보다 면밀한 작품분석과 인물의 심리분석이 연습과정에서 강화되었다. 작품분석의 강화와 더불어 대사의 완벽한 암기가 이루어지자 1960년대에 들어서 프롬프터는 비로소 사라졌다. 프롬프터에 의존하는 관

행을 벗어난 공연방식은 배우의 3차원적 움직임을 강화했고, 그에 따라 제4의 벽을 통해 무대를 보는 극적 환영도 이루어졌다. 이같이 1960년대는 우리 연기 역사에서 사실주의적 화술의 형성기인 것이다. 1960년대에 형성된 사실주의 연기양태는 발전과 심화를 거듭하며 현재까지 우리 연기양식의 견고한 하나의 축을 유지하고 있다.

7) 사실적 화술 이외에 현재 우리 연기양식의 또 다른 축, 다시 말하면 비(非)사실적 화술, 비(非)언어적(non-verbal) 화술은 1970년대에 태동한다. 1970년대에는 1910년에 출현하여 1960년대까지 표현의 중심이었던 화술 자체에 전면적인 도전이 제기된다. 크게 전통의 수용과 실험적 연기양식으로 나눌 수 있는데, 전통의 수용을 위해서는 민예극장과 자유극장이 선두에 섰으며 이 극단들은 배우의 화술에 우리 전통의 가락을 수용하려 시도했다. 새로운 양식의 창조라기보다는 전통의 차용과 변형이라는 테두리를 크게 벗어나지 못했지만, 재현의 미학을 전제로 하는 사실주의적 화술에서 벗어나 전통적 화술 표현의 방법론을 제시하였다는 점에서 의미를 부여할 수 있다. 한편 동랑 레퍼터리는 전혀 다른 각도에서 화술 자체에 도전을 가한다. 먼저 동랑은 생략과 압축의 대사에서 출발하는데, 생략과 압축의 대사는 그 틈을 채워줄 다른 화술표현을 필연적으로 요구한다. 동랑의 경우 그 다른 표현은 화술의 양식화·음악화였다. 언어의 의미를 소리의 물리성, 다시 말하면 소리의 강약, 고저, 완급, 장단으로 관객에게 전달한 것이다. 이 같은 동랑의 화술은 현재의 시점에서 본다면 '공간언어적 화술'이라고 명명할 수 있다. 배우의 화술은 배우의 움직임, 빛, 색과 결합하여 새로운 언어를 구축하기 때문이다. 이러한 화술표현은 희곡 중심이었던 우리의 연극을 '공연중심'의 연극으로 진입하게 하는 기폭제였다.

이처럼 1900년대에서 1970년대까지 우리 배우들의 화술은 시대의 흐름에 따라 변화와 발전을 거듭해 왔다. 우리 연기는 짧은 역사에도 불구하고 전통과 쇄신의 상호작용으로 다채롭고 다양한 양상으로 전개된 것이다. 이들 극단과 배우에 대해 우열을 논하는 것은 불가능하며 불필요하다. 모든 극단과 모든 배우는 각 시기에, 주어진 환경에서, 자신의 역할을 다한 것이다.

참고문헌

1. 1차 문헌 및 자료

1) 단행본

김동원, 『미수의 커튼콜』, 태학사, 2003.

박용철, 『박용철 전집』 2, 경성: 동광당서점, 1937.

서연호 편, 『한국희곡전집』 I, 태학사, 1996.

서연호 편, 『한국의 현대희곡』, 열음사, 1986.

안민수, 『연극연출: 원리와 기술』. 집문당, 1998.

안민수, 『연극석 상상 창소적 방상』, 아르케라이팅아트, 2001.

양승국 편, 『한국근대희곡작품자료집』 7, 아세아문화사, 1989.

오태석, 『오태석 희곡집』 2, 평민사, 1994.

유민영 편, 『동랑 유치진 전집』, 서울예대 출판부, 1993.

이해랑, 『또 하나의 커튼 뒤의 인생』, 보림사, 1985.

이해랑, 『허상의 진실』, 새문사, 1991.

최인훈, 『옛날 옛적에 훠어이 훠어이』(최인훈 전집), 문학과지성사, 1998.

차범석, 『한국 소극장 연극사』, 연극과인간, 2004.

차범석, 『산불(외)』, 범우사, 1999.

하유상, 『젊은이들』, 창작마을, 2004.

허규, 『민족극과 전통예술』, 문학세계사, 1991.

중앙출판사, 『신춘문예당선집』 7권, 중앙출판사, 1973.

을유문화사, 『한국신소설전집』 10, 을유문화사, 1968.

실험극장, 『실험극장 10년지』, 실험극장.

현대공론사, 『유치진 역사극집』, 현대공론사, 1955.

셰익스피어 원작, 이덕주 역주, 『햄리트』, 형설출판사, 2002.

국립문화재연구소 편, 『대담: 한국연극이면사』, 피아, 2006.

2) 학회, 학술, 신문, 잡지

일간지

매일신보, 동아일보, 서울신문, 조선일보, 조선중앙일보, 한국일보, 황성신문, 뎨국신문, 만세보, 대한매일신보, 경향신문, 중앙일보, 서울신문, 서울일일신문, 신아일보, 민주일보, 새한민보.

Dallas Morning News, New York Times, New York Post, De Volkskrant, The Soho Weekly News, De Talegraph.

정기간행물

산천리, 서북학회월보, 동광, 극예술, 조광, 예술조선, 인문평론, 신세대, 연극평론, 한국연극, 예술계, 공간, 사상계, 문예월간, 문장, 신동아, 예술.

기사 자료집

안광희 편, 『한국 근대 연극사 자료집』 제1권~제5권, 역락, 2001.

양승국 편,『한국 근대 연극 영화 비평 자료집』제1집~제20집(개정증보판),
　　　연극과인간, 2006.

한국연극평론가협회,『70년대 연극평론 자료집』Ⅰ·Ⅱ;『80년대 연극평론 자
　　　료집』Ⅱ·Ⅲ·Ⅳ, 파일, 1990.

3) 희곡, 공연대본, 프로그램, 음반, 영상자료

희곡 및 공연대본

〈옥문〉,『조선일보』, 1933년 2월 8~14일.

〈우정〉,『동아일보』, 1933년 2월 1일.

〈관대한 애인〉,『동광』35호, 1932년 7월.

〈토막〉, 유성기로 듣던 연극모음(1930년대), 신나라레코드사, 1997.

〈버드나무 선 동리의 풍경〉, 유성기로 듣던 연극모음(1930년대), 신나라레코
　　　드사, 1997.

〈말 못할 사정〉, 유성기로 듣던 연극모음(1930년대), 신나라레코드사, 1997.

〈춘선생〉,『동아일보』, 1936년 1월.

〈에밀레종〉,『한국극예술연구』부록.

〈태〉, 동랑 레퍼터리 공연대본.

〈하멸태자〉, 동랑 레퍼터리 공연대본.

〈초분〉, 동랑 레퍼터리 공연대본.

〈허생전〉, 극단 민예 공연대본.

프로그램, 음반, 영상 자료

〈맥베쓰〉, 신협 5회 공연 팸플릿, 1951.10.

〈66년 신춘문예〉, 드라마센터 공연 프로그램.

〈67년 신춘문예〉, 드라마센터 공연 프로그램.

〈68년 신춘문예〉, 드라마센터 공연 프로그램.

〈고려인 떡쇠〉, 민예극장 1회 공연 팜플렛.

〈연출작품발표회〉, 동랑 레퍼토리 공연프로그램.

「유성기로 듣던 연극모음(1930년대)」, 신나라레코드사, 1997.

〈질서〉, 동랑 레퍼토리, 미국 라마마 공연, 서울예술대학교 소장.

〈하멸태자〉, 동랑 레퍼토리. 미국 라마마 공연, 서울예술대학교 소장.

〈초혼〉, 동랑 레퍼토리, 공연테이프, 서울예술대학교 소장.

차범석, 「나의 삶, 나의 연극」, 수요 예술 강좌, 수요일의 연극이야기, VHS, 2002.4.3, 아르코 예술관.

김동원·이원경·차범석 구술 채록, 「구술로 만나는 한국 예술사」, 구술기록관.

한국문화예술진흥원홈페이지(http://oralhistory.kcaf.or.kr)

4) 인터뷰

여석기, 본 연구자와의 개인 인터뷰, 2006년 11월 15일, 종로 사무실.

오현경, 본 연구자와의 개인 인터뷰, 2006년 11월 21일, 장충동 타워호텔.

안민수, 본 연구자와의 개인 인터뷰, 2007년 1월 15일, 청담동 자택.

이원경, 본 연구자와의 개인 인터뷰, 2006년 11월 25일, 용인 자택.

이원경, 본 연구자와의 전화인터뷰, 2006년 12월 7일~8일.

이원경, 본 연구자와의 전화인터뷰, 2007년 1월 10일·14일·15일.

이원경, 본 연구자와의 전화인터뷰, 2007년 2월 2일·14일.

장민호, 본 연구자와의 개인 인터뷰, 2006년 11월 26일, 대학로 구 모차르트 커피숍.

전무송, 본 연구자와의 개인 인터뷰, 2006년 11월 24일, 화정동 제노 커피숍.

정한룡, 본 연구자와의 개인 인터뷰, 2007년 2월 8일, 대학로 정원 까페.

한상철, 본 연구자와의 개인 인터뷰, 2006년 11월 14일, 대학로 학림다방.

2. 2차 문헌

1) 국내 단행본

김남식, 『남로당 연구』, 돌베개, 1984.

김덕환, 『예에 살다: 김동원 희수 기념집』, 1992.

김미도, 『한국 근대극의 재조명』, 현대미학사, 1995.

김미도, 『한국현대극의 전통수용』, 연극과인간, 2006.

김방옥, 『「약장수」, 「신의 아그네스」 그리고 마당극』, 문음사, 1989.

김방옥, 『열린 연극의 미학』, 문예마당, 1997.

김석만, 『스타니슬라브스키 연극론』, 이론과실천사, 1996.

김윤식, 『한국근대문예비평사 연구』, 일지사, 1976.

나상만, 『스타니슬랍스키, 어떻게 볼 것인가?』, 예니출판사, 1996.

박영정, 『유치진 연극론의 사적 전개』, 태학사, 1997.

백로라, 『1960년대 희곡과 이데올로기』, 연극과인간, 2004.

서연호, 『우리 시대의 연극인』, 연극과인간, 2001.

서연호, 『한국연극사: 근대편』, 연극과인간, 2004.

서연호, 『한국연극사: 현대편』, 연극과인간, 2004.

서연호, 『식민지 시대 친일극 연구』, 태학사, 1997.

서연호·이상우 편, 『홍해성 연극론 전집』, 영남대학교 출판부, 1998.

서연호·이상우 편, 『우리 연극 100년』, 현암사, 2000.

안종화, 『신극사 이야기』, 진문당, 1955.

여석기, 『한국 연극의 현실』, 동화출판공사, 1974.

여석기 외, 『열정과 신들림의 북소리를 찾아』, 평민사, 2001.

오세곤, 『한 여름밤의 꿈』, 예니출판사, 1999.

오세곤, 『배우의 화술』, 다슬, 2004.

유민영, 『한국근대연극사』, 단국대학교 출판부, 2000.

유민영, 『한국 현대 희곡사』, 새미출판사, 1997.

유민영, 『한국 근대 극장 변천사』, 태학사, 1998.

유민영, 『한국연극운동사』, 태학사, 2001.

유민영, 『한국연극학의 위상』, 태학사, 2002.

이두현, 『한국신극사연구』(5판), 서울대학교 출판부, 1990.

이석만, 『해방기 연극연구』, 태학사, 1996.

이상우, 『유치진 연구』, 태학사, 1997.

이상우, 『근대극의 풍경』, 연극과인간, 2004.

이현복, 『한국어의 표준발음』, 교육과학사, 1998.

정호순, 『한국의 소극장과 연극운동』, 연극과인간, 2002.

한상철, 『한국연극의 쟁점과 반성』, 현대미학사, 1992.

마가렛 크로이든, 송혜숙 옮김, 『20세기 실험극』, 현대미학사, 1994.

미쉘 생 드니, 윤광진 옮김, 『연기훈련』, 예니출판사, 1997.

밀리 S. 베린저, 이재명 옮김, 『연극이해의 길』, 평민사, 2002.

J. L. 스타이언, 장혜전 옮김, 『연극의 경험』, 소명출판, 2002.

에드윈 윌슨, 채윤미 옮김, 『연극의 이해』, 예니출판사, 1998.

죤 헤롭, 박재완 옮김, 『스타일연기』, 게릴라, 2005.

오스카 G. 브로켓·프랭클린 J. 힐디, 전준택·홍창수 옮김, 『연극의 역사』 I·
　　　II, 연극과인간, 2005.

동국대학교, 『연극의 길』, 앰-에드, 2006.

유민영박사정년기념논집, 『한국 연극학의 위상』, 태학사, 2002.

국립극장 엮음, 『국립극단 50년사』, 연극과인간, 2000.

2) 국외 단행본

Alderson, R., *Complete Handbook of Voice Training*. West Nyack, NY: Parker
    Publishing Co., 1979.

Arnott, Peter D., *Public and Performance in the Greek Theatre*, Routledge,
    1989.

Barton, Robert and Rocco Dal Vera, *Voice: On Stage and Off*, Fort Worth:
    Harcourt Brace College Publishers, 1995.

Berry, Cicely, *The Actor and His Text*, NY: Charles Scribner's Sons, 1987.

Berry, Cicely, *Voice and the Actor*, London: George G. Harrap & Co. Ltd.,
    1973.

Crawford, Jerry L., *Acting in Person and in Style*, University of Nevada Las
    Vegas, 1980.

Cole, Toby., Chinoy, Helen Krich, *Actors on acting*, Crown Publishers. New
    York, 1970.

Hahner, Jeffrey C., *Speaiing Clearly: Improving Voice and Diction*, Mcgraw-
    Hill, Inc, 1993.

Harrop, John, *Acting*, Routledge, 1992, 1994.

Jonas, Susan (ed.), *Dramaturgy in America Theatre*, Harcourt Brace &
    Company, 1997.

Lessac, Arthur, *The Use and Training of the Human Voice; A Practical
    Approach to Speech and Voice Dynamics*, (2nd ed.), Mountain View,

CA: Mayfield Publishing Company, 1967.

Linklater, Kristin, *Freeing the Natural Voice*, NY: Drama Book Publishers, 1976.

McCallion, Michael, *The Voice Book*, New York: Theatre Arts Books/Routledge, 1988.

Machlin, Evangeline, *Speech for the Stage*, New York: Theatre Arts Books/Routledge, 1966.

Martin, Jacqueline, *Voice in Modern Theatre*, London & NY: Routledge, 1991.

Richard and Helen Leacroft, *Theatre and Playhouse*, Methuen London and New York, 1984.

Skinner, Edith, *Speak with Distinction*, Revised with new material added by Timothy Monich and Lilene Mansell, Edited by Lilene Mansell, New York: Applause Theatre Book Publishers, 1990.

Tuner, James Clifford, *Voice and Speech in the Theatre*, (3rd ed.), Rev. by Malcolm Morrison. London: Pitman Press, 1950, 1976.

West, M. L., *Introduction Greek Metre*, Oxford: Clarendon Press, 1989.

Wickam, Glynne, *A History of the theatre*, Cambridge Uni. Press, 1985.

小山内薫, 「平民と演劇」, 小山内薫, 管井辛雄 編, 『小山内薫 演劇論』(全集 2), 未來社, 1964.

3) 국내 학위논문

김방옥, 「한국 사실주의 희곡연구: 서구 사실주의 희곡의 정착과정을 중심으로」, 이화여자대학교 박사논문, 1987.

김숙현, 「1970년대 드라마센터의 연출특성 연구: 유덕형, 안민수, 오태석을 중심으로」, 동국대학교 박사논문, 2004.

노승희, 「해방 전 한국 연극 연출의 발전 양상 연구」, 동국대학교 박사논문, 2004.

문한성, 「토월회연구」, 단국대학교 석사논문, 1987.

백현미, 「창극의 역사적 전개과정 연구」, 이화여자대학교 박사논문, 1996.

송윤석, 「연극인 이해랑 연구」, 동국대학교 석사논문, 1992.

송효숙, 「배우 백성희 연구」, 동국대학교 석사논문, 1999.

신현주, 「배우 김동원 연구」, 동국대학교 석사논문, 1998.

이미경, 「극단 실험극장 사(史) 연구: 창단부터 현재까지」, 동국대학교 석사논문, 2002.

엄국천, 「배우 황철 연구」, 중앙대학교 석사논문, 1999.

윤용선, 「허규의 다시라기 분석 연구」, 동국대학교 석사논문, 2002.

정상순, 「스타니슬랍스키 시스템의 한국 유입 양상에 관한 연구」, 동국대학교 석사논문, 1997.

정주영, 「극단 신협 사(史) 연구: 1947년부터 1973년을 중심으로」, 동국대학교 석사논문, 2004.

한은주, 「동랑 레퍼터리 극단 연구: 1970년대 활동을 중심으로」, 동국대학교 석사논문, 2000.

4) 국내 학회, 학술, 잡지에 실린 글

김남석, 「배우 김선영 연구」, 『한국연극학』 제24집, 2004.

김방옥, 「한국 연극사에 있어서의 신파극의 의미」, 『이화어문논집』 제6집, 1993.

김방옥, 「한국 연극의 사실주의적 연기론 연구: 그 수용과 전개양상을 중심으로」, 『한국 연극학』 제22집, 2004.

김현철, 「배우 전옥 연구」, 『한국연극학』 제13집, 1999.

박노춘, 「한국 신연극 오십년 약사」, 『논문집: 한국 신흥대학교 창립 십주년 기념』 제2집, 1959.

박노현, 「극장의 탄생: 1900~1910년대를 중심으로」, 『한국극예술』 제19집, 2004.

박진, 「한국연극사(1902~30)」, 『예술원논문집』 13, 예술원, 1974.

박진, 「한국연극사(제1기) 제2장」, 『예술논문집』 15, 예술원, 1976.

박진, 「한국연극사(제1기) 제3장」, 『예술논문집』 15, 예술원, 1976.

변기종, 「연극 50년사를 말한다」, 『연극원보』 제8호, 1962.

양승국, 「1930년대 유치진의 연극비평 연구」, 『한국극예술』 제3집, 1993.

양승국, 「1910년대 한국 신파극 레퍼터리 연구」, 『한국극예술』 제8집, 1998.

유민영, 「연극사 ① 신극협의회 상(上)」, 『한국연극』, 1976.

유치진, 「신극사 개관」, 『예술원보』 제3집, 예술원, 1959.

이미원, 「한국 현대 연극의 전통 수용 양상(1)」, 『한국연극학』 제6호, 1994.

정수연, 「1940년대 신극계의 정체성 형성과정 연구」, 『한국연극학』 제26집, 2005.

스가이 유키오, 「축지 소극장의 무대연출과 연기의 방식」, 『계간공연예술저널』 창간준비호, 성균관대 공연예술연구소, 2000.

지은이 **김정수**

이화여자대학교 독어독문학 학사 이후, 동국대학교 연극영화과에서 석사와 박사학위를 취득하고, 대학로에서 작·연출로 작품 활동을 했다. 이후 단국대학교 한국문화기술연구소에서 연구교수를 역임하면서, 이화여자대학교 북한학과에서 박사를 취득했다. 현재는 통일부 통일교육원 교수로 재직하며, 남북연극교류위원회 자문위원, 이화여대 북한연구회 초대회장이다. 통일교육원에서는 북한의 문예정책과 문화예술, 북한의 예술정치, 남북문화의 이해, 문화예술로 접근하는 평화통일 교육 등을 강의하고 있다.

북한학 박사논문으로는 「북한 예술영화의 '행동'과 '감정' 분석」(2018), 연극영화학 박사논문으로는 「한국연기에 있어서 화술표현의 변천양태 연구」(2007)가 있다. 최근 연구에는 「21세기 북한 연극 읽기」(한국예술연구소, 2018), 「김정은 시대 예술영화에 나타난 일상정치」(문화정책논총, 2018) 등이 있으며, 단독 저서에는 『북한 연극을 읽다: 김일성에서 김정은 시대까지』(2019), 공동 저서에는 『김정은 체제: 변한 것과 변하지 않는 것』(2018), 『이데올로기의 꽃』(2014), 『선전과 교양』(2013), 『통일문화사대계』(2012), 『주체의 환영』(2011) 등이 있다.

화술로 읽는 우리 연극
: 태동에서 실험까지

© 김정수, 2019

1판 1쇄 인쇄__2019년 05월 21일
1판 1쇄 발행__2019년 05월 31일

지은이__김정수
펴낸이__양정섭

펴낸곳__도서출판 경진
   등록__제2010-000004호
   이메일__mykyungjin@daum.net
   사업장주소__서울특별시 금천구 시흥대로 57길(시흥동) 영광빌딩 203호
   전화__070-7550-7776 **팩스**__02-806-7282

값 21,000원
ISBN 978-89-5996-245-7 93680

※ 이 책은 본사와 저자의 허락 없이는 내용의 일부 또는 전체의 무단 전재나 복제, 광전자 매체 수록 등을 금합니다.
※ 잘못된 책은 구입처에서 바꾸어 드립니다.
※ 이 도서의 국립중앙도서관 출판예정도서목록(CIP)은 서지정보유통지원시스템 홈페이지(http://seoji.nl.go.kr)와 국가자료 공동목록시스템(http://www.nl.go.kr/kolisnet)에서 이용하실 수 있습니다. (CIP제어번호: 2019019676)